思想觀念的帶動者

文化現象的觀察者

本土經驗的整理者

生命故事的關懷者

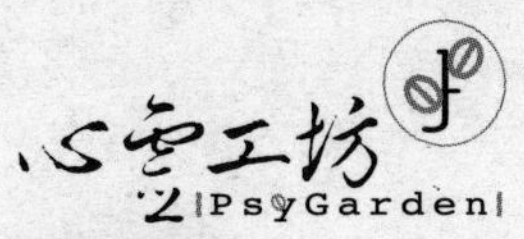

Master

對於人類心理現象的描述與詮釋
有著源遠流長的古典主張，有著速簡華麗的現代議題
構築一座探究心靈活動的殿堂
我們在文字與閱讀中，尋找那奠基的源頭

現象學十四講

Introduction to Phenomenology

作者—羅伯・索科羅斯基（Robert Sokolowski）
譯者—李維倫
審閱—龔卓軍

致謝

我要感謝羅塔（Gian-Carlo Rota）給我這本書的靈感，以及他在寫作過程中給我的鼓勵與幫助。在本書前言我記述因爲和他的某次談話，讓我有了寫作這本書的想法。但遺憾的是，他最近突然過世，使我無法與他分享這本書的完整面貌。

許多朋友與同事都對本書早先的草稿有所評論，在一些地方我不只用了他們的想法，甚至用了他們的說明形式。我感謝布魯（John Brough）、庫柏史蒂分（Richard Cobb-Stevens）、德魯孟特（John Drummond）、哈特（James Hart）、哈辛（Richard Hassing）、賀特（Piet Hut）、史默克（John Smolko）、崔治斯爾（Robert Tragesser）與惠特（Kevin Whit）。麥卡錫（John McCarthy）對本書的建議特別慷慨。我以本書早先的版本做爲在美國天主教大學中授課的基礎，我也感謝修課學生所給的反應與建議，其中辛格（Amy Singer）的語詞特別有用。最後，我貫穿於全書中的思考與形式則必須感謝史烈德（Francis Slade），特別是他關於現代性的意見，是我在最後一章的基礎。

本書獻給薩德列爾（Brother Owen J. Sadlier, O.S.F.），他的慷慨與哲學判斷，讓有幸成爲他的朋友的人受益匪淺。

【序】

現象學入門

余德慧（國立東華大學族群關係與文化研究所教授）

這本書的問世有許多意義。我想了很久，如何把許多層意義很愉快的說出來？我在東華大學校園散步時，想起一些事情，在鯉魚潭走著環湖公路時，也想著。我何以把一本書看得這麼重要？多年來，台灣的現象學一直很含糊地存在著，有一些哲學家專研現象學，有一些社會科學家也用現象學取向作研究，也看到一些博士生說他們用現象學方法作研究，有碩士生拿現象學方法的討論當作研究題目。可是在台灣社會科學界，現象學卻是被視爲難懂的東西，如果去讀專業哲學家的論文，又覺得解經註經評經的成分太高，對非哲學訓練的人簡直是虐待。

就像本書開宗明義所說的，我們爲何不能像數學家，把前人的東西默默領會吸收，然後創出自己的想法，爲何要哲學家不斷回到胡塞爾、海德格、梅洛龐蒂、列維納斯、沙特等的原著去耙梳呢？

這就要回到台灣這十幾年來一些人的構想。到底現象學要封存在哲學界，還是開放到所有人類經驗的人文社會學科的領域？蔡錚雲教授、政大哲學系汪文聖教授就是持著開放的想法，他們認爲只有將現象學推出去，與當代美學、心理學、人類學、宗教學、文學等人文社會學科的學者勾連起來，現象學才會讓華人學術對經驗研究的探討有深入的底子，而不是只在哲學領域打轉。蔡錚雲教授在多年前集合現象學者與護理學者成一支團隊，研究精神衛生學，試圖從現象學與護理學的領域下手研究精神健康。汪文聖教授也在這團隊裡，他後來走入精神疾病的領域，探討疾病與診斷的現象學意義。對我們東華大學的臨床心理學者來說，可說印象深刻。

蔡錚雲教授的方向獲得我與我的同事李維倫、林耀盛先生的心儀，也促使我們一起努力，希望能夠將現象學勾連到人類經驗的各個領域。

在這裡，我必須介紹本書的譯者李維倫博士，以及本書的審閱者龔卓軍博士。從比較輩份來說，蔡錚雲教授與我忝爲李、龔兩位的老師輩，我們之間的淵源甚深。維倫是杜肯大學的臨床心理學博士，是蔡錚雲老師杜肯大學的學弟，出身現象學心理學的訓練；卓軍是蔡錚雲老師的博士生，卻跑到我在台大心理研究所聽我的課，對心理學著痕甚力。這兩位年輕學者都是屬於「雜種」品牌，維倫把臨床心理學與現象學混在一起，卓軍則把美學、生死學搽揉在現象學裡頭。他們從不喊作啥「質性研究」，卻是道地的經驗揭露者，維倫對心理治療的思維與卓軍對慢性疾病的現象學考察，都有一番清新、敏銳的分析。

由於後來蔡錚雲、龔卓軍兩位現象學者跑到高雄西子灣的中山大學哲研所任教，我與維倫、耀盛則在花蓮的東華大學，於是蔡老師就有了現象學東南弧的團隊構想，可惜計畫未獲補助，暫時未能成形，但是我們也不斷準備集結，希望有一天能夠實現團隊合作的夢想。在原本的合作計畫裡，我們希望有聯合的課程，其中一門就是「現象學入門」。維倫在東華大學開這門課，所以就把本書翻譯，當作課本。蔡老師也自己翻譯一本現象學書，聽說相當厚，大概研究生才消受得了。不過，這兩本書的問世，對推廣現象學到其他人文社會學科諸領域輕鬆多了。

這本書的好就好在兩個方面，其一，基本概念清楚，不囉唆，也不引用原典的夾槓（jargon）術語，只要沈潛細讀，一般大學生大抵都可以領會，況乎研究生；其二是現象學的廣度夠，涵蓋現象學的存有層面、意義詮釋層面乃至世界之建構面，至少對人類學、心理學、藝術、文學等學科來說，基礎是夠的。根據維倫教本書兩年的經驗，大學部學生是能理解的，也可以將之使用於自己的經驗領域。通常最難懂現象學的學生往往是那些想把現象學當工具，以爲現象學是一套教你作分析的方法，而完全沒有把現象學態度吸入理解裡，使現象學的思維自動展現其空間，讓研究者悠遊其中。現象學既然是揭露經驗之學，就不能不以相濡以沫的根本理解來洞察世情。

我想我不必介紹本書的內容，因爲都是非常基本的東西，看了就知道，不容我饒舌，倒是因爲本書的出版，我心裡歡喜，就說了這許多。如果讀者想看實際的現象學操作，可以讀心靈工坊的其他現象學書，以及加斯東・巴謝拉的《空間詩學》。

{目錄}

編按：附錄二、三所標示之數字爲原文書之頁碼，請對照貼近內文左右之原文頁碼。

【導讀】

回到事物自身

蔡錚雲（國立中山大學哲學研究所所長）

索科羅斯基（Robert Sokolowski），這位老牌的美國現象學家，自1964年出版《胡塞爾形構觀念的形成》以來，就一直是現象學界中的頂尖人物【註 1】。相較於其他一般現象學家，他深厚的傳統哲學素養，不因流行時尚而危言聳聽，在嫻熟現象學之餘，仍能深入淺出地去談這門學問。而這正是現象學最被人詬病之處。怎麼說呢？

姑且不論胡塞爾本身1913年的「超越轉向」造成眾叛親離的困境，海德格的不同詮釋亦加深了現象學的分歧，甚至連法國現象學存在性質的忘情發揮，叫人眼花撩亂到分辨不出它究竟為何。乍看之下，現象學既是簡單明瞭，又是錯綜複雜。回答「什麼是現象學？」於是成為現象學家最大的夢魘。雖說它只是去描繪周遭所發生的一切，卻有成千上萬個與眾不同的說詞。所以，「回到事物自身」（zurück Sach selbst）成為現象學家如今唯一的依持。不過，這句胡塞爾現象學響徹雲霄的口號看來平淡無奇，其實暗潮洶湧。

首先，有誰不要回到事物自身呢？不論我們的目的是去認識、解惑或是批判，都有個想要認識、令人疑惑或值得批判的對象。可是，憑什麼這個對象稱得上是事物自身？還是說這個問題本身才是事物自身？若不是的話，什麼又是事物自身？即便這問題無誤，不是要先問有沒有事物自身嗎？在這一連串問題之後，顯然，事物自身早就不知何去何從了。的確，這便是哲學帶給我們的印象。因此，胡塞爾強調「無預設」的方法以化解這團迷霧。然而，什麼是無預設？可想而知，問題又再度糾結交纏在一塊，讓人剪不斷、理更亂。不過，也就在這時候，哲學的曙光乍現。會不會這就是預設，儘管它的名稱叫做無預設？如果是的話，怎麼去破解？可是，這麼一來，什麼是破解？能不能破解？

對現象學來說，面對這沒完沒了的一切，不是要我們循著解釋的脈絡窮追猛打下去，而是將它們放下，存而不論（epoché），用我們的平常心看看，倒底發生了什麼事。這時候，我們所看到的其實和先前看到的沒兩樣，不同的是先前看到的被我們視之爲當然，而此刻我們看到的卻是事物自身。怎麼一回事？

原來，東西本身倒沒有什麼變化，可是意義卻截然不同。前者參雜了許多我們不自覺或自以爲是的看法，讓被看的事物自身遮蔽在種種的說明方式之中，後者則在我們腦海一片空白之際，由被看的東西自行地彰顯出來。雖然這個所展現出來的東西還是模糊不清，但我知道這個模糊不清不是我造成的。於是，我可以無憂無慮地去看待這個非我所爲的東西。也只有在這個時刻，才有客觀知識的問題。至於前面所談的種種都只是貌似客觀的作爲，他們不見得是錯誤的，但確定不是客觀的。因爲那一切在此之前都不具備事物自身的明證性（Evidenz），即便它的內容是清楚明晰的。這也就是爲什麼東西不變，意義迥然之故。

然而，透過現象學方法的操作，我知道我在談什麼，儘管它的模糊依舊。接著，我才能讓所經驗到的事物釐清自己以形構出意義來。那就是說，我只是去描述，而不做解釋，不讓非事物自身的東西暗渡陳倉。並且，爲了讓意義進一步地形構出客觀的知識，我還要把我自己也存而不論。不過，不像一般笛卡兒的詮釋，此舉不是要形成一勞永逸的我思（cogito），而是讓事物用有意義的方式將自身表達出來。這麼一來，我不是擁有客觀知識，而是客觀的知識擁有我。這個客觀知識亦即鉅細靡遺的生活世界（Lebenswelt）。這裡面不是反映什麼條理分明的龐大體系，而是呈現一個源源不絕、無遠弗屆的場域。我們天天生活於其中，卻日用而不自知。在這個生活世界上，我們每個人建構出我們自己的世界觀與人生價値。並且，在人與人之間的互動與交流中成就出這個歷史悠久的人文世界。

只可惜，這個人文的生活世界，在新康德學派的影響下，一直被胡塞爾用邏輯與知識論的觀點闡述之，造成相當程度上的混淆。事物自身嚴重受限於理性眞理。海德格早期雖然用事實性去阻擋這種偏差，卻晚節不保地把範疇直觀發展成存有的無盡深淵。無怪乎法國現象學（沙特、梅洛龐蒂）會用知覺的存在性將事物自身拯救出來。可是，在西方理性傳統的籠罩之下，存在與詮釋現象學不可避免地被規劃在人文科學（哈伯瑪斯）中，現象學彷彿離不開客觀知識的窠臼。美國現象學近來企圖與分析哲學合流，對所意（noema）的省思便是一例。此舉讓事物自身再度流失於客觀知識的迷思之中，一如現代科技取代生活世界般。

好在哲學的沒落並不意味著現象學的終結，相反地，它此刻才眞正地落實在生活世界之中，例如：在藝術、心理學、護理學、人類學等應用學科中的銳不可擋。當此之際，現象學的身分變得相當詭異。誠如我們現實的生活世界，我們平常只是盲目地吸取它的養分，一旦生態失衡，我們才意識到它本來面貌的重要性；同樣地，現象學成爲各種理論建構的基石，卻不被系統知識認眞地看待，只有當它們的破綻層出不窮時，學者們才迫不急待地想重溫舊夢。然而，若不明白何以透過現象學回到事物自身，這一切恐怕只是徒增無謂的惆悵與惘然。

職是之故，索科羅斯基爲一般大眾寫了《現象學十四講》。這令我想到兩本經典之作。一本是李歐塔的《現象學》，另一本是班乃特、耿寧與馬爾巴合著的《胡塞爾現象學導論》【註 2】。前者是李歐塔年少猖狂之作，不見得被正統現象學家所倚重，但自1954年起，陸續再版了不下十多次，對現象學的發展反而有未卜先知的洞見。後者則是魯汶（Louvain）大學胡塞爾檔案室（Husserl Archive）主任班乃特、瑞士現象學家耿寧與馬爾巴三位的力作。在眾多介紹現象學的著作中無出其右，但始終無緣爲門外漢所消受。此一對比充分透露出上述——「現象學既是簡單明瞭，又是錯綜複雜」——的荒謬與無奈。所幸，本書的雅俗共賞彌補了這個認知上的缺憾。相信東華大學李維倫教授生動的翻譯與中山大學龔卓軍教授精確的校定會使本書相互輝映，在華文世界裡再掀高潮。

【註1】R. Sokolowski, *The Formation of Husserl's Concept of Constitution*, The Hague: Nijhoff, 1964. 他目前任教於美國天主教大學（Catholic University of America）的哲學院，可見http://philosophy.cua.edu/faculty/rss/

【註2】J.-F. Lyotard, *La phénoménology*, Paris: Presses Universitaires de France, 1986. R. Bernet, I. Kern & E. Marbach, *Edmund Husserl: Darstellung seinse Denkens*, Hamburg: Felix Meiner Verlag, 1989.

【前言】
啓動我們的哲學生活

寫這本書的計畫始於我在1996年春天與羅塔（Gian- 1
Carlo Rota）的談話。他當時是美國天主教大學（The Catholic University of America）數學與哲學的訪問教授。

羅塔經常提到數學家與哲學家的一個不同點。他說，數學家會把他們前輩的作品直接吸收到自己的作品中來，即使受其影響很深，也不會對前代的數學家有所評論，就只是使用他們在這些作者中所讀到的東西。當數學界有所進展時，後繼之人吸收進去後繼續前行。極少數的數學家研究過去的作品；與當代數學比起來，那些古老作品好像是小孩子的玩意一般。

相反地，哲學上的經典作品常被供奉起來當做註解的對象而非被利用的資源。羅塔觀察到，哲學家不問「我們要從這裏往哪兒去？」，反而一直重述主要思想家的學說。他們傾向對先前的作品做出評論而不是改寫它們。羅塔承認評論的價值，但認爲哲學家應該可以做得更多。除了提供說明外，他們應該節選經典內容，以自己的語言直接討論議題，將前輩們已經做到的併入自己的作品中。他們應該提取，而不僅止於註解。

就在這樣的背景下，有一次下課後，我們在學校餐廳喝著咖啡，羅塔對我說，「你應該寫一本現象學導
論，就是寫下來，不要說胡塞爾或海德格說了什麼，只 2
要告訴人們什麼是現象學。」

這是讓我印象深刻的上好建議。已經存在許多評論胡塞爾的書與文章；何不仿效胡塞爾自己寫出的那些導論呢？這個建議是對的，因爲現象學可以繼續對當代哲學做出重要的貢獻，它的智慧資產還沒有完全窮盡，它的哲學能量還有待開發。

現象學是對人類經驗的探索，是對事物在經驗中向我們顯現之方式的探索。它試圖恢復在柏拉圖時代所發現的哲學意涵。此外，它不只是古物的重現，也面對現代思潮所提出的議題。它超越了古代與現代，努力要重新啓動我們目前環境中的哲學生活。因此，這本書不只是要告訴讀者一個特定的哲學運動，而是特別要在哲學思考被嚴重質疑或忽略的時候，提供哲學思考的可能性。

因爲本書是現象學的一個導論，我應用這個傳統中所發展出的哲學語彙。我使用的名詞像是「意向性」（intentionality）、「明證」（evidence）、「形構」（constitution）、「範疇直觀」（categorical intuition）、「生活世界」（life world），以及「本質直觀」（eidetic intuition）。不過，我沒有對這些名詞加以評論，讓讀者覺得它們好像不是我思想的一部分；我就是使用它們。我認爲它們指稱了重要的現象，我要讓這些現象爲這本書的讀者所熟悉。在本書中，我沒有追溯這些名詞在胡塞爾、海德格、梅洛龐蒂，或其他現象學家的作品中的出處；我直接使用這些名詞，因爲它們有自己的生命。舉例來說，討論明證本身的問題，而不談胡塞爾對明證的說明，是正當的使用方法。這些名詞不需要以別人如何使用它們來做爲它們的說明。我們不需要把它們貼到牆壁上才能從它們獲益。

我將在本書的附錄中提供一個現象學歷史的考察。在此我們只需先瞭解到，現象學的奠基者是胡塞爾（Edmund Husserl，1859-1938），他的作品《邏輯研究》
（*Logical Investigations*）被認爲是現象學運動的肇始宣 3
言。《邏輯研究》有兩個部分，分別於1900年與1901年出版。也就是說，現象學是發端於二十世紀的初始。在步入二十一世紀初的今天，我們能夠回顧這一百年來現象學的發展。海德格（Martin Heidegger，1889-1976）是另一位重要的德國現象學家。他是胡塞爾的學生，也是同事，後來卻離開胡塞爾所設定的現象學目標，開始另一個現象學路徑。在法國，現象學也是一個蓬勃的學術運動，代表性的思想家如列維納斯（Emmanuel Levinas，1906-1995）、沙特（Jean-Paul Sartre，1905-1980）、梅洛龐蒂（Maurice Merleau-Ponty，1907-1960）以及呂格爾（Paul Ricoeur，1913-）。在革命前的俄羅斯、比利時、西班牙、義大利、波蘭、英國與美國等地，現象學也都有相當程度的發展。此外，由現象學所影響或直接帶出的學術潮流有詮釋學（hermeneutics），結構主義（structuralism），文學形式主義（literary formalism）以及解構主義（deconstruction）等。一般而言，二十世紀的西方哲學可分爲英美的分析哲學與歐洲的歐陸哲學，現象學即是二十世紀歐陸哲學中很重要的一部分。

現象學與表象的議題

現象學是一個重要的哲學運動，因爲它對表象（appearances）問題有獨到的見解。表象問題從哲學之初始就是人類的問題之一。詭辯家以字詞的魔術操弄表象，柏拉圖則對此有所反應。在此之後，表象被大量地多元化與放大。我們不但以字詞來生產它們，我們還以擴音器、電話、電影、電視、網路還有文宣廣告等來生產它們。顯現與再現的樣態激增，有趣的議題也隨之興起：電子郵件的訊息與電話或書信有什麼不一樣？當我們閱讀一個網頁時，誰在對我們說話？我們現今所使用的溝通方式又如何改變了說話者、聽者與談話？

隨著影像與文字科技的擴展，我們所面臨的一個危險是，每個東西都好像僅僅只是表象。我們以「部分與整體」、「多重樣態中的同一性」以及「顯現與不顯現」三個主題來看這個問題：我們現在的處境似乎是，只有
4 許多碎片而無法掌握整體，只有多重樣態而失去同一性，以及只有多個「不顯現」而沒有一個持續的眞實顯現。我們只有修補術（bricolage）而無其他，我們還想隨機地創造自己，從周圍的零碎之物中組合出方便愉快卻又短暫的認同。我們撿拾碎片來支撐我們的破敗。

對照於這個對表象的後現代瞭解，現象學堅持只有以適當的整體做爲背景，部分才得以理解，表象的多重樣態孕育著同一性，還有，除非與顯現互動相對，否則不顯現毫無意義。現象學堅持在事物中就有著同一性與可理解性，而我們自己就是這些同一性與可理解性的獲得者。我們可以明證事物的存在；當我們如此做時，我

們發現對象，也發現自己正是做爲揭露的接收者，做爲事物對之顯現者。我們不只能夠思考在我們經驗中的事物；我們還可以瞭解思考它們的我們。現象學正是這樣的瞭解：**現象學是理性在可理解對象的顯現中所獲致的自我發現**。這本書的分析提供給讀者什麼叫讓事物顯現，以及什麼叫事物顯現的接收者。許多的哲學家宣稱我們必須學習沒有「眞理」與「理性」地活著，但本書卻試著顯示，如果我們要存在得如人一般，我們能夠且必須進行責任與眞理性的運動。

本書大要

這本書應用許多胡塞爾所提出的專有名詞，這些都已經是這個哲學運動的標準用法。在第一講，我討論現象學的核心議題：意向性，解釋它爲何是當代哲學與文化處境的一個重要主題。第二講提供一個現象學分析的簡單例子，讓讀者對這種思考的風格有些瞭解。第三講考察現象學中三個主要主題：部分與整體、多重樣態中的同一性，以及顯現與不顯現。這三個形式結構貫穿在現象學之中，如果我們對它們敏感些，就容易掌握許多議題的重點。「部分與整體」以及「多重樣態中的同一性」幾乎在其他哲學學派中都可以發現，不過對「顯現與不顯現」持續且明晰的研究卻是發源於現象學。

在呈現了一些現象學分析之後，我們便有能力回頭談談到底現象學是什麼，能夠顯示它的思考形式如何與前哲學經驗的思考形式不同。第四講中即是現象學的一個初步的定義，其中也區別了「現象學態度」與「自然態度」。

接下來的三講探討人類不同經驗領域中的具體現象學考察。第五講討論知覺及其兩個變異、回憶與想像。它考察了我們知覺的「內在」轉變；除了看見與聽到事物，我們還可以回想、預期以及幻想，也因之得以有個人的，甚至是私密的意識生活。第六講轉向知覺的一個較爲公眾的變形，即字詞、圖畫與符號。這裏是對外在事物的意識，我們不只是知覺到事物，而且還是以影像或是字詞或是其他再現的方式來詮釋它們。最後，第七講介紹範疇思考，以這個思考我們不僅知覺事物，還把它們勾劃說出，不只是顯現出簡單事物，而是事物的狀態。在範疇思考中我們從簡單對象的經驗移向可理解對象的顯現。本講還包含了對意義、感受與命題的重要討論。它想要說明「概念」與「思想」比一般所認爲的還要具有公眾性，以及感受與命題並不是心理物或概念物。特別是在目前現代哲學所產生的哲學氣氛中，適當地瞭解感受與命題是討論眞理本質的重要關鍵。從第五講到第七講提供了三個領域的現象學描述：「內在」領域的回憶與想像，「外在」領域的知覺物體，文字、圖畫與符號，還有「智性」領域的範疇對象。

6 第八講考察了做爲在前述討論中所有意向性之同一者的「自我」。自我被描述爲有責任的眞理行使者（the responsible agent of truth），它在回憶、預期以及人際經驗中被認取出來，它進行認知動作，使較高的智性對象，如事態、群組等得以顯現。自我是對它自己所做的宣稱負有責任者。自我的議題自然地引導到第九講中時間與內在時間意識的議題，因爲後者是自我的基礎。時間性是知覺、回憶與預期的條件，也是在活在這種種經驗中的自我的條件。最後，第十講考察自我所棲居的世界：生活世界，在其中我們立即經驗到周遭的事物。這是現代科學的基礎。科學並未對我們所棲居的世界提出另一個選擇，它是從世界中昇起，也必須與世界整合。這一講簡短地討論了主體際性（intersubjectivity）。

第十一講可說是理性的現象學。它不僅考察我們所運作的種種意向性，也特別專注於讓我們導向事物眞理的意向性，那些稱做「明證」的意向性。我們可以看到現象學如何將人類心智與人類理性視爲以通向眞理的方式組織起來的。第十二講討論本質直觀，揭露事物本質特徵，即揭露事物不得不擁有之特性的意向性。本質特徵不是抵達事實性的眞理，而是本質的眞理。這一講是理性現象學的進一步發展。

本書最後將回到「現象學是什麼」的問題。第四講初步地描述了現象學，但現在可以提供一個更完備的描述。第十三講區別現象學反思與我所謂的命題反思（第七講的主題之一），以帶出哲學思考的本質。在這裏我提出了哲學，或現象學，不只是意義的澄清，而是更加深遠的工作。本講所討論的區別使得讀者更了解什麼是哲學、概念、感受與命題。

在第十四講，我嘗試以對照現代性與後現代的方式描述現象學，我加上了一個簡短的討論，說明它如何與托馬斯（Thomistic）哲學區分。我把現象學放置在我們當前的歷史處境中來定義。現代哲學有兩個要素：政治哲學與知識論，而現象學只對後者多所著墨。不過，因爲現象學認爲人類理性通向明證與眞理，它能夠以間接的方式討論政治理論中的現代議題。如果人類的特性在於朝向眞理的能力，那政治與公民身分則有非常獨特的意涵。

由於將理性視爲以眞理爲目標，現象學與托馬斯哲學有些類似，後者是對存在與眞理的一個前現代思考，但現象學與後者不同的是，它並不由聖經的天啓中來進行哲學思考。現象學與托馬斯哲學都是現代計畫的另外選擇，雖然兩者不同，但兩相對照，能更進一步顯示現象學爲一種哲學形式。

本書介紹給讀者一個二十世紀主要的哲學發展，以及它的用語和觀念。這個發展——現象學，不只是過去的東西，在新世紀之初，它也可以幫助我們記住我們不能全然遺忘的事物。這本書始於一個數學家與哲學家的交談；希望它能幫助我們培養出像人類在這兩個領域探索時所展現的理性生活。

【第一講】

什麼是意向性？它有何重要？

當考古學家發現一些鍋子、灰燼，還有布的碎片，開始談論過去居民的生活時，是什麼樣的意向性？這些鍋子與灰燼，如何把人的生活呈現給我們？我們要如何「看待」它們，使得它們對我們如此呈現？在發現與認出一個化石時，所涉及的意向性又是如何？

8 與現象學最密切關聯的名詞是意向性（intentionality）。現象學的核心意旨即是我們的每一個意識動作，每一個經驗活動，都是具有指向性的（intentional）：意識總是「對於某事某物的意識」（consciousness of），經驗總是「對於某事某物的經驗」（experience of）。我們所有的覺知都是指向事物。我看見，必定是看到某個視覺上的事物，如一棵樹或一片湖；我想像，必定是想像到一個想像的事物，如想像一輛車行駛在路上；我回憶，我回憶過往的事物；我判斷，我也必定朝向某一事物的狀態。每一個意識動作，每一個經驗，都是與某一事物相關。每一個朝向（intending）總有它朝向的事物（intended object）。

我們必須注意，在這裏所謂的「朝向」或「意向」並不是指我們做某些事情時，心中所持有的目的的那種「意圖」（像是：他帶來一些木材意圖建造一座橋；她意圖在明年把課修完）。現象學意涵的意向性基本上是運用於知識理論的，而不是行動理論的。現象學使用「意向」這個詞的確有些麻煩，因爲它與一般生活實踐中的用法不同；每當現象學提到這個詞老是使人感到一種有關實際行動意圖的意涵。然而，意向性已經是現象學上的專有名詞，在介紹這個哲學傳統時我們沒辦法不使用它。因此，我們要適應並瞭解這個詞在此是指認識的、心智的狀態，而非實踐的意向。在現象學裏，意向即指我們與事物之間的意識關係。

自我中心的困局

因此，意向性的意涵即是說，每一個意識動作都是 9
朝向著某一事物，意識總是關於某事某物的意識。現在，當我們瞭解這個意旨，瞭解這是現象學的核心，我們可能會有點失望！這個想法又有什麼了不起呢？現象學爲什麼要對意向性如此小題大作呢？對任何一個人來說，意識總是關於某事某物的意識，經驗總是關於某事某物的經驗，這樣的認識難道不是十分明顯的嗎？如此瑣碎的瞭解需要被大張旗鼓地宣稱嗎？

這個認識的確需要被提出，因爲過去三、四百年來的哲學思潮，並不是這樣地瞭解人類的意識與經驗。在主宰我們文化的笛卡兒學說、霍布斯主義與洛克思想的傳統裏，我們一直被灌輸著這樣的想法：當我們有意識的時候，我們僅僅只是覺知到我們自己或是我們自己的觀念（ideas）。意識被認爲像一個肥皀泡泡或是一個封閉小室；心智是在一個盒子之中。印象與概念在這一個封閉空間中產生，我們的覺知並不指向「外面」的事物，而是朝向並僅止於這些印象與概念，在觀念與經驗之間轉圈圈。我們可以用推論的方式來及於外在：我們可以推論說，我們的觀念必定是由外在於我們的事物所引起，並且我們可以建立假設或模型來說明這些事物是如何如何，可是我們並不直接接觸到它們。我們與事物的關聯僅只是由心中的印象推論而來，並不是來自它們對我們的直接呈現。我們的意識，根本上，完全不「關於」任何事情。像這樣，我們被綁在一個「自我中心的困局」之中；在最初始的狀態下，可以確定的只是我們自己的意識存在以及這個意識的種種狀態。

我們對頭腦與神經系統的知識進一步強化了對人類覺知的如此瞭解。毫無疑問地，任何屬於認知的東西都必定發生「在腦袋裏面」，我們有可能直接接觸到的只是腦中的狀態。有一次，我聽到一位知名腦神經科學家的演講，他幾乎是含淚說道，在多年對腦部的研究之後，他仍然不能解釋「在頭殼裏的那個酪梨色的器官」如何能跨出它自己而通達到世界之中。我甚至可以大膽地說，幾乎所有在大學中選修了生理學、神經學或心理學的人都會碰到同樣的難題。

這些對意識的哲學與科學的認識在我們的文化中廣泛地流傳，隨之而來的自我中心困局也帶給我們強大的緊張。直覺上我們知道並沒有被囚禁在自己的主觀之中，我們的確能從自己的腦袋與內在心智狀態中跨出去，但我們不知道如何來說明這個事情。我們不知道如何說明，我們與眞實世界的接觸並不是幻想，並不只是主觀的投射。我們幾乎不知道自己如何能跨出自己，所以可能就此忽略這個問題，並希望沒有人會提起。當我們試著思考有關人類意識時，總是以我們是「內在的」爲前提，也總是困惑於如何能通達「外在」。

如果我們沒有意向性，沒有共同的世界，我們就無法擁有理性、明證與眞理的生活。每一個人都只指向自己私己的世界，只做自己的事：我們用不著管所謂的眞理。然而，我們知道這個相對論並不是故事的最後結局。我們的確也常常與人爭辯，什麼是應該做的，什麼才是事情的眞相。但在哲學上與文化上，很難去說明爲何我們可以接受有一個共同的世界，以及爲何我們擁有發現與說明世界的能力。對意向性的否定也就是對心智朝向眞理的否定。

心智並非封閉，外在世界皆可現於內在

在貝克特（Samuel Beckett）的小說《墨菲》（*Murphy*）中，對此自我中心的困局有生動的描述。在書中的第六章，貝克特中斷了他的敘述，進行了一段「對『墨菲的（大腦中的）心智（Murphy's mind）』這個說法的解釋」。他說他並不想嘗試去描述「這個設置的眞正內容」，而僅只是「它對它自己是何物的感覺與圖象」。貝克特所提供的圖象是我們所熟知的：「墨菲（大腦中的）心智把自己看做是一個空心的球體，對外面的世界封閉」。一邊是「內在心理世界」的心智，一邊是外在的世界，兩者相互隔絕。不過，心智並沒有因此封閉而枯竭；而是，外在世界的任何事物都可以再現 11
於內在，這樣的再現，根據貝克特的說法，「有虛有實，或由虛轉實，或由實轉虛」。心智的這些部分彼此分別：「（大腦中的）心智感到它的實際部分是明亮而在上的，它的虛擬部分是在下而隱入黑暗之中。」

相對於墨菲（大腦中的）心智在上，在下的不僅是宇宙或眞實世界，還有屬於墨菲的另一部分，他的身體：「因此墨菲感到自己一分爲二，一爲身體，一爲（大腦中的）心智。」在某種未知的情況下，身體與心智之間有著互動：「顯然地，它們之間有交互作用，不然他不會知道它們之間的共通點。然而，他雖覺得他的心智是與身體連在一起，但卻不知道它們之間的交互作

用是經由如何的通道達成，也不知道兩者的經驗如何重疊在一起。」心智從身體上分離開來也造成了心智從世界分離開來：「他分裂了，因爲沒有任何出路，一部分的他從未離開他心中的小室，而把自己看成是一個明亮但沒入黑暗的球體。」對墨菲來說，身體如何影響心理，或心理如何影響身體，是極大的神祕：「這兩個極度陌生者之間像是有彼此勾聯，但這對墨菲來說，就像心電感應或是蓄電池一樣令人費解、卻了無異趣。」

不幸地，貝克特所描述的笛卡兒主義的困局，正是我們這個時代的哲學所看到的自己：（大腦中的）心智像是一個巨大空心的球體，明亮卻也沒入黑暗，同時與身體及世界隔絕。然而哲學的展開處正是在於人類如此認識自己的文化處境之中。我們之中的許多人並不知道如何避免像貝克特所描述的墨菲那樣。意向性的主旨就是要來對治這個認識論上的難題。

心智的公共性

所以，將意向性顯化，做爲哲學思考的中心，並不是多餘之舉。說意識總是關於某事某物的意識也不再是
12 瑣碎之事；相反地，如此的宣稱與許多一般的信念衝突。打破笛卡兒主義的自我中心困局是現象學的重大貢獻之一。現象學讓我們看到心智是公共性的，它總是在公開之中活動與顯現，而不是封錮於內在。所有的事都是外在的。「心理之內的世界」與「心理之外的世界」這兩個概念是矛盾的；他們正是龐德（Ezra Pound）所說的「觀念凝塊」（idea-clots）。心智與世界是彼此關聯

在一起的。事物的確向我們展現，事物是眞實地被看到，而我們，在我們這一邊，的確也向我們自己，也向其他的人，展示事物的呈現。在現今的文化處境中，把意向性做爲議論的焦點有重要的哲學價値。藉著對意向性的討論，現象學幫助我們得以宣稱思考、推理與知覺的公共性。現象學幫助我們再次確認人是有能於眞理者，人有眞實認識的能力。

除了讓我們注意到意識的意向性之外，現象學也發現並描述了意向性的許多不同的結構。在笛卡兒或洛克主義底下的心智，被看成是一個包含著觀念的封閉球體，意識這個詞僅只有一種意思。意識之中並沒有結構的不同；只有覺知，單純而簡單。我們察覺到一些印象在我們之內升起，然後把它們處理成判斷或命題來試著宣稱「在外面的」到底是什麼。然而對現象學來說，意向性是極度分化的，關聯到不同種類的事物，就有不同種類的意向。舉例來說，當我們看到一般的物體時，我們有著知覺的意向；而當看到一張照片或圖畫時，我們是以圖象意向爲之。把某物當成圖畫與把某物當成物體是不同的，我們必須轉換不同的意向性。圖畫與圖象的意向性相關；一般物體的知覺與知覺意向性相關。把某物當成字詞時的意向性又有所不同，回憶起某事、對某物做判斷、把事物分類等，都各有其意向性結構。這種種不同的意向性需要被描述及區分開來。另外，意向的形式也可以是由不同種類的意向交織而成：把某物看成 13
是圖畫，包括了要先把它當成是實物。圖象的意識疊在物的知覺之上，就如同我們看到的圖畫是在布或紙之上，而後者也可以只被視爲是有顏色的東西。

當我們想到過去的事情時，其意向性也是可以被區分開來。當考古學家發現一些鍋子、灰燼，還有布的碎片，並開始談論七百年前在當地生活的人們時，又是什麼樣的意向性呢？這些東西，鍋子與灰燼，如何把人的生活呈現給我們呢？我們要如何「看待」它們，使得它們對我們如此呈現？在發現與認出一個化石時，所涉及的意向性又是如何？當我們談到質子、中子與夸克，其意向性又是如何？這些都與我們看到圖畫與旗子時的意向性不同，也與看到植物及動物不同。我們在研究粒子物理時的某些困難即是導因於，我們假定了我們朝向次原子粒子的方式與我們朝向撞球的方式是一樣的。現象學做的即是區分並挑出不同的意向性以及與其關聯的各種不同的事物。對這些意向性的描述幫助我們瞭解人類認識的不同形式，也幫助我們瞭解我們跟我們所在的世界的不同關聯形式。

現象學使人脫離自我中心困局

現象學（phenomenology）一詞來自於希臘字 phaniomenon與 logos的組合，表示給予說明的活動，對種種的現象給予**道說**（logos）。而**現象**（phenomena）指的是，例如，圖畫與簡單物體的不同，記起的事物與期待的事物的不同，想像之物與知覺之物的不同，數學之物（如三角形）與有生命之物（如動物）的不同，文字與化石的不同，他人與一般動物的不同，政治領域與經濟領域的不同。當我們瞭解意識是關於某物的意識，而且不是被禁錮在它的內在小室時，所有這些不同的現象可以被考察。相對於笛卡兒、霍布斯與洛克哲學知識論中難以理解的限制，現象學是一種解放。它敞開大 14
門，使我們得以離開以往哲學把我們鎖入的自我中心困局，也使因此失去的世界得以恢復。

現象學承認現象，即現身的事物的實在與眞實。笛卡兒傳統所教我們相信的，一幅圖畫的存在、一個可感物的存在、一個符號的存在，都只是存在於我們的心智之中，但實際的情況並不是如此。圖畫、可感物與符號都是事物可以存在的方式。它們現身的方式即是它們存在形式的一部分；事物如其所是地現身，它們的現身即其如是。事物不只是存在；它們還如其所是地展現自身。動物現身的方式不同於植物現身的方式，這是因爲兩者的存在方式並不相同。圖畫現身的方式不同於記憶中的東西，因爲它們的存在方式並不相同。一幅圖畫存在於彼處的畫布或木板上；一個敬禮存在於彼處行禮者與受禮者之間臂膀的移動。一個事實指的是此事實的組成部分所在之處：草是濕的事實存在於沾濕的草上，而不是存在於說出這些字的人的心中。我心智的行動是對自己與他人呈現（presenting）那已沾濕的草。當我們做判斷時，我們勾劃出（articulate）世界中某些部分的呈現（presentation）；我們並不僅只是處理我們心中的觀念或概念。

有人可能會反對，「那幻覺與錯誤又如何說呢？」有時事物並不是如它們看起來所是的樣子。我可能認爲我看到一個人，但後來發現那只是一堆矮樹叢；我可能認為我看到一把短刀，但根本沒有那個東西。顯然地，那個人和那把短刀只在我的心智中；難道這不就說明了所有的事物都只是在我們心中而已？並不盡然；道理很簡單，事物可以看起來像是另外的事物，有時我們以為自己正覺知到某個事物，但卻也可能不是。數年前一個冬天的夜晚，我開車正要進入我的車庫，看到車道上有「玻璃碎片」，我想是有人在那裏打破一個瓶子。我將車停在附近的馬路上，打算隔天早上再來清理車道。當我第二天回到那裏，我只發現一些小水窪與小片小片的冰；我所曾經「看到」的玻璃其實是冰。在這個經驗中，我原先所見與後來的改正並不是在我的心智小室內作用；並不是說我只是把我的印象與概念處理處理，或是我製造出一個新的假設來解釋我自己的觀念。反而是，我以不同的方式與世界發生關聯，而這些關聯奠基於冰在某些狀況下看起來像玻璃的事實。所有的事，包括那個「玻璃」與冰，都是公共的。錯誤是屬於公共性的事，遮蔽與偽裝也是；這些都是把某物當作是另一物的現象。錯誤、遮蔽與偽裝，都是真實的錯誤、遮蔽與偽裝；它們是存在的可能樣子，也需要與它們相應的分析來認識。即使是幻覺也有它自己的實在性。所謂的幻覺發生，即是當我們認為我們正在感知事物但其實是想像，因此幻覺的發生基礎是感知、知覺與想像。也就是說若要經驗幻覺，我們必須進入意向或某物的運作中。如果我們不能察覺感知與做夢的不同，就無法經驗幻覺。

沒有純粹的表象，表象是存在的一部分

現象學所做的，是透過主張意識的意向性，來矯正笛卡兒與洛克思想對心智公共性的偏見，以及對事物表象之現實的偏見。對現象學來說，並沒有「純粹」表象，也沒有一個事物「只是」表象。表象是眞實的，它屬於存在的一部分。事物之所以爲事物正是因爲它現身。因爲哲學的混淆把我們阻隔到我們自己的內在世界中，而使我們失去了眞實的世界，現象學讓我們承認並恢復這失落的世界。曾經一度被宣稱是心理上的（psychological）事物，現在被發現是存有上的（ontological）事物，是事物存在的一部分。圖畫、文字、符號、可感的事物、事態、他人的心智、律法以及社會傳統等，都被承認是眞實地存在於彼，是在存在上可以分享的，是能夠以它們自己相稱的方式現身。

但現象學不只是恢復了一度失去的事物。這一部分是有點兒消極且富爭議性的，好像是依靠著別人的誤失來得到自己的價值。除了做爲反駁，現象學也提供了哲學的樂趣給那些想要享受此中樂趣的人。關於事物現身的方式與我們眞實瞭解的能力之間，或是與我們讓事物現身的能力之間，有許多議題可以討論。顯現與不顯現是很細緻地交織在一起，而現象學幫助我們去考察它們。現象學不只是移除了懷疑論的阻礙；它也提供了一條可能的道路來瞭解哲學家們對差異、同一、形式等這些哲學家們一貫關懷的經典議題。它是思索性的理論性的。它使哲學生活成爲人類成就的最高點。現象學不僅 16
撫癒了我們智性上的挫折，它也爲想要進行哲學探索的人開啓了一扇門。

以對一個立方體的知覺過程，做爲意識經驗的典範

我不但可以看到立方體，也可以摸著它、聞聞它，甚至可以舔舔它，這些都是伴隨著我對立方體的經驗而可能出現的潛在顯現方式，也都是一些可以進入實際顯現的潛在性。即使我只是直接看到一個立方體，所有的這些潛在性早就圍繞著它。

17 我們將以一個簡單的例子來說明現象學的意識描述分析。這個例子會讓我們明白現象學所提供的哲學解釋爲何。它也將會是我們用來瞭解稍後一些更加複雜分析的模型。

面、面相與輪廓【譯註】

考量一下我們對一個物質物體的知覺方式，如一個立方體。我只能從某個角度、某觀點看到那個立方體，並沒有辦法一次就看到所有的面。這是在經驗一個立方體時很重要的一件事，也就是說，每一次的知覺都是部分的，只有此物體的一部分是直接給出的。但是，這卻不能等同於我僅僅經驗到我目前視線所看得到的面；當我看這些面時，我也正意向著，或共同意向著那些不顯現的面。我所看到的比我眼睛所遭受到的刺激還要多。眼前可見的面就像是月亮受月暈包圍一般，由潛在可見但事實上不顯現的面所圍繞。這些其餘的面也是給出的，但卻是以不顯現的方式給出。它們也是我的經驗的一部分。

讓我們由客觀與主體兩方面來談談這個結構。客觀上，當我看到一個立方體時，給出的是一個由顯現的與不顯現的面所構成的混合，我同時意向著它們。在主體上，我的知覺，我的看見，是由滿實的與空虛的意向（filled and empty intentions）所混合構成。我的知覺活動因此是混合的，其中有部分是意向著顯現者，而有另外的部分是意向著不顯現者，像是立方體的「其餘的面」。

當然，每個人都知道，知覺牽涉到這些混合，但是並不是每個人都知道它們的哲學意涵。所有的知覺都牽 18
涉到顯現與不顯現的混合，若我們對某些情況中的如此的混合結構加以注意並思考，我們將得到一些哲學上的啓發。舉例來說，當我們聽到某個人說出一個句子時，我們的聆聽牽涉到句子中正在顯現的部分，以及它的前後不顯現的兩者，即已被發音說出的部分以及將要出現的部分。而整個句子本身，是突出於寂靜或是吵雜的聲音背景之中，也突出於前後或是與其同時出現的句子之中。知覺一個句子中所牽涉到的顯現與不顯現的混合，不同於知覺到立方體的情況，但兩者都有顯現者與不顯現者、滿實與空虛意向的混合。不同的對象有不同的混合，但都是顯現與不顯現的混合。

讓我們再回到立方體的經驗。在某一時間裏，只有特定的面對我顯現，而其餘的並不顯現。但我知道我可以繞著立方體走一圈，或是把那個立方體拿來轉一圈，那些不顯現的面就會進入我的視野，同時原本顯現的面轉而隱沒。我的知覺是動態的而非靜態的；即使是我只看著立方體的一個面，我的眼球也振顫著進行著一種我沒有察覺的掃視動作。當我轉動立方體或是繞著它走，原本潛在的轉爲顯在，而原本顯在的轉爲潛在，也就是變成曾經被看到的，或者說是變成可能再被看到的。而在主體的這一邊，空虛的意向轉爲滿實，滿實的意向轉爲空虛。

更進一步來考察，我們會發現，其他形態的知覺也參與其中。我不但可以看到立方體，也可以摸著它，我可以敲一敲它看它發出什麼樣的聲音，我可以舔舔它（對嬰兒來說，嘴巴是主要的觸覺器官），我甚至可以聞聞它，看它是用什麼材質做的。這些都是伴隨著我對立方體的經驗而可能出現的潛在顯現方式，也都是一些可以進入實際顯現的潛在性。即使我只是直接看到一個立方體，所有的這些潛在性早就圍繞著它。然而有趣的是，只有視覺與觸覺可以有立方體的呈現；聽覺、味覺與嗅覺呈現此立方體的質材，而不是它做為一個立方體的形狀。

在對立方體的視覺經驗的精確考察下，我可以區別出三個顯現的層次：

19 一、首先是立方體的**面**（sides）有六個。每一個面可以在不同的遠近透視下呈現。如果我讓一個面直接面對著我，它呈現爲正方形，但如果將立方體往後傾一點，這個面的呈現就有了角度，它看起來像是不規則四邊形，遠邊的角看起來比近邊的角要窄一點。如果我再把立方體往後傾，這個面就快要變成一直線了。最後再往後傾，這個面就從我的視野中消失。也就是說，一個面有多種呈現，就如同一個立方體有多個面一樣。

二、讓我們把一個面的不同呈現叫做**面相**（aspects）。當一個面正對著我們時，它是正方的面相，而它有些角度時，就是不規則四邊形的相。就如同一個立方體可以以多個面對我們呈現，每一個面也可以有多種相對我們呈現。這些面相也都是立方體的面相。

三、在某一時刻我看到一個特定的面相；我可以閉起眼睛一下，再睜開它們，如果我沒有移動，原本我看到的面相將再度呈現給我。從不同時間的呈現中，一個面相得到一個同一性。讓我們把每一個時刻的觀看稱做此面相的**輪廓**（profile）。這個詞是由德文的abschattung翻譯而來，它有英文中profile或sketch的意思。因此，終究來說，一個立方體是以種種輪廓來呈現給我。

我們現在把立方體的知覺例子換成建築物的知覺例子。我看到一幢建築物的正面。我在正面前方中間靠左的觀察點來看到這一個面：在此時，我看到正面的一個特定的面相。假設我跟你說：「這個建築物從這裏看非常特別。」我從我站的地方移開而你進來，你看到我剛看到的面相，但你所經驗到的輪廓是不同於我剛才經驗的，因爲輪廓是指瞬時的呈現，而不是可以被許多觀看者看到的面相或場景。一個面相、一個面以及一個建築物是主體際性的（intersubjective），但一個輪廓是私已的、主體的（subjective）。輪廓甚至是依賴於我當時的性情與我當時感覺器官的狀態條件而定；如果我生病了 20
或是頭暈目眩，我所得的輪廓可能是晃動的、灰濛濛的，而不是穩定的或藍色的。輪廓的相對性與主體性特徵並不表示由它而給出的面相，面或是物體也有著同樣的相對性與主體性。

對象自身的同一性

因此，知覺牽涉到多種層次的綜合（synthesis），這些層次各式各樣，也包括了實際的與潛在的顯現。現在我們必須進一步來討論知覺的另一個面向。當我看到立方體的不同面，當我從不同的角度與不同的輪廓中經驗到不同的面相時，一個根本上的情況是：我知覺到，這些種種不同的樣貌是屬於同一個立方體。面、面相以及輪廓都對我顯現，但在它們之中，也顯現出了一個同一的立方體。從我所經驗到的種種層次的不同中，持續給出了一個同一性。

要說一個立方體就是所有輪廓的的加法總合則是錯誤的。一個立方體的同一性所在的層次不同於面、面相與輪廓的層次。同一性不同於立方體所提供出來的表象。同一性從未以一個面、面相或是輪廓的方式表現出來，但它卻總是於後者之中以給予同一性的方式呈現出來。我們可以意向到一個立方體的同一性，而非只是面、面相或輪廓。當我繞著一個立方體走，或是把它拿在手上轉動，流過的一個個輪廓都以屬於那個特定立方體的方式統合起來。當我們說，那個立方體對我們顯現，我們指的是它給出了同一性。

在此，我們看到意識意向性（第一講討論過）的一個更深入的向度。意識總是對於某物的意識，指的是意識意向著某物的同一性，而不僅是它所面對的表象流（the flow of appearances）。對象同一性的議題在我們討論經由知覺到思考，以及當一個知覺到的對象變成事態或事實的一部分時，會變得相當重要。不過，就算只是做爲構成知覺的一部分，同一性也是非常重要。當我們知覺一個對象時，我們不僅僅得到流動的輪廓，或是一系列的印象；於其中，我們得到一個對象，我們意向著它的同一性，並也獲得了它的同一性。所有的輪廓、面
21 相、表象，都被看成是從屬於同一物。同一性屬於在經

驗中給出之物；對同一性的認取是屬於經驗的意向結構。順帶提一下，意向所指向的同一性可以是顯現的，也可以是不顯現的。另外，我們也可能對其有所誤認。

對象是在外由我們知覺，不是被編造出來的

對面、面相與輪廓的分析，幫助我們確認現象學與笛卡兒以及洛克知識哲學不同的實在論。笛卡兒主義以及洛克思想認爲，我們直接察覺的是刺激我們感性的印象；我們被我們的觀念所環繞並封閉在其中。但是，一旦我們承認有不同於面相的輪廓、有不同於面的面相時，我們會發現很難以頭腦中簡單的印象與觀念來說明面、面相與輪廓的結構。

如果所有的事物都只是單純地內在於我們，我們所擁有的僅只是輪廓：色彩的閃現與聲音的斷續，而從其中產生出對象的認識來。我們也就沒有辦法做出面、面相與輪廓的區別。反過來說，面、面相與輪廓的區別更清楚地顯示出，對象的表面與樣子是「在外」（out there）由我們來加以知覺；它們不是由刺激我們感性的印象所編造出來。面或面相，可以由一個人在不同的時刻，或是由不同的人看成是同樣的東西，這就不能說它們僅是私人主體性的印象。另外，在面、面相與輪廓「之中」或「之後」，還有對象自身同一性的給出。同一性是公共的，每個人都可得到的；它不是我們對表象的投射之物。

我們以對一個立方體的知覺，來做爲現象學意向分析的初步典範。其他種類的對象牽涉到其他複雜形式的

顯現。在我們分析其他對象與其對應的意向性之前，讓我們先討論在現象學中扮演重要角色的一些形式結構。

【譯註】輪廓，profiles，英文也作adumbration，德文爲abschattung。

【第三講】

現象學中的三個形式結構

不論什麼時候，當我們要探索一些現象學議題時，我們應該考察在此問題對象中運作的三個形式：部分與整體，同一與多重樣態，以及顯現與不顯現的混合方式。

22 在現象學所從事的分析中，有三個經常出現的結構形式，如果能對其有所瞭解，便可掌握本書中的某些主題。此三個形式爲：**部分與整體**（parts and wholes）的結構，**同一與多重**（identity and manifold）的結構，以及**顯現與不顯現**（presence and absence）的結構。這三者本身是相互交織在一起，但卻不能化約爲任一方。前兩個結構形式是許多哲學家討論過的主題；舉例來說，亞里斯多德在《形上學》（*Metaphysics*）中有許多關於「部分與整體」的討論，柏拉圖以及新柏拉圖主義的思想家，還有中世紀哲學家，也曾致力於探討差異中的同一性、多中之一的觀念。

不過，在早期的哲學家中，「顯現與不顯現」這個主題尚未被有系統地發展釐清。這個主題源自於胡塞爾，源自於現象學。「顯現與不顯現」可以有各種不同的特定混合方式，對這些混合的探討可以是極具價值的哲學議題。我相信是現象學發展了這一個新的哲學主題，主要是因爲現象學一直要抵消源自於笛卡兒自我中心困局的現代哲學知識論問題。現象學因著面對一個哲學上的混淆做出反應而產生一個正向發展，就像柏拉圖對應詭智懷疑學派（Sophistic skepticism）的挑戰，而發展出他對「統一與形相」（unity and form）的瞭解。

部分與整體

整體（whole）可分析出不同的部分（parts）：片段（pieces）與環節（moments）。**片段**即使不在其所屬
23 的整體中也還能存在，也能讓人把它呈現；片段可以從

整體中脫離開來。因此，片段可以被稱做**可獨立部分**（independent parts）。

舉例來說，樹葉與果實可以從生長的樹上離開，但它們仍然可以是獨立的物體。即使是樹的一段分枝也是可獨立部分，因爲它可以從樹上折下來；雖然如此一來它就不再是有生命的分枝而成爲一段木頭，但仍可被看做是一個獨立的物體而存在。另外，像是機器的零件，劇團裏的一個演員，戰鬥排的一個士兵，也都是其各自所屬整體中的一個片段。這些物體的確屬於它們各自的整體（如一部機器，一個劇團，以及一個戰鬥排等），但它們也都能不靠整體而做爲自己而存在。當一個片段與其整體分離，它就自成一個整體，不再是一個部分。因此，我們可以說，片段就是可以成爲整體的部分。

環節則是無法脫離其所屬整體而存在而呈現的部分；它們無法被抽出。環節是**非獨立部分**（nonindependent parts）。

紅色，或其他任何顏色，就是環節的一個例子，因爲紅色若不在一個空間表面上就無法獨自存在。音樂的音高也是，它只能與聲音在一起才存在。另外，視覺也是無法獨立於眼睛之外而存在的東西。這些部分是非獨立的，無法就其自身而存在或被呈現。一段樹枝可以從一棵樹上砍下來，但一個音高卻無法從聲音中分離出來，視覺也不是可以脫離眼睛的東西。環節若不與其他環節在一起便無法存在。相對於片段，環節即是無法成爲整體的部分。

物理學中所區分出的面向（dimensions）是環節或

非獨立部分的好例子。在機械學中，一個運動中的物體具有質量、速度、動量與加速度等，而質量與加速度又與力有根本關係。在電磁學理論中，電流具有以安培度量的流量面向，此一面向又與電位差（伏特）、電阻（歐姆）與電能（瓦特）相關。所有的這些面向都是非獨立的：每一個動量都與質量與速度相連的，沒有一個既無質量又無力的加速度，也沒有一個電流是無電壓的。

24 某些特定的物項有時候可以是片段，有時候卻是環節。舉例來說，一個果實可以從樹上分開，然而做爲一個被知覺到的對象，它卻無法與其背景分離；要能夠被看到，那個果實必然要有背景來襯托。

有些環節依特定的組合方式來成爲一整體。有的環節植基於另一個環節之上，因此可以有**立基者**（the founded）與**基礎者**（the founding）的分別。色調立基於顏色，反過來說，顏色是色調的基礎。視覺立基於眼睛，眼睛是視覺的基礎。更進一步來說，如此的基礎組合可以有許多層次：明暗立基於色調，色調立基於顏色。在這種情形下，明暗是經由色調的中介而立基於顏色，而色調是直接立基於顏色。不過，像音高與音質就都是直接立基於聲音。

讓我們使用一個專有名詞來確切地表達：一個整體可以稱之爲一個**具體者**（concretum），一個可以存在並顯現自己，而得以被經驗爲一具體個體的東西。一個片段，一個可獨立部分，也是一個可以成爲具體者的部分。在另一方面，環節就不能成爲具體者。環節不論在什麼情況下被經驗到，都是搭著其他的環節一起；它們都是以與其他部分組合在一起的方式存在。

即使如此，我們還是有可能就環節本身來加以思考或討論：我們可以談論音高而不需要提到聲音；我們可以談論色調而不需要提到顏色；我們可以談論視覺而不需要提到眼睛。當我們就其本身來討論環節，它們是**抽象者**（abstracta），它們是被抽象地思考著。我們之所以能夠這樣地談論抽象者，之所以能夠抽象地談論，是因爲我們能夠使用語言；正是語言使得我們能夠把一個環節從它所必要關聯的其他部分與它所屬的整體中分開而單單就它來處理。然而跟著這個能力而來的卻是一個危險：因爲我們不需要提及其他關聯的部分，就可以只就一個環節來加以談論，我們可能就開始認爲這個環節可以單獨存在，可以成爲一個具體者。舉例來說，我們可能會開始覺得可以就視覺而談視覺而不需要提到眼睛。

模糊片段與環節，哲學問題則變虛假

片段與環節之間的區分在哲學分析上是十分重要的。在哲學上常常發生的是把環節性質的某物當作是片段，把它當作可以從它的整體與其他部分中分開的東
西，從而提出一個虛假的哲學「問題」，像是：「此一 25
整體是如何地被構成起來」。對於這種問題的眞正解決方法並不是開始想辦法去把那些分離的部分組裝起來，而是直接回到問題形成的本身，指出被想成分離開來的部分是環節而不是片段，它本來就不應該被視爲可分開的部分，更不用談如何把它組裝起來。許多哲學的論證就只是在盡力顯示出某物是非獨立而不是獨立的部分，

是環節而不是片段。

舉例來說，在「心智與其對象」這樣的議題中就有這樣的虛假問題。如同我們在第一講中所談到的，人們經常把心智當成是自我封閉的空間，也就是把它當成是片段般的東西，可以從其原本所屬的世間脈絡中分離開來。然後問題就出來了：到底心智如何能夠從它本身中超越出來而通達到世界之中？但是心智原本就不能像這樣地被分開來；心智是以環節的方式從屬於世界及世界中的事物；心智根本上是與其對象事物相關聯的。心智本質上是意向性的。根本沒有「知識的問題」、「外在世界的問題」，根本沒有我們如何能夠抵達心智之外的世界的問題，因爲打從一開始心智就不應該與世界分開來。心智與事物互相是對方的環節；它們都不是可以從其所屬整體中分離出來的片段。同樣地，人類的心智也常被認爲是與大腦與身體分開的，好像它是一個可獨立的片段而非立基於後者的環節；「心智—大腦」的問題可以被看成是部分與整體之間混淆不清的例子之一。

在我們先前對立方體的知覺分析中也有著部分與整體邏輯的例子。輪廓、面相、面，以及立方體的同一性（identity），彼此都是這物體顯現時的環節。沒有面相，我們無法得到面的顯現，而面相也是經由輪廓而顯現。沒有從多重的面、面相與輪廓之中，立方體的同一性就無法在知覺中顯現。反過來說，把立方體的整體具體性當做是自個兒獨立存在，而不是把它視爲立基於它的多重顯現，也是一個把環節認定爲片段，而錯置了具體性的例子。

因爲我們可以在話語中談論環節而不需要提及它所立基的部分，我們總是有把不能分割者分割開來把抽象 26
者當成具體者的危險。舉例來說，我們能夠談論「三角形」，過一下子我們可能就會開始想著什麼地方存在著一個沒有具體化的三角形。當我們作如是想，把環節轉成片段，把抽象者變成具體者，我們就會開始發出問題，想知道如何能夠在世間碰到這樣一個片段東西，它如何能向我們呈現出來。我們讓語言中的抽象性誤導我們去設想可以被分別談論的就可以具體地向我們呈現。原本只是單純的區辨（distinction），我們卻把它當成分離（separation）。

部分與整體構成了我們的思考

能夠把片段與環節做一個對比區分對瞭解現象學有很大的幫助。如果我們能澄清議題中所指的部分到底是片段性質或是環節性質，許多看似複雜的問題就會變得很簡單。哲學分析就是在弄清楚種種不同的環節部分如何建構出一既有的整體。舉例來說，對視覺的哲學分析會顯示出視覺如何立基於眼睛，眼睛如何立基於身體的運動能力（如眼球的振顫運動、頭部轉動的能力、全身移動的能力等），看與被看兩者如何做爲環節合起來構成一整體，以及其他感覺能力如觸覺，聽覺與體覺如何影響「看」這件事情。哲學分析幫助我們避免把環節當作片段，這種誤失常常發生，就像我們總傾向把視覺與身體運動能力分開。

甚至是有關人類靈魂的問題，或是有關所有生物的靈魂問題，也可以由上述部分整體的瞭解來處理。靈魂是屬環節性的，與身體有著根本上的關聯，它立基於身體，使之有生氣，能判斷，在其中它可以表達。人類是生氣活潑的身體，而不是物質化的精神。不過，靈魂常常被認爲是像一個片段，像一種生命質或生命物，即使與其身體機能的基礎分離還能夠存在與顯現，甚至是在它的身體存在之前就可以存在。當然，靈魂以做爲環節與身體關聯的方式是不同於色調與顏色的關聯方式，但是釐清靈魂本質的第一步是去顯示靈魂並不是一個可以與其身體分離的東西。

非可獨立存在的部分，也就是環節，必然是以特定
27 方式配置在一個整體中。某些環節藉由另外一些環節的中介來與整體接合：在立方體的知覺中，面相中介於輪廓與面之間，面中介於面相與立方體本身之間（輪廓本身並不顯現立方體自身，而只顯現其面相與面，由此才中介地顯現立方體）。把環節的種種陣容排列解明開來，有助於瞭解我們感興趣的那一個整體。然而，經常發生的情況是，我們只考慮整體中的某些部分而忽略了其餘部分；或者，我們把環節當成片段把它從整體中分離出來考量；或者，我們把不同的環節都視爲一樣的，也就是說我們沒有分辨其中的不同。舉例來說，我們可能把屬於人類關係整體中的政治與經濟混爲一談。或者把經濟當成人類關係整體的全部，而其實它只是一個環節。馬克思就是把經濟提昇爲社會關係的全部，霍布斯則把原本是社會整體一部分的契約關係看成是社會的全部。由此可以看出來，釐清部分與整體的關係是哲學與

人類理解力的中心議題。

在我們考慮事情的時候，總是把其部分與整體串連起來。當我們不僅只是停留在單純的感官知覺時，部分與整體構成了我們思考的內容。思考的核心即是在於將部分加以區別命名，而能夠看出片段與環節的不同對哲學上理解人類的理解力格外重要。

多重中的同一性

在討論立方體的知覺中，我們已經遭遇到了在多重中的同一性這一個主題：立方體的同一性顯示與它的面、面相與輪廓有所不同，但它卻是由這些多重層次中顯現出來。我們現在也就可以把如此顯現形式的可能範圍與樣態探討出來，並且提出其哲學上的意涵。就像之前已經討論的，在所有物質對象的知覺中都有這個結構的存在，可以說，任何可以呈現給我們的事物上都有這個結構的作用。讓我們由語言中的意義呈現來開始我們的考察。

當我們想要有所表達時，總可以區分出表達本身與被表達的東西。如果我說：「雪已經覆蓋了整條街。」 28
「整條街都已被雪覆蓋。」以及「The snow has covered the street.」。我說了三個不同的表達，但也可以說此三者都表達了同一個意義，或即同一個事實或訊息。這三個表達可以視為一個對象的三個面相，只不過這個對象比較複雜，它的存在狀態也與立方體不同。我可以進一步地以聲音表情使這表達的多重層次更加擴大：我可以把這句子喊出來，然後再以輕聲細語的方式說一遍，另外，這句話也可以用高八度的音調說出來等等。這些都是呈現一個句子的變異方式，不過上面所有的說出方式與句子（還有其他可能的句子形式）都呈現同一個意義，同一個事實。

這裏要談的重點是，同一個事實可以由多重的方式來表達，而事實本身並不等同於各個表達形式。就像立方體所屬的層次與面、面相與輪廓的層次不同，意義或事實的所屬層次也與將說出的種種句子或表達形式所屬的層次不同。因此，若把意義或事實看作是一種心理內在的語句，一種在公眾處境下所說出語句的、如幽靈般的對照物，則是大錯特錯；而這也就是一般常見的哲學謬誤，即錯置的具體性（misplaced concreteness），或可以說是把環節當作片段的錯誤。意義即是在多重表達形式之中與背後（within and yet behind）的同一者。值得注意的是，同一個意義也能夠被其他尚未出現的表達形式所表達（如其他語言、手語、身體姿勢等其他符號系統），就像同一個立方體能夠由一些尚未出現的輪廓來被知覺到。未顯現者與潛在可能者所構成的視域環繞在事物實際顯現的周圍。事物總是有可能以我們已知之外的形式來顯現；也就是說，事物的顯現總是有所保留。

不同的陳述經驗保持事件的同一性

我們可以拿一個歷史上的重要事件，如第二次世界大戰中的諾曼第登陸，做爲一個例子來說明多重中的同一性。親身參與這場戰役的人是一經驗方式，當這群人回憶起它，也是一種經驗方式，從報上讀到這個事件的人有另一種經驗方式，後來將這事件寫成書的人以及這 29 本書的讀者，也有不同的經驗方式。在諾曼第海灘上參加紀念儀式，是另一種經驗方式，看到實際戰爭的記錄片，則有另一種經驗方式，再來，看到描述這個事件的電影或電視節目，也是另一種經驗方式。這個事件在當初進行作戰計畫的人那裏，以及當初計畫要抵抗登陸的人那裏，也有著不同的經驗方式。無庸置疑地，這一個事件還有另外許許多多的經驗呈現方式，而在這林林總總的方式中總是保持著這個事件的同一性。

現在我們換個方向，考慮美感事物。同一齣戲劇，如「瑪菲女伯爵」（*The Duchess of Malfi.*），以種種不同的詮釋版本，在所有演出的舞台與閱讀中呈現。當約翰·韋伯斯特（John Webster）創作它的時候，它也對他有所呈現。莫札特的同一齣交響曲，也經由每一次的演出呈現。華爾特（Bruno Walter）的詮釋當然與鄧許泰特（Klaus Tennstedt）的詮釋不同，二十世紀初與二十世紀末的普遍詮釋方法也有所不同，但所有的詮釋版本都是關於同一個交響曲。有趣的是，某一樂曲的錄音與現場演奏是不一樣的，原因在於錄音捕捉到的是許多可能演出的一場，而某一場的現場演出是獨一無二的，與其他的現場演出也都不同。如果我聽同一場錄音兩次，我聽到的不只是兩次同一個交響曲，還是兩次同一場演出，不過我兩次的聆聽是有所不同的：樂曲中顯明出來的部分會不一樣，我的心情也可能有所不同，聆聽當時的天色可能亮一點，也可能暗一點。錄音捕捉到一次的演出，就像是只捕捉到立方體之一面相的影片一般，只讓我看做立方體的一個特定顯現而已。

我們再來想想那些不需要演出的藝術形式，其中有不同於表演藝術的多重與同一性結構。圖畫不需要像樂團般的演出；它被看時它就呈現了，不需要誰來表現它。觀賞者與圖畫作品之間不像聽眾與音樂作品之間的演奏家。然而，同一幅圖畫可以在某一時候被觀看，另
30 一個時候被回想，該幅圖畫可以由文字評論呈現，也可以被臨摹畫出，複製品也可以印刷出來。在作者眼中看到的畫與觀賞者眼中看到的也有所不同，同樣地，有鑑賞經驗的觀賞者與僅僅只是好奇的觀看者之間所遭遇的呈現也有所不同。一幅圖畫等待著它的觀賞者來完成它成為一個藝術作品，而交響樂曲等待演奏者來使其成為存在則是另一種不同的情況。兩者之中有著不同結構的多重樣態與同一性。

我們也可以拿宗教事件做為例子來想想看。對於親身經歷〈出埃及記〉（*the Exodus*）的猶太人而言，此事件自有其呈現的方式，但對從聖經上讀到這一事件的人與對慶祝踰越節（the Passover）的人，也有不同的呈現方式。對基督徒來說，耶穌的死與復活呈現給祂的門徒，也經由種種不同的方式，如聖經的閱讀、對殉難者與懺悔者的見證，以及在聖禮中，尤其是聖餐禮中，呈現出來。的確，對基督徒來說，聖餐禮不但是耶穌的死與復活的呈現，也中介地呈現了踰越節與〈出埃及記〉。因此，即使是宗教神聖的事件也有多重中的同一性的呈現結構。

由多種表象所呈現出來的同一性與那些多重表象是

分屬於不同的層次面向。同一性並不是多重中的一個：立方體不是面相或輪廓中之一，意義不是所說出的句子，戲劇本身並不只是它的一場演出而已。同一性超越了它的多重呈現，前者超過了後者。同一性也並非是多重表相的總和；如果只把同一性視爲多種表象的總和，則是把同一與多重這兩個應該分辨出來的層次平面化了。如此只會把所有的事物都視爲只在一個層次中的連續的表象，而沒有認識到同一性超越了表象的層次，但卻是由表象而給出的，而且可以也由其他可能的表象中得到。

同一性雖難把握，確是我們經驗事物的一部分

這種同一性的存在狀態的確非常難以把握。我們認爲我們瞭解表象是什麼——一個我們看到的面相，一個我們說出的句子，一段我們聽到的演奏——但同一性卻不是我們可以用手觸及或是拿到眼前來看的東西。它難以把握。然而我們知道同一性不能被化約爲表象之一；我們知道同一性必須由我們所經驗的任一呈現中區分出 31
來。如果同一性在此時由一種呈現的方式表達出來，它也同時保留著以其他方式給出其同一本身的可能性，不論是向我們或是向其他人；同一性總是既顯露又遮蔽其自身。事物總是能有以不同方式顯現的可能性，即使這個可能性是我們沒有辦法參與的。我們這裏所做的哲學分析是要確定有同一性這一個事實，同時也指出同一性與多重表相是不一樣的，並且顯示，雖然同一性有難以把握的性質，但它確實是我們經驗事物的一部分。

或許回答「現象學分析是什麼？」這個問題的最簡單答案可能是：現象學描述某一特定事物所適宜的多重呈現樣態。意義的現象學將會是釐清意義給出所由來的種種多重顯現；藝術的現象學將會是描述藝術品其自身得到顯現與認定的種種給出樣態；想像的現象學會是描述給出想像性事物的不同表象方式；宗教的現象學會討論宗教事物的多重表現樣態。每一組多重呈現都是不同的，也都相應於其所給出的同一性，而同一性也都彼此不同。「多重表象」與「同一性」是同源詞；一個藝術品的同一性是不同於政治事件的同一性，但兩者皆是同一性，也都有各自得到給出的方式。現象學以仔細地解明不同的多重表象與同一性，幫助我們把握住現實以及其中的種種的區別。也因爲它指出了每一種存在的適當狀態，包括其獨立的存在性與其所擁有的顯現力量，現象學幫助我們避免了化約主義。舉例來說，如果要區別一個道德性行動與衝動行爲的不同，我們可以經由描述其個別的多重可能出現方式來得到兩者之間的不同。

主體際性帶來的多重可能

到目前爲止，我們在考慮多重中的同一性時所引用的例子多是只在一個經驗者的狀況底下討論。而當我們把其他可能在場的人考慮進來，把主體際性（intersubjectivity）的向度考慮進來，將看到更豐富的多重性可能。舉例來說，由種種的面、面相與輪廓向我呈現了一個物體，相應著我在空間中的移動，它的多重表象隨之展開。但如果另一位知覺者也同時在場，此物體

的同一性有了更深刻的客體意涵，更豐富的超越性；現
在這個物體的同一性不僅在於我從不同的角度所看到的
多重表象之中，它還是現在另一個人從另一個觀看點所
看到的同一個東西。另一個觀看者也從他所得到的多重 32
表象知覺到這個物體，雖然這些多重表象不同於我所面
對的多重表象，但我知道他看到的是與我看到的同一個
物體。我瞭解別人看到的面向是我沒有看到的，所以這
些面向是以「非我所有」的方式來被我共同意向的
（cointended）。也就是說，那個物體的同一性不僅爲我
所通達，也爲他人所通達，所以同一性有著更深刻與豐
富的意涵。所謂的一個物體「在那裏」不僅是指它在一
個空間位置；藉由考慮主體際性的不同觀看點，物體的
存在與同一性顯出格外重要的意涵。事物爲我同時也爲
他人存在的這個向度本身，更豐厚了事物的存在與同一
性。

有些事物，像是文本、藝術、文化對象、生活事件、道德處境，以及宗教認同等的意義，則有著不同的同一性，考慮這些事物同樣會增加我們瞭解同一與多重的豐富性。舉例來說，我們可以瞭解有這樣的可能：別人可能比我更能掌握一篇文章的意涵。我可以瞭解，有時我所得到的同一性與多重表象，與別人比起來，是非常的晦暗難解，而別人卻可以指出我從不曾瞭解的東西。同樣地，我可能對一次交談過程一頭霧水，但旁邊的一個人卻可以馬上知道並說出剛才到底發生了什麼事；當我因此而知覺到了這個事件，我得到知覺的方式是，雖然我的確掌握到這個事件，但別人卻比我有更好

的知覺與瞭解。不過，即使是以隱晦的方式，也正是以這樣隱晦的方式，此一事件仍舊對我呈現出來。

最後再舉一個有關同一性與多種表象結構的例子，就是我們對自己的察覺。我們的自我認同是由一個特定組合的種種表相所呈現出來。當我們指認出一個對象，像是立方體、命題、事實、交響曲、圖畫、道德行爲或宗教事物等，我們也同時建立了自己做爲這些事物所向之呈現的那個人的同一性，我們把自己做爲顯現的接收者而建立起來。我們個人認同的一個重要的組構時刻是在於記憶、想像與知覺的交互活動，以及我們對內在時
33 間流動的覺察之中。在後面的章節中我們會對這些結構做進一步的討論。我們自己的同一性顯然與我們所面對的任何事物的同一性不同，不過它與其他的自我，其他人對他自己的同一性認同是一樣的。但是，即使是在這樣的脈絡下，即使是有著主體際性的經驗，我們每一個人都是佔據了自己意識所給出的中心位置。即使置身於人群之中，我們對自己的經驗仍然是顯著的；我們永遠無法離開自己的這個中心位置。我們永遠無法變成其他人或其他事物；我們無法不帶著自己生活。

在討論現象學的其他主題時，我們會有機會再談到在多重中的同一這個結構。現在先暫停有關這個結構的討論，開始進行第三個結構的討論，即顯現與不顯現的結構。

顯現與不顯現以及其中的同一性

我們先前已經提過，顯現與不顯現，或是**滿實與空**

虛意向（filled and empty intentions）的哲學議題是源出於現象學。古典的哲學家並沒有把焦點關注在顯現與不顯現的區分上。我認爲是因爲現代笛卡兒主義對世界現實的懷疑論使得現象學進入此一議題的探討。

顯現與不顯現是滿實與空虛意向的對象端連結。空虛意向指的是一個意向，但其意向所指的對象卻是不在的，是不顯現的，是不向當時意向它的人呈現的事物。滿實的意向指的是一個意向，而其所指的對象是在此意向之人的面前具體顯現的。讓我們看看一些例子以便來瞭解這些結構。

假設我們要到巴爾的摩的棒球場看一場球賽。去看球賽的想法是在一次我與朋友之間的談話中昇起的。我們決定門票由大明負責。他也買了。我們談論著這場球賽並且討論著哪一隊會贏。我們一邊聊一邊開車抵達球場。到目前爲止，這場球賽事實上尚未出現，但我們卻意向著它，雖然只是以空虛的方式爲之。我們在它不顯現的狀態下談論著它，我們想像我們在這場球賽中，當我們走向座位時，我們預期著這場比賽。所有的這些都是空虛的意向作爲。現在，球賽開始，我們注視著比賽的進行，也運作著滿實的意向；球賽逐漸地向我們呈現
開來。先前我們有關這場球賽所說的與想像的，那些空 34
虛的意向，因爲球賽的一步一步展現出來而轉爲滿實。我們對著球賽的注視是我們對球賽的**直觀**（intuition）。這就是現象學語彙中所談論的直觀。直觀並非神祕或神奇的東西；它簡單地只是指面對一個事物的在場顯現，相對於另一種情況，我們以空虛的意向來對著此事物的

不顯現狀態。當球賽結束了，我們驅車離開球場，同時回憶著剛才的比賽並津津有味地談論著，此時我們的回憶與談論又是在球賽沒有顯現的狀態下，經由空虛的意向爲之，不過是以一種不相同的不顯現，是呈現於記憶中的那種，而不是呈現於預期中的那種。這兩種不顯現是不一樣的。

舉另一個例子，設想你到美國的華盛頓遊覽，我說我們到美國國家藝廊看達文西的「吉內芙拉・德・班琪（Ginevra de'Benci）」。在我們前往國家藝廊的途中，我向你敘述有關這幅畫的種種：這些都是在空虛的意向下所從事的作爲，雖然你的空虛意向與我的不同。你從未看過這幅畫而我看過，但這時候對你我來說，我們所談論的事物都沒有顯現。然後，我們來到國家藝廊的展覽室看到達文西的這幅畫，並繼續談論它，這時我們的意向是滿實的。最後，我們離開它的展覽室，這幅畫又進入不顯現的狀態，我們也回到空虛的意向之中。

接下來的例子是：另一個人的「內在經驗」總是不向我們顯現的；不論你對我的認識有多深，我內在情感與經驗的流動不可能跟你的內在情感與經驗混在一起，像是我的內在記憶與幻想突然在你的意識中浮現一樣。在另一方面，彼此熟識的兩人之間確有可能存在一種特別的同情感，但談論一個人的憤怒與親身看見那個人正在生氣是不同的。再舉一個例子，當我提到喜波麗妲在《仲夏夜之夢》開頭所講的兩句話時，我以它們不顯現的方式來談及它們，但當我引用這兩句話語：「四個白晝很快就會由四個黑夜來接替；四個黑夜又很快會在夢中度過。」我使這兩句話具體顯現。當我以名稱的方式提到某一個證明式時，我以它不在的方式來提及它，但當我一步一步地把這一個證明式展演出來，我使它顯現。不同的事物有不同的顯現與不顯現的交互方式，而 35
每一種顯現與不顯現的交互方式只屬於某一特定的事物。先前我們提過，哲學或現象學的分析在於解明適切於某一特定對象的多重表象；同樣的話可以這樣說，現象學是在釐清屬於某一問題對象的顯現與不顯現以及滿實與空虛意向的組合。

直觀——面對著在場顯現的事物

直觀這個概念在哲學上是具爭議的；它經常被認爲是私己的，無法說明的，無理性的，一種可以推翻論辯且無法溝通的直覺。但是，直觀不一定要被瞭解成如此神祕。現象學可以爲直觀提供一個非常清晰且令人信服的解釋：直觀就是面對著一個在場顯現的事物，而不是意向著一個不顯現的事物。觀賞一場球賽，看到一個立方體，發現我正在尋找的杯子，都是直觀，因爲意向的事物正在場。這種在場顯現與空虛地意向著不在場的事物有所不同。吊詭的是，正因爲現象學認眞地考慮事物的不在場顯現狀態，而使得它能釐清直觀的意涵；在與空虛意向與不在場顯現狀態的對照下，直觀可以更清楚地被瞭解到其在場顯現的意涵。

有一個關於顯現與不顯現、滿實與空虛意向的向度我們尚未討論。不論是滿實或是空虛的意向，兩者都是朝向同一個對象。是同一個對象在某一時候不顯現，而另一個時候又顯現。也就是說，在顯現與不顯現的「背後」（behind）與「之中」（in）有一個同一性。這個顯現與不顯現屬於同一個事物。當我們預期著一場棒球賽並談論著它時，我們以空虛的方式意向著那場我們將要看到的同一場球賽。我們並非意向著那場球賽的圖像，或是說我們在談論中是一個替代的球賽，一直到真正的球賽開始。我們確實是意向著那場尚不在場，尚未存在的球賽。如果我跟你談論達聞悉的畫，我們兩個意向著同一幅畫，且與我們走到展覽室看到的是同一幅畫。顯現是那幅畫的顯現，不顯現也是同一幅畫的不顯現，是同一幅畫跨越了顯現與不顯現狀態。這幅畫不同於顯現
36 與不顯現所屬的層次，正是由於它能夠顯現與不顯現其自身的方式存在。顯現與不顯現狀態從屬於由其所透露出來的同一事物的存在狀態，就像顯現與不顯現也是由多重呈現中給出的是一樣的。我們應該瞭解到，當我們用一名稱來指稱某物時，我們所指的正是在跨越顯現與不顯現狀態的那一個不變的同一者。

「不顯現」的樣態以及在哲學上的重要性

在討論「顯現與不顯現」的互動時，要特別注意「不顯現」以及「空虛的意向」在哲學上的重要性。顯現一直都是哲學關注的主題，但不顯現一直未能有相符於其重要性的討論，事實上，一直都被忽略迴避：我們傾向認爲任何所察覺的事物都要是實際上直接呈現給我們的；似乎無法想像我們其實能對不顯現的事物有所意向。即使不顯現的事物總是在我們的周圍，甚至佔據大

半時間，我們總還是不承認。因此，當要解釋如何能討論一些並不在場的事物時，我們說是透過此一事物的想像與概念來進行的，意思是說這些想像與概念是在場的，而我們透過在場的想像或概念來通達不在場的事物。但這種以在場顯現來取代不在場顯現是非常的不恰當。舉一件事來說，如果我們不是對某一眞實事物的不在場有所掌握，如果不是對此一不在場的事物已有所意向，如何說我們所有的只是此一事物的想像或概念？哲學家似乎爲了某種理由一直傾向忽略人類意識中「不顯現者」的重要角色，總試著以一些奇奇怪怪形式的顯現，如概念或理念等，來掩蓋不顯現者所應有的角色。

然而我們確實能夠意向著不顯現者，從現象學上來
說，否定這種意向性是錯誤的。我們也許需要字詞與心
像來幫助我們對不顯現者的意向，但這些顯現者並不妨
礙我們對不在面前的東西進行意向。不顯現者以不顯現
的形式來到我們之前；不顯現也是一個現象，也需要被
加以重視。事實上，許多人類的性格與情緒必須要以對
某些不顯現者的面臨才可以瞭解。舉例來說，希望與失
望預設了我們能夠對某種尙未成就的事物有所意向，差
別只在於是對此事物的到來感到有信心或沒信心。只有 37
在我們能夠對不在眼前的過去仍然有所覺知，才有後悔
這件事。另外，如果不承認有對不顯現者的意向，又如
何能瞭解思鄉的現象呢？當我們尋找某物而未得時，呈
現予我們的是此物的不顯現。我們總是活在未來與過去
裏，活在有所距離與有所超越裏，活在未知與存疑的事
物裏；並不是活在只有五種感官知覺的世界中。

不顯現的樣態有各式各樣。有些不顯現是因爲它們是未來的，有些是因爲它們雖在同時代卻距離十分遙遠，有些是因爲被遺忘了，有些是因爲被掩蓋或成爲祕密，另外有些是因爲超過了理解範圍，而以「我們知道這是我們所無法理解的事物」的方式與我們遭遇。不顯現的形態五花八門，對這些形體的區別與描述是重要的哲學任務。胡塞爾的重要啓示之一即是讓我們注意到空虛的意向，我們意向不顯現者的方式，還有強調它們在對存在、心識與人類條件的哲學探討上的重要性。

「顯現」的樣態及其深刻的意涵

我們似乎對顯現這件事較爲熟悉，似乎比較能夠對其加以思考。我們可能會覺得這比較沒有問題，認爲我們知道一個事物以具體的方式來到我們面前的意涵。但是當我們哲學性地瞭解到顯現與不顯現之間的相互作用，顯現也有了更爲深刻的意涵。當我們得到某物的顯現時，正是以其非不顯現（not absent）的方式得知它：如果我們覺察到某物的顯現，此物之不顯現的可能性則構成了支持這顯現的襯底視域。顯現是以消除不顯現的方式給予的。在某些狀況下，顯現的事物是我們已經尋找了一段時間的東西。當我們急切地搜尋著它，以空虛意向搜尋著它時，我們清清楚楚地面臨著它的不顯現（「我的眼鏡呢？我把它放在哪裏了？」）。然後，當我們發現它的時候，它的顯現正是由這些仍在反覆交映的不顯現所支持襯托出來。它正是以我們搜尋已久的東西而顯現出來。在另外的一些狀況裏，某一事物並不是被搜尋的也不是被等待著的，而是沒有任何預期地突然出現；它使我們吃了一驚。即使如此，它也是以消除不顯現的方式呈現出來。

不論哪一種情況，我們要強調的是，事物的同一性只能由跨越顯現與不顯現的差異給予出來。同一性並不是只從顯現樣態中得出。即使那個事物並沒有顯現，我 38
們還是意向著它本身，我們以同一性的方式意向著它。當它顯現時，我們還是意向著此同一性，這時是以它的顯現樣態爲之，以它非不顯現的樣態爲之。

當我們以哲學的態度討論著顯現與不顯現，我們把焦點放在意識主體與對象聯結中的對象這一端。跨越了顯現與不顯現的樣態，對象及其同一性由之給出。如果我們轉向考慮主體的這一端，我們會說我們運作著空虛意向，我們空虛地意向著對象，當我們接著意向到這對象的顯現狀態時，這些空虛意向得以成爲滿實。空虛意向連結著對象的不顯現，滿實意向連結著對象的顯現。不過，在空虛與滿實的意向之外，還有一個「認取動作」（act of recognition），一個「認同動作」（act of identification），連結著對象的自身同一性。這第三個動作超越於空虛與滿實意向，就如同對象的同一性超越於其顯現與不顯現一樣。

我們已經瞭解到不顯現也有許多不同的種類。顯現也同樣有著種種不同的樣態，每一種都相符於一種特定的事物。未來以時間流逝的方式來到現前；遙遠的事物以消除距離的方式來到眼前；立方體的另一面以轉動立方體的方式來到眼前；一個相當困難的數學證明以其步驟一一貫串的方式得以出現；一篇外文文章的意義以提供出翻譯或是習得此外國語言的方式得以出現；危險在承擔風險的時候出現。任何一種情況裏，其中被討論的事物都規定著與其相映的顯現與不顯現的混合方式。

從空虛意向流轉到滿實意向

有時我們並不是由空虛意向直接轉變爲滿實意向；有時需要一系列的步驟，或者，至少有可能從一個中介的（intermediate）滿實意向跳到另一個，直到最後的對象被通達。有一次我去看一場高爾夫巡迴賽，去看傑克・尼克勞斯（Jack Nicklaus）打球。我在運動刊物上讀過他的報導。我在報紙上看過他的相片。我在電視上看過他的訪談。等我到了巡迴賽現場，我環繞著球場走一圈，想找到他那一個三人組的比賽。最後，我看到領先告示板（板上寫著選手以及他們的成績）上有他的名字；只看到他的名字而尚未看到他本人，我仍然空虛地意向著他，但此時我已接近對他意向的滿實，因爲我所
39 看到的名字不再只是在報紙上或雜誌上，而是在領先告示板上，表示他正在附近打球。然後我看到他的桿弟，我認得出這個桿弟因爲我在其他的照片裏看過他（也就是說我有了他就在附近的進一步徵候）。最後，我看到了傑克・尼克勞斯本人。在那個時候進入了直接知覺，不再是空虛意向、圖片意向、關聯物意向，或是所有其他的中介意向。一旦進入直接知覺，我不可能再有更滿實的知覺，但我可以有更多的直接知覺（當我跟著他移往接下來幾個洞的比賽時，我確實是得到了不同的直接

知覺)。這些更進一步的知覺，並不是往不同層次種類的意向性移動，而是同一種類的更多樣。滿實的連續環結抵達了它的最高點。

因此，我們可以區分出兩種不同的滿實。第一種，是經過許多不同樣態的中介，而最後抵達直觀的那一種。舉例來說，我們可能會從一個人的名字開始，到他的臉部素描圖畫，到一個人形大小的肖像，到一個雕像，到一個電視上的影像，到那個人本身。其中每一個階段都與其他的階段在性質上有所不同，每一個都是滿實，但也都指向下一個。然而最後的一個，也就是直觀，不再指向任何其他的事物。它就是終點，最後的顯明。我們把這種連續環結叫做**逐漸增加**的滿實。同樣地，最後的滿實，也就是直觀，並沒有什麼神祕或絕對的地方；它只是不再指向任何新的意向。這是它與中介階段不同的地方，中介階段持續指向下一個意向。我們同樣可以注意到，對一個對象的最後直觀讓朝向它的所有中介階段合攏起來：精確地說，它不是這些階段，而是這些階段的完成。看到尼克勞斯與看到他的名字或看到他的桿弟或看到他的照片不同，但所有的這些看到都指向最後對其本人的看到。

第二，另一種滿實的連續環結並不引導到一個最高潮。它只是加多（additive），把目標對象的其他輪廓（profiles）提供出來。在我觀看尼克勞斯本人打球時，我看到他本人不同的樣子與不同的球技。我看到越來越多的他，但這裏的「越來越多」不同於前一段所說的「逐漸增加」以達到最後的滿實。另一個例子可以用來

說明「加多」而非「漸增」的滿實，即對15這一數字
40 的定義：15可以是5的3倍，可以是16減1，可以是12
加3，可以是225的平方根等等。因此即使當我們到達了對某一特定對象的直觀後，我們的探索不見得就此打住。我們可能經過許多的中介顯現而引導到直觀，但這對象本身的顯現還有待開展。我們可以對這個對象有更多的發現，但如此的探索並非屬於漸增滿實過程的另一個階段。它是對直觀顯現者的深化瞭解。

讓我們在這裏來澄清一下名詞用語以做爲上面探討顯現與不顯現的結論。本書一開始我就談到「意向性」是現象學的主要議題。剛剛我們也探討了空虛意向與滿實意向的不同。我們可能會傾向去認爲意向性指的就是空虛意向，也就是我們對不顯現者的覺知，但這並不正確；即使一個事物是直接對我們顯現，我們仍然是意向著它。意向性是一個類屬的詞，統括了空虛與滿實的意向，也包括了對物體同一性加以意向的認取動作。

經由本文的討論，意向性的意涵也逐漸得到擴充。第一講裏所談到的意向性似乎十分瑣碎與淺白，但現在我們可以看到它不僅可以對治現代思想中自我中心的困局，也說明了我們從多樣多重的經驗中得到同一性的能力，處理不在場顯現者的能力，以及由顯現與不顯現之間獲得同一性的能力。

現在我們完成了對現象學中三個形式結構的初步考察。不論什麼時候，當我們要探索一些現象學議題時，我們應該考察在此問題對象中運作的三個形式：部分與

整體，同一與多重樣態，以及顯現與不顯現的混合方式。情緒對象有一種模式，美感對象有另一種模式，另外，數學對象、政治對象、經濟對象、單純物質對象、語言、記憶還有主體際性，每一個都有它自己的模式。在本書接下來的種種分析裏，這三個結構常常會成爲顯著部分。

到目前爲止，我的說明大部分是以相當簡單的經驗形式來例說，像是對一個物質對象的知覺，如立方體。接下來應該是從這些簡單的經驗轉向考察比較複雜的覺知，如記憶與想像，還有像是理解，我們在語言及語意 41
結構中的經驗，以及我們開始認定事實並與他人進行意義溝通的經驗等。不過，在我們移到這些題目之前，讓我們先暫停一下，先初步澄清我們所說的哲學分析到底是什麼。也就是說，現在我們應該大致地思考一下，我們到目前爲止所做的分析的本質爲何，以及我們從事如此分析工作的觀點爲何。現在我們有足夠的哲學分析例子來讓我們說明哲學，主要是以現象學角度來瞭解的哲學，是不同於前哲學（prephilosophical）經驗與話語的。

現象學是什麼？一個初步的說明

當我們進入現象學態度，我們就好像變成了眼前過往場景的不涉入觀察者，或是一個比賽的旁觀者。我們變成觀眾，觀看的是我們與世界及其中事物的涉入狀況，我們對於人涉入而示現成的世界進行思考。

42 要瞭解何爲現象學，我們必須區分兩種態度或觀點。我們必須區分出**自然態度**（natural attitude）與**現象學態度**（phenomenological attitude）的不同。當我們涉入在我們原初的、往世界而去的生活之中，當我們意向著事物、處境、事實以及其他對象時，我們自然而然地有所聚焦（focus），不管是關注這個或關注那個，此狀態即是自然態度。我們可以這樣說，自然態度是「原本就是這樣」的觀點，是我們從其中出發而去看事情的，是我們原本就在其中的。我們並未從其他任何更根本的狀態轉移到自然態度之中。另一方面，現象學態度是當我們對自然態度與其中所發生的意向性加以反思時的聚焦狀態。哲學分析即是在現象學態度之下所從事的活動。現象學態度有時也被稱爲**超越態度**（transcendental attitude）。現在讓我們考察一下自然態度與現象學態度。在兩者的相互對照底下我們可以對其有所掌握。

自然態度

在日常生活中，我們總是直接地被世界上種種事物所吸引。當我們坐在餐桌上與人交談，當我們走路上班的途中，當我們塡寫申請護照或駕照的表單時，物質對象直接顯現給我們，我們由其面、面相與輪廓來辨認它們，我們談論著它們，也把它們串連在一起，我們對有吸引力或令人排斥的事物有情緒的反應，我們發現有些事情令人看了、聽了歡喜，而另外一些事情則令人感到不高興或厭惡。有些事物對我們顯現，有些則不顯現，我們克服了某些不顯現而把事物帶入現前之中，但我們

也使得有些事物轉而不再顯現。我們一個接一個地辨認 43
事物：房中的椅子與圖畫，屋外鳴叫的鳥兒，街上行駛的汽車，吹過樹梢的風。此外，除了這些實體的事物之外，這世界還包括了數學的事物，如三角形與四方形、封閉或開放的集合、有理數與無理數等。雖然這些數學事物的存在樣子看起來不同於一棵樹或一輛卡車，而處理它們是需要一種特別的意向性，但它們仍然是存在於世界之中。世界上還有政治的建構物，法律、契約、國際協定、選舉，有仁慈勇敢的舉動，也有怨恨膽怯的舉動。這些都是在我們生活於其中的世界中可以被看到、認出的事物；所有這些事物在它們的同一性中都關聯著我們對它們的意向。

我們的世界不僅包括我們得以直接經驗的事物，也經常空虛地意向著一些我們雖未曾經歷但卻持之為真的事物。我從來沒有到過中國，但我時常意向著中國，它的山水、它的國內外政策、它的經濟狀況。對巴西、南極洲與格陵蘭也是同樣的情況。如果我真的到了南極洲，我的許多空虛意向將會得到滿實，其中有的可能會令我驚訝，有些則不怎麼驚訝。我們所在的世界及於我們直接的經驗之外，也超過了我們可能的經驗：我們也常覺知著一個我們的肉體所不能達到的天堂地帶。我們可能可以抵達月球或其他的一些行星，但卻不可能接觸到宇宙的最遠端。我們可能聽到與讀到有關這些地方的一些事情，但絕大部分無法完成為滿實的意向，只能一直維持著做為我們空虛意向之目標的狀態。

所以，世界上有許多的事物，各有其不同的顯現形態。而**世界**（the world）本身卻是以完全不同的方式給出。世界不是一個龐大的「東西」，它也不是所有已經經驗以及可以經驗的事物的總合。世界比較像是脈絡（context）、環境（setting）、背景（background）或是界域（horizon），而事物在其中存在，在其中給予我們，也爲我們所意向；世界不是所有事物之中的一個事物。世界是支持所有事物的整體，但不是所有事物的總和，
44 它以一種獨特的同一性呈現給我們。我們從來不會有一個世界像是許多事物中的一個，或甚至是一個孤零零的東西：它是以「圍繞著所有事物」的方式給出的。它承載了所有的事物，但卻不像世界上的任何承載器具。「世界」這個詞是一個作爲特指（singulare tantum），只有這麼一個。可能有許多銀河系存在，可能有許多有意識的生命體所居住的母行星存在（雖然對我們來說我們只有一個），但只有一個世界。世界不是一個天文學上的概念；它是關聯著我們直接經驗的一個概念。世界是支持經驗的具體實際整體。

自發經驗中的自我

另一個在我們自發經驗中的重要單一體是**自我**（the self, the ego, the I）。如果世界是最寬廣的整體，是最包容的脈絡，則自我即是這最寬廣整體中事物所環繞的中心。吊詭的是，自我是世界中的事物之一，但卻是獨一無二的：它是這樣的一個事物，它能夠認知地**擁有**世界的事物，世界對其來說連同所有事物示現自身爲一整體。自我是示現的受格，它是世界及所有事物向之給

出者，它可以把世界取之成爲知識。當然，有許許多多的個人自我存在，但在其中有一個還是有著突顯的中心地位，那就是我自己（me，也就是現在正在讀這些字、正在思考這些題目的你自己）。這些關於自我的奇特事實並非語言的詭計，並非只是第一人稱與第二人稱單數形所有的特異說法；它們屬於具有理性的動物，可以思考並自稱「我」的動物，是世界的一部分卻也能夠擁有世界的動物。如亞里斯多德所說的，理性的靈魂即是所有事物。在做爲整體的世界與做爲中心的自我之間，事物得以落身。世界與自我間的相互關聯形式不同於一個特定意向性與其所意向之物之間的關聯形式。世界與自我是一個終極的雙生極，構成一個支持所有事物的環形脈絡。

所有的這些結構性元素都屬於我們從一開始就在其中，且總是就在其中的自然態度。不過自然態度中尚有一個項目必須在討論現象學態度之前先加以考察。我們必須考察充滿在自然態度中的那種確信（conviction）。

我們接受世界上事物的方式，我們接受世界的方 45
式，其形式其實是一種**信念**（belief）。當我們經驗到他人、樹木、建築、貓、石頭以及太陽與星辰等，我們將其經驗爲存在於彼的、眞實不假的，以及具體不虛的。我們這種對世界與事物的接受，其根本特徵就是一種信念，或者用希臘語來說，是doxa（即信念）。我們的信念即是，先相信事物就是如此這般存在。當我們隨著時間流轉變得成熟點、聰明點時，我們在信念中加上一些樣式上（modalities）的修正；在我們發現我們有時會犯錯之後，我們逐漸增加了像是幻覺、誤失、欺騙或是「僅僅是」表象的面向。我們逐漸瞭解到事物不見得就像它們看起來所是的東西；我們開始有了「是如此」（being）與「似如此」（seeming）的分別，但這個分別只是偶然發生，並且需要一些較繁複的心思來達成。我們可能會發現這隻「貓」原本只是一個玩具，或者這個人的演說根本就是欺騙，或者這個「人」只是一個陰影而已，或者看起來像是「玻璃」的東西其實只是冰；然而，這些偶而會出現的錯誤並不會引起我們懷疑每一個事物經驗以及每一個被說出的事物。我們根本的態度還是一種信念或相信。只不過，這種根本上的相信現在有了各種排列組合的可能變化樣式，如：懷疑、拒絕、或然性、否定、駁斥等，都是我們的意向性可以進行的信念的變異樣式。

世界與自我

在所有的信念中，最突出的是「我們在一個整體的世界中」的信念。這個信念，不只是一個信念，也可以被稱作是根本信念，是各種信念的根本基礎。這個**世界信念**（world belief）並不在於反對或駁斥其他的信念。只要我們活著，以一個意識生命體的樣子活著，世界信念就必然在最底層支持著我們所有其他信念。我們相信帝國大廈的存在，相信紐約市的存在，但我們無法用相信一棟建築或一個城市的方法，眞正學習與獲得世界信念。像這樣的一些特定信念都是伴隨著我們對特定事物的經驗而來，也就是從它們呈現給我們的多重表象，不論是以在場顯現或不在場顯現的方式，來獲得其同一性的時候。但我們從來無法獲得或學習而得到世界信念。我們得到世界信念之前的狀態會是如何呢？那將會是一種啞口無言且完全閉鎖的獨我狀態，一種沒有覺知到任何事物的透明知覺。如此的狀態是難以想像的；這會像 46
是要自我把自己當成是事物的中心，也同時是事物的全部總和，像是一個沒有輪徑的輪子。即使我們認爲眞的有這種可能，在這個地球上（或甚至是在這個地球以外的任何地方），有什麼東西或情況可以讓我們離開如此的閉鎖狀態？若不是打從一開始就早已有事物與世界的信念，「有某些東西在外面」的這種想法，又如何能有機會在如此閉鎖的心識狀態中昇起？

我們不能把基礎設立在自我的困局上；打從一開始我們就有世界信念，甚至早於自己的出生。即使是我們最初步的自我識察，都是在世界信念的基礎上發生。同樣地，即使發現我們對所有事物的瞭解都是錯誤的，世界信念還是一樣不會受到動搖，不管怎樣的破爛毀敗，世界也還是在那裏，除非我們完全喪失了自我的識覺，落入一種完全的自我封閉狀態；但即使如此，只要還有一點覺知能力，就還會有一些「有些東西在那裏」的感受存在。自閉症的患者必然有的痛苦即是他們的世界信念仍然在運作；如果不是這樣，就會完全沒有任何覺知，也沒有任何自我感受。

既然我們活在一個矛盾的條件底下，即擁有世界，也同時是屬於世界的一部分，所以一方面我們知道即使我們死了，世界還是照樣存在，因爲我們只是世界的一部分；但另一方面，世界總是爲我而存在於彼，是所有我所知的東西的基底支持，當我不再是它的一部分時，它必然有所不同。當我們失去了一個親近的朋友，我們即品嚐到如此的消亡；對我們來說，不只是這個朋友不在了，世界爲其存在的方式也失去了。世界從此失去了一個被經驗的方式，一個用一個人的一生來成就的經驗方式。

世界和自我的成立，都有賴於整體觀念。集合論的弔詭，即最終的集合是否包含它自身，跟世界與自我的邏輯問題相形之下，猶如小巫見大巫：也就是說，世界與自我這些整體，如何彼此包含與排斥，它們的整體性與既存事物的總和之間又有怎樣的關聯?或許，集合論的弔詭只是個形式化的說法，它眞正指向的問題還是世界如何包含萬事萬物、包含自我，而自我又如何能意向萬事萬物，包含對世界和對自我本身的意向。

總結來說，在自發的自然態度中，我們總是向著種
47 種的事物，也向著做爲事物得以出現之界域或脈絡的世界；與世界相互關聯的則是自我，自我是自然態度的施行者，世界與世界中之事物對之呈現者，也是同時擁有世界以及屬於世界者。

現象學態度

讀者們應該已經注意到了，這裏所說的所有有關自然態度的事情，絕不可能以處在自然態度之中的狀態來說出。也就是說，雖然我們未曾言明，我們已經是在現象學的態度之中來考慮上面的種種問題；在前面數頁

中，我們已經如此做了，而在這整本書裏我們也都是如此，只有最前面的〈前言〉必須在自然態度的狀況下來寫。在第一講中我們談到意向性，第二講談到對立方體的知覺，這些考慮談論都是從現象學的觀點出發的。

即使在自然態度中也有許多不同的觀點與態度。日常生活的觀點、數學家的觀點、醫事人員的觀點、醫生、政治家等等，其中甚至也有些反思性的態度。但現象學的態度都跟這些不一樣，它更加的根本與廣泛。所有其他觀點轉移都還是在一直運作著的世界信念之上，所有的觀點轉移也都認爲它們自己是在所有公開既有的觀點之間移動。然而，轉向現象學態度的移動卻是一種「全有或全無」的轉變，這個轉變以一種反思的方式，完全地脫離了自然態度以及其中所認定的事物，包括最底層的世界信念。在往現象學態度移動時，我們的轉變是獨特的。這樣的轉變並不是要成爲某一知識領域的專家，而是變成一位哲學家。從現象學的觀點，我們關注並分析性地描述所有的意向性及其相關的的對象，其中包括世界信念以及相關聯的世界本身。

如果要在自然態度中對任何一個意向性做描述分析，我們根本無法做到。我們必須對其有一段距離，對
其加以反思，並將其顯題化。這意味著在現象學態度 48
中，我們將正在考察的意向性加以懸置，使其不再進行作用。不過，這裏要強調的是，此處所做的焦點改變並不意味著我們開始懷疑意向性及其所關聯的對象；並不是把它們從根本的確定變成可疑的。我們沒有改變我們的意向性，還是讓它們保持原來的樣子，只是現在可以

對其加以關注思考。如果我們正關注思考著意向性，也就同時停止了它們在當時所進行的作用。然而，如果僅是改變運作樣式（modality），我們將無法就其所如地思考它們；如果進行哲學反思意味著由確信轉變爲懷疑，那我們就沒有辦法思考「確信」的意向運作。運作樣式的改變是在自然態度中所做的事，而這樣的改變需要另外的動力來推動。我們總是因著某個理由才從確信轉變爲懷疑；沒有理由的話，運作樣式的改變將是武斷與無理性的。

當我們進入現象學態度，就好像變成了眼前過往場景的不涉入的觀察者，或是一個比賽的旁觀者。我們變成觀眾，而所觀看的是我們與世界及其中事物的涉入狀況，對於人涉入而示現成的世界進行思考。我們不再只是簡簡單單的世界參與者；我們思考著何謂在世界之中做一個參與者，以及何謂在事物的示現中做一個參與者。而我們所關注思考的意向性，像是我們考察並加以描述的確信、懷疑、確定與知覺等，這些仍是我們的意向。我們並未失去它們，只是關注著它們。它們仍然如它們所是，它們的對象也仍如其所是，兩者之間的關聯也正如其所是。在一個十分特別的方式下，我們把它們如其所如地懸置起來，把它們「凍結」下來。而我們這些成爲哲學家的人，也還是如同運作著自然態度意向性的自我一般，只是一種魔法般的情況開始在自我中發生，我們的自我開始從活在自然態度中轉成明顯地活在現象學態度中並且履行哲學生活。

所有的人，所有的自我，多多少少都會進行像這樣

的哲學反思，但大部分的人在進入這樣的生活時，通常 49
是對他們所做的感到困惑，認爲自己好像瞥見了某一種普遍眞理，某一種自然的定律。他們傾向把遷居到哲學中當做是在自然態度中的另一種調適；他們並不知道這之中有什麼不同。討論現象學態度的重點是，幫助我們能夠清楚地體察到通往哲學思考的移轉，能夠完全地瞭解自然態度與哲學態度之間的不同。我們認清其中區別，而大部分的人只是不清不楚地在兩者之間來來回回。

現象學的還原

轉向現象學態度的動作也叫做**現象學的還原**（phenomenological reduction），意味著從我們所關心的一般性目標「離開」，「回到」一個較爲受限的觀點，一個僅對準意向性的觀點。**還原**（reduction），其拉丁字根爲re-ducere，意思是導引回去、保留或撤回。當進入這一種新的觀點，我們**懸置**（suspend）了正在關注的意向性。這種懸置，這種使我們的根本信念暫停作用的動作，也叫做**存而不論**（epoche），一個由希臘懷疑主義那裏借來的名詞，指的是懷疑主義者所稱的，我們應該對我們向著事物的判斷有所保留；我們應該克制我們的判斷直到證據非常清楚。雖然現象學從希臘懷疑論那裏借來這個名詞，但卻去除了其中懷疑的意涵。現象學中的存而不論指的僅是使被我們關注思考的那些自然意向失去其運作效用，「使之中立化」。

最後，爲了總結一下這裏簡短的名詞討論，讓我們談一下**置入括弧中**（bracketing）這個名詞。當我們進入現象學態度時，我們懸置我們的信念，我們把世界以及所有的事物**放入括弧之中**。在這樣做時，我們並沒有把它們變成僅只是表象、幻相、純粹觀念或是其他任何的純粹主觀印象。反而，我們現在將它們視爲是自然態度中某一意向性所意向的對象。我們視其與指向它們的意向性有所相關。如果這物體是一個被知覺的對象，我們以它做爲被知覺的對象來考察它；如果它是一個記憶中的對象，我們以它做爲被記得的對象來考察它；如果它是一個數學的對象，我們以它做爲與數學性意向相關
50 的對象來考察它；如果它只是一個可能存在的對象，或是一個已被證實的對象，我們以它做爲關聯到可能存在者的意向對象或是關聯到已被證實者的意向對象來考察它。「置入括弧中」的這個動作正保留了事物在自然態度中對一主體示現的樣式與狀態。

所以，當我們進入現象學反思時，並不是只把焦點放在主體這一邊的意識上；並不只是聚焦於意向性。我們也注意給出來的對象，只是以「在自然態度中對我們呈現出來」的觀點視之。在自然態度裏，我們一頭栽向事物對象；我們直接從事物的表象來把握事物自身。然而從哲學反思的觀點出發，我們把事物的表象當做顯題來思考。我們**注視著**（look at）在一般情況下會**穿視而過**（look through）的東西。舉例來說，我們關注著面、面相與輪廓，這些是立方體之所以呈現爲同一者的憑藉。我們關注著多重表象，而這是物體向我們示現的憑藉。當我們如此做時，並不是把某一物體變成只是僅

僅表象；相反地，我們更能夠清楚地區別出事物本身與其表象，更能夠保留事物本身的現實，也更能夠提供一個關於「世界」本質的適當描述。如果我們嘗試在自然態度中談論世界，將傾向將之視爲一個龐大的物體或是所有事物的總和。只有從現象學的觀點出發，我們能夠獲得正確的說法來談論世界，以其做爲事物示現的脈絡來描述它。

用一個粗略的空間比喻來說，當進入現象學態度時，我們爬出自然態度，上昇於其上，將其理論化，並且對組建它的主體與客體關聯加以區分與描述。在這樣的哲學棲息點，我們描述種種的意向性及其種種的對象，也包括了自我與世界。我們分別了一個事物及其表象，這個分別就是海德格所稱的**存有學區分**（ontological difference），一個事物與其在場顯現（或不在場顯現）的區分。只有在現象學的觀點下，這個區分才得以適當地處理。如果想要在自然態度中區分事物與其表象，我們不是會把表象實體化，就是會把事物化約成它的表相；因爲在自然態度裏，我們有把我們放在焦點上的事 51
物變成實體物的傾向，變成只是它的表象的總和。我們也很可能會將表象視做爲我們與事物之間的障礙，或者可能會把事物變成僅僅只是觀念（ideas）。在這種情況下，我們既沒有正確地進入現象學態度，又沒有辦法適當地瞭解自然態度。

有什麼論證能引導我們進入現象學態度？

現在我們對自然態度與現象學態度之間的不同已經

稍有瞭解，也就可以提出這樣的問題：是否有方法能對其他人解釋或證明前者到後者的移動是正當的。我的問題等於是在問：是否有任何論證可以說服一個人來進行哲學性的思辯，或者可以證明他的確應該如此做。這並不是一個毫無重要性的問題；它關係著哲學是否可以對不是哲學家的人引介它自己，解釋自己，並且說明它的合法性與重要性。這也是關於是否哲學可以證明自己的正當性，它是否可以澄清它自己的根源，因此得以成爲一個沒有預設的學問。

在現象學裏，哲思起始的議題是在**還原方法**（ways to reduction）的標題底下所討論的。有種種不同的方法或論辯來幫助我們進入現象學的還原。就我們已經討論過的，現象學的還原正是從自然態度到現象學態度的移動；它是對我們意向性的一個限制作用，使後者從開散而投向世界上種種事物的自然態度，轉向較爲限制性的、針對意向生活及其相關聯的事物與世界的現象學態度。

我們也不要把事情看得太困難。我們可能會認爲自然態度是純粹自然的，純粹非哲學的，沒有一點哲思的可能，而認爲現象學是完全與自然態度區隔開來的。如果事情眞是如此，那要對尚未經驗哲學思考的人介紹哲學則幾乎是完全不可能的事。但事實上，在自然態度中
52 本就有對哲學態度的預期。做爲理智性的存在者，我們早就對整體、自我、意向性與表相有所掌握。不過，麻煩的是，我們老是想要以自然態度中的分類範疇來設想這些題目。我們因此把它們神祕化、心理化、特異現象

化或實質化；我們把世界當做是一個東西。所以，「還原」的方法並不是嘗試去開啓一個全新的、從來沒有預期到的面向，而是試著去釐清我們已經或多或少、曾經經驗過的自然態度與哲學態度的區分，並且試著去解釋這兩者之間的轉移。這些方法讓我們看見進入哲思時的思考面向的轉變，以及相關的語詞意義的改變，以幫助我們正確地立足於哲學態度中。我們將討論兩種還原方式，一爲存有學的（ontological）還原，一爲笛卡兒式的（Cartesian）還原。這兩者都是胡塞爾所發展出來的。

存有學的還原與人要求眞理與科學的願望一致

存有學的還原（ontological way to reduction）是兩者中比較不讓人害怕的一種，笛卡兒式的還原讓人覺得就好像要求我們投入極端的懷疑與現象論（phenomenalism）之中。存有學的還原訴求的是人類要求眞理與科學的追求。它指出，當我們對一個領域的存在事物做科學的考察時，我們獲得了所考察事物的知識與對其判斷的系統。舉例來說，我們對分子生物學或固態物理的領域有相當完整的瞭解，但不管我們對這些領域有多麼完備的知識，對成就這些知識的主體面還是尚未釐清。客體面可能早就有完整的瞭解，但與之相關的主體面作爲則總是遭到忽略，這包括了：呈現所考察事物的意向性、合適於此種事物的判準、相應的研究方法、進行指正與確認活動的學術社群模式等。

一個科學若僅停留在客體面，它就迷失在實證性（positivity）之中。我們具有事物的知識，卻沒有如何把握這些事物的知識。我們遺忘了自己，甚至著迷於對事物的瞭解而喪失了自己。因此科學知識也就沒有了根基，科學知識成了無所屬的知識。要完成科學，要完整的科學，必須要考察在科學中的主體活動結構，如此的
53 工作並不是繼續努力地研究分子生物學或是固態物理學，是要從這些科學中轉向一個新的、反思的立足點，一個現象學的立足點，以考察在先前科學活動中所沒有成爲主題的意向性作爲。一旦我們爲了分子生物學與固態物理學做這樣的思考轉向，將會發現，光是對這兩個學科做現象學的探索是不夠的；我們必須全面地考察如此這般的意向性，甚至是全面考察如此這般的世界（也就是作爲意向性的客體面連結的世界），因爲除非在一個較爲完整的意向性考察底下，個別科學中行使的意向性意涵是難以被瞭解的。我們若無法瞭解在一般情況下的同一性認取，就無法瞭解在分子生物學中所特別呈現的同一性認取問題。

因此，經由逐漸的擴展，存有學的還原幫助我們讓個別特定的科學趨於完備。我們一步一步往更寬廣的脈絡移動，一直到達現象學態度所能提供的最大脈絡。我們這般擴展的動機來自於要求完全的科學態度，避免遺漏重要問題及其相關的面向。在分子生物學或固態物理學中或有一種實證科學的局部完備性，但任一科學若想要達到完全的確立，則必然要探究其之所以如此成就的基礎，也就是要探究成就這種科學的種種意向性。只要這些探究未完成，這些科學就會處於擺蕩與不完整之中，無法立基於相應的脈絡裏。存有學的還原使我們想

起亞里斯多德在《形上學》（*Metaphysics IV. 1*）中的主張，認爲我們有必要超越個別的科學而探索整體的科學，存有之爲存有的科學（而不僅僅把事物的存有視作爲物質的、數量的、生命的或經濟的）。

從以上有關存有學還原的說明，我們應該可以瞭解到，現象學，做爲一個科學，一個嚴格、明確與自我覺察的科學，事實上是比一般個別特定的科學研究還要具體。我們可能會認爲物理學或生物學是很具體的科學，因爲它們研究眼前的物質性事物，但只要這些科學沒有好好瞭解它們賴以成就的意向活動，它們可眞是一點都不具體。它們遺漏了關於這世界，也是關於自己的最重要部分。現象學補充並完成了這些個別科學。也因爲支
持了這些科學以及它們的有效地位，現象學成了諸種科 54
學中最具體的一個。它使廣大的整體脈絡恢復，克服了個別科學的自我遺忘。它考慮了諸種科學未加以注意的面向，即意向性與表象。它告訴我們科學其實是一種展現方式，因而告訴我們，相信事物不受展現方式影響的客觀主義是太過天眞的。因此，還原並非一種限制，並非對事物的遠離。它在使我們對自然態度有所距離的同時反而保存了自然態度中的所有事物。它是一種放大，而非一種剝除。

笛卡兒式的還原使我們進入哲學態度

而**笛卡兒式的還原**（Cartesian way to reduction）卻給我們一種截然不同的印象。這種進入現象學的還原方式是模仿笛卡兒進入哲學的方法。笛卡兒的方法是從事

一個「終生一次」（once in a lifetime）的完全懷疑，懷疑所有原本認定爲眞的判斷。笛卡兒之所以採用如此的懷疑方法，是因爲他認爲他從別人那邊得來的判斷與意見都已被偏見污染。經過了完全的懷疑後，他才開始，以他自己發展的方法，接受那些他自己可以驗證的判斷爲眞。

笛卡兒用來進入哲學的方法的問題在於，他把我們所有自然的信念樣式轉變成懷疑樣式。他從一些自然的樣式——確定、懸置、驗證過的接受、可能性與或然性——轉移到另一種自然樣式：懷疑。他的懷疑也許僅是方法上的，但也確實是一種懷疑。笛卡兒原本想讓自己進入哲學態度，但卻變成滑入了種種自然態度的其中之一，一個完全懷疑的態度。他想要進入做爲嚴格之學的哲學的嘗試誤失了方向。他的偏失卻造成了哲學與科學的大災難。

現象學中的笛卡兒式還原是嘗試完成笛卡兒想做的，但避掉問題的更適當的方式：我們不需要全面的懷疑，而是要對我們的種種意向採取一種**準備**（attempting）去懷疑的態度。雖然這看起來只是小小的不同，但卻有根本上的差別。當我們準備去懷疑我們的一個信念時，我們是對這一個原本相信的信念採取一種中立的立足點；我們尚未懷疑它，只是擱置了我們的相信。我們停下來，看看是否要對其進行懷疑。這個不置
55 可否、這個暫停，不同於懷疑，反而類同於我們進入哲學思考時所行使的中立態度。這個中立的立足點使我們可以一窺現象學態度，於其中我們中立於我們所有的意

向性，並對其加以思考。

準備去懷疑有另一個重要的特點。我們若要懷疑任何事情必須有一定的理由。假設我看到這個房間的門是白色的，假設我看到一隻貓走到這個房間內，我不能沒來由地說：我懷疑這門是白色的，我懷疑這貓走入房內，除非我有特別的理由來懷疑這些顯然是事實的事情：我可能突然發現是因爲光線的關係使得門看起來比較亮，原本以爲的白色其實是灰色光影；我可能發覺門旁有一面鏡子，而我所看到的只是貓走進另一個房間的反影。懷疑是自然態度的樣式之一，它需要理由來推動。我不能說懷疑就懷疑。

反之，準備去懷疑就屬於我的自由選擇。我們可能準備去懷疑任何事情，甚至眼前最明顯的事實，或是最穩固的意見。同樣地，我們可以自由地啓動進入現象學觀點的中立化的運作，懸置我們的意向或「使之無效」，把事物與世界置入括弧之中；這些都是在我們的掌握與自由選擇之中。我們可以決定是否要展開這樣的生活，不需要那些使我們進入懷疑的理由來推動。因此，雖然懷疑不是進入現象學的好方法，準備去懷疑卻是有所幫助。準備去懷疑的動作讓我們可以瞥見意向性的現象學中立化像什麼。在這個方式下，笛卡兒式的還原使我們有機會進入哲學態度。

存有學還原與笛卡兒式還原的不同

笛卡兒所提供的激進懷疑論，現在還持續困擾他所帶起的思潮，不過，修改笛卡兒的方法來提供給現象學

所用仍然是有用的，因爲許多人還是誤以爲從自然態度
到現象學態度的轉換是笛卡兒主義的借屍還魂，即使是
許多的現象學詮釋者也沒能清楚分辨這一點。因此，仔
56 細分辨笛卡兒所做的與現象學所做的，是十分重要的。

笛卡兒的誤失所造成的另一個重大爲害，即是他貶抑了自然態度中的意向性。我們在現實中對事物的經驗以及對同一性的認取，所依賴的自然信念沒有得到應有的認可。他所推動的懷疑論習慣讓我們老是不相信任何事情，直到我們可以得到證明爲止。但這種所有事情都要證明的欲望是毫無道理的。只有那些無法顯明的眞理才需要證明，那些本身就顯明的眞理不需要證明。我們無法證明每一件事情；我們知道許多事情並不需要證明。因此可以說，現象學恢復了我們自然態度中的信念的有效性。它承認我們的意向確實以它們自己的方式抵達事物本身。它區別以及描述了種種意向性如何滿實與確定。它也瞭解我們時常處於明證的範圍之外，時常對所意向的東西模模糊糊，以及錯誤也是平常的事；但有錯誤並不一定就要對所有的事都不信任。這只是表示要更加小心謹愼而已。現象學區分並澄清了種種的意向性，而使得我們得以更加仔細小心。

最後，我們應該來談談存有學還原與笛卡兒式還原之間的不同。存有學還原是逐漸推展的，它由科學的成就開始，一步一步增加一些面向，使我們逐漸推移，直到達到現象學態度。笛卡兒式的還原則像是要一步登天，它一次就把所有的意向性懸置起來。它是比存有學的還原更能夠顯示出哲學思考中的中立化性質，但就如

同許多想要一步登天的事一樣，我們可能因此而被誤導。它可能讓我們以爲現象學是懷疑論的，是現象主義的，而且是把世界與其中的事物剝除精光，它甚至看起來像是獨我論的。存有學的還原緩慢但確實；笛卡兒式的還原迅速卻危險。最好的方式是兩者皆使用，以其中一個的優點彌補另一個的弱點。而不管這兩者中的哪一個，其共同重點在於對自然態度與現象學態度做區別，對自然的涉入與哲學的距離做區別。

與現象學態度有關的一些名詞

要再清楚地定義現象學態度，我們可以進一步討論 57
一些相關議題。而要處理這些議題其實就是要對一些現象學名詞加以解釋。

我們從現象學觀點而來的經驗與分析所得到的斷言是**諦實的**（apodictic）。諦實的命題表達了明確不移的事物，表達了必然的眞理。我們知道它們所說的不會有其他可能。在現象學態度中所呈現出來的明證有哲學上的必然性。試想這樣的宣稱，即一個物質的、佔有空間的物體，如立方體，只有通過輪廓、面相與面的多重樣態才得以給出，而這些多重樣態也同時給出了立方體的同一性。同樣地再試想，我們所獲得的同一性皆是由顯現與不顯現的混合而給出的，或是，只有在過去與未來的襯托下，才會有時間上的現在。這些宣稱都是諦實的。我們無法想像立方體有其他的給出方式，而現在總是伴隨著過去與未來，不可能獨立出現。

有人可能會說這些怎麼會是諦實的，因爲它們是這麼的明顯，這麼的瑣碎，幾乎是用不著花費心思來考慮；但這就是重點了。現象學的宣稱，像一般的哲學宣稱一樣，聲明著明顯與必然的事物。它們告訴我們已經知道的事，不是新的訊息，但雖然沒有告訴我們任何新的東西，它們還是相當重要且有所啓發，因爲我們總是被一些瑣碎與必然的事物搞得一頭霧水。想一想，大部分人如何瞭解記憶（把記憶看作是觀看心內的圖象），或者一些哲學家如何拙劣地描述知覺（譬如：把知覺想成是腦袋裏面有一個布幕，外在刺激所造成的印象投射於其上），我們就會開始覺得把一些應該顯明的東西弄得明白確定的重要性了。現象學的命題之所以爲諦實的，是因爲它們是根本且無可避免的。它們的諦實性來自於眾所皆知，而不僅是某些人所能掌握的奇特眞理。

58 更進一步來說，當我們承認現象學的宣稱與明白是諦實的時候，並不表示它們沒有再改善或再深化的空間。一個哲學的宣稱可以是諦實的但卻不是**諦當的**（adequacy）。諦當意指命題中所有的模糊都被清除乾淨。事物的所有面向都被帶出來，所有的意涵都被考察了。即使在哲學裏，沒有一個事物能像這樣完全地向我們顯現。所以結果是，現象學的宣稱可以被看成是必然的（也就是說我們知道不可能會有別的樣子），但它們也總是等待著進一步的釐清。舉例來說，我們當然知道每一個當下都涉及過去與未來，但我們同樣還是不清楚過去、當下與未來的意義。我們知道是由顯現與不顯現的混合之中，一個物體的同一性被認取出來，但我們還是對何謂顯現、何謂不顯現的重要性模模糊糊。

超越還原與超越態度

現象學的還原與現象學的態度通常被稱作**超越的**（transcendental），我們也會說這是超越還原與超越態度。有時我們會碰到相當冗長的詞，像是「超越現象學還原」（transcendental-phenomenological reduction）以及「超越現象學觀點」（transcendental-phenomenological viewpoint）。到底這個「超越」是什麼意思？

這個詞的意思是超出（going beyond），根據它的拉丁字根的意涵，transcendere，爬過去或是超出，trans是超過，scando是攀爬。意識，即使是在自然態度下，也是超越的，因爲它超過自己而抵達在其之外的事物。自我（the ego）可以被稱爲超越的，因爲它在其認知活動中是超越而抵達事物的。超越的自我是作爲眞理行使者（the agent of truth）的自我。超越還原是轉向作爲眞理行使者的自我，而超越態度是當我們把這個自我與意向性主題化時所採取的立足點。

當我們進入現象學或超越態度時，我們必須謹慎地把握我們所用的字的意涵。這個新的、獨特的脈絡要求我們要對所用的自然語言加以調整。讓我們把因著這個改變而來的語言叫做**超越語言**（transcendentalese），把在自然態度中所用的語言叫做**俗常語言**（mundanese）。這兩種態度是由各自的意向性所建構，而所使用的不同語言反映其不同的觀點。考察超越語言與俗常語言相互之間的關係，可以幫助我們分別哲學與自然經驗的不同。 59

有些超越語言中所使用的名詞來自俗常語言，如

「同一性（認同）」（identity）、「表象」（appearance）、「（在場）顯現與不（在場）顯現」（presence and absence），「自我」（ego），但我們必須注意到當進入哲學語言時，這些名詞的意涵有細緻的改變。舉例來說，「科學」（science）這個詞在指哲學是嚴格的科學時，與指生物學或物理學等科學時是不同的，前者指陳著一種特別的精確性。現象學做爲科學與自然態度的科學有所不同，有關超越還原的種種論證應該可以幫助我們掌握到這個新的脈絡意涵。

所意與能意

超越語言中也有些是特別爲此鍛造出來的，不是來自自然態度或俗常語言。其中的兩個是「所意」（noema）及其相關的「能意」（noesis）。「所意」指的是意向性的客體端；它是我們自然態度的意向所指向的任何事物：一個物體、一幅畫、一個字、一個數學程式、一個人等。不過更特定地來說，它指的是以超越態度來視之的客體端連結。它所指的客體端是被超越現象學還原所置入括弧內的。在用法上，我們可以說提供一個所意的分析，我們可以研究某物的所意結構，我們可以考量一個物體的所意層面。這些用法都是屬於超越語言，是哲學用語，它們的使用是在哲學的中立立場之中。用「所意」這個詞也意指著我們在現象學之中，在哲學對話中，其中所談論的事物都是由哲學的觀點視之，而不是由自然態度的其中一種觀點來看的。

因爲所意經常被誤解，所以這些都是必須被強調的

重點。所意經常被認爲是某一種物體，或是意識所對之
物的一個概念，或是一個意識指向某一事物的中介承 60
載。所意會被想成是意向性由之而加諸於意識之上，好像若沒有加上所意，意識本身是一個封閉體。所意也會被想成是一個意識所賴以瞄準某一特定事物的東西，是意識指向外在世界上事物的依賴；所意被想成是意向性的投彈瞄準器。我認爲把所意看成是一種中介項的認識是不正確的。稍後在第十三講，我們會深入探討爲何這樣的瞭解是有問題的，現在我們只要知道這一個詞與它的適當意涵。所意是意向性的任何對象、任何客體端的連結，但這必須是由現象學的態度來考量的，是指所經驗的。它不是任一事物的摹本，不是任一事物的替身，不是一個讓我們指向事物的觀念；從哲學的觀點來看，它是對象本身。

「能意」（noesis）這個詞比較不會被誤解，但也必須是在現象學中被瞭解。「能意」指的是我們意向事物時的意向活動：知覺、表意動作、空虛意向、滿實意向、判斷、記憶。但它也必須是由現象學觀點來考量的。它們是在現象學的「存而不論」（epoche），使之無效之後，所得到的意識活動。能意比較沒有爭議，是因我們比較不會想出一個與原始意向活動平行的另一個如替身般的意識活動，以及因爲我們活在笛卡兒的傳統裏，我們傾向接受我們的內省是眞實的，是讓我們直接接觸到我們的內在生活的。同樣的傳統讓我們傾向否定自己與世界上事物的直接關連；這個傳統一直讓我們認爲我們需要一個中介，一個代表（所以有人這樣想著

「所意」)，來把我們與外在事物連起來。

現象學中的這兩個詞「能意」與「所意」有著同樣的希臘字源，動詞noein意爲「去思考」、「去考量」、「去覺察」。希臘字 noesis指的是思考的動作，而 noema
61 這個字則是指被思及的東西。在希臘文裏，字尾-ma加在一個動詞後面就意指著這個動作的結果或效果。因此，phantasma指的是幻想的對象，politeuma指的是政治化的結果（或政治體），rhema指的是說話的結果（字詞），horama指的是看到的對象（景，如panorama），而migma指的是混合的結果（混合物）。Noema這個字則是指被思及的事物，或是我們所覺知到的事物。

用這些希臘字來成爲現象學的用詞是很理想的。所意是任何所思及的東西，而且就在這樣的關聯中，就是做爲被思及的或是被意向的，就是做爲意向性的連結。這個看法是屬現象學態度的。「所意」也就只在這個態度中才被使用。但不幸而常常發生的是，人們老是要用心理學、知識論或是語意學的脈絡來談「所意」。他們錯失了超越態度與自然態度之間焦點的不同，他們在自然態度中考量「所意」。他們把所意當成是「我」與世上事物的一個中介項，然而從現象學的觀點來看，所意就是世上事物。由於沒有把所意當成是事物顯現的一個「環節」(moment，抽象性的部分)，他們反而把它具體化，並且把它當成心與物之間的連結。

本節中所討論的有關現象學還原的種種名詞不只是在做名詞彙整而已，它們給出了現象學所賴以定義的重要面向。同時，對這些詞的確定也幫助我們來表達現象學的一些特定信條。在一個知識領域中掌握適宜的表達名詞用語並非只是附帶的事情；若沒有適當的字詞命名，我們要探究的事物是很難被清楚地考察。

超越還原爲何重要？

乍看之下，我們可能會認爲說現象學本質上是屬知識理論的，是知識論的一種研究，但它其實比這個瞭解還要更加豐富。它不只是要處理「知識的問題」，不只是要建立是否有眞理的論證，不只是要談我們是否能夠通達「現實世界」或「心理之外」的世界。現象學興起 62
之時確實是知識論做爲哲學最關心議題的年代，而且它的一些名詞與論證聽起來也很像知識論的議題，但它後來卻是打破了這個脈絡的限制。它超越它的源起。它與現代哲學接軌並向之學習，但它也克服了後者的限制並且與古代思想重新連結。許多對現象學的誤解在於那些詮釋還在現代思想的問題與地位來談現象學，還在笛卡兒主義與洛克思想的陷阱中來談現象學，而沒有看到現象學所展現的新東西。在對哲學是什麼的瞭解上，現象學要求了一個重大的變革，而許多人無法跟上這個改變，因爲他們無法從他們的背景與文化脈絡中脫離出來。甚至在說明現代科學的出現的這樣新面向上，現象學重現了古代哲學再生的可能性。現象學提供了一個非常好的範例，說明一個傳統如何能夠在新的脈絡中再次生機洋溢。

因爲超越還原提供了一個嶄新而確切的方式，讓哲學能夠與前哲學的生活與經驗連結起來，所以是非常重要的。哲學的一個危險，便是它認爲自己可以取代前哲學的生活。哲學的確抵達理性的高峰，它包括了理性的其他運作，如在其他特定科學與特定生活的運作。它研究這些特定的科學如何彼此相關，又如何連結到最終的脈絡中。因爲哲學補充了前哲學理性，它可能傾向認爲它可以取代其他的理性運作，可能認爲可以比其他這些理性運作得還要好。哲學可能認爲它可以比政治家還能將政治搞好，能夠比那些在周邊談論群體生活該如何如何的人做得好。它可能開始想它在神聖與終極事務上可以比那些宗教人做得好，可能認爲它可以取代某些特定的科學如化學、生物學或語言學，因爲這些都沒有整體的觀點。如果哲學想要取代掉前哲學思考的話，那麼結
63 果就是理性主義，那種由馬基維利（Machiavelli）引入政治與道德生活中的理性主義現代哲學，那種由笛卡兒引入理論事務的理性主義現代哲學。

現象學帶給文化與智性生活的最大貢獻在於，它使我們前哲學的生活、經驗與思考獲得正當有效性。它強調在自然態度中所運用的理性是有效且眞實的。眞理在哲學之先就已經成就。自然的意向性的確抵達滿實與明證，哲學永遠無法取代自然態度中所成就的。現象學是以自然態度與其成就爲養分，如果沒有經由自然態度與其意向性，現象學就沒有通達事物與揭露世界的途徑。現象學是後起的，它必須謙虛，必須承認自然態度內的成就，不管在其理論或是實務運行上，都是有效且眞實的。然後它對這些成就加以思考，對這些成就所應對的主體活動加以思考。如果這些成就不存在，就沒有東西

來讓哲學思考。如果要有哲學，自然態度中的意見必須被承認爲眞，信念也必須是先在的。現象學可能可以幫助澄清自然的意向性，但它絕對無法取代後者。

現象學提供了一種文化的復原

當現象學把在自然態度中運作的意向性「中立化」時，它並不是稀釋它們，也不是摧毀、挫折或嘲笑它們；它僅僅只是採取一種對之有所思的立足點，一個由之而能夠對它們進行理論化工作的立足點。現象學補充了自然態度；哲學補充了眞實意見與科學。現象學可能同時也指出自然態度中所達到的眞理與明證性的限制，但即使它們無法清楚地說出它們的界限爲何，這些藝術與科學也都早已知悉它們自己是局部且有限的。有時這些特定的藝術與科學可能也想要成爲一個帝國來統治其他科學：物理學可能想它可以解釋所有一切事情，或者語言學也想這樣做，或是心理學，或是歷史學。當這些特定的藝術或科學想要統治整體以及其他的藝術與科學，那它們就變成了僞哲學。而當哲學想統治、取代其他前哲學形式的知識，那哲學本身也把自己變成了僞哲學。

因爲承認了自然態度中種種藝術與科學的有效性， 64
因爲承認了常識的有效性，因爲承認了其他實務運作的智慧，現象學提供了一種文化的復原。現代思潮中有一種理性主義的傾向，想要用哲學取代所有前科學形式的知識，而現象學抵抗這樣的潮流。這個現代理性主義的潮流近年來崩解轉變成後現代主義，倒轉爲另一個極端，否定所有的理性中心。現象學因爲一開始就未採取理性主義的觀點，它也避免了如此的消極極端。

古典希臘以及中世紀思想瞭解前哲學理性確實成就了眞理與證明，哲學反思是跟隨著前哲學的成果而來的，也不干擾在它之先的這些成果。亞里斯多德並不干涉政治生活或數學，他只是試著去瞭解這些是什麼，或是幫助它們澄清它們自己。現象學跟隨這樣的古典瞭解，並且提供了一個新的論題，即：清楚地探討進入哲學生活所需要的焦點轉變。「存而不論」的原則，現象學與自然態度的分別，自然態度中意向性的「中立化」或「使之無效」，世界的角色與世界信念，這些都是要採取哲學距離與進入哲學思索所需要的澄清與界定。這些與現象學還原相關的要旨原則，並不是要讓我們汲汲於內省的神祕主張，也不是關於我們是否能夠超出自己，抵達「心理之外」世界的謎團；它們是對哲學本質的釐清，它們的功效在於幫助區別「超越語言」（即哲學用語）與「俗常語言」（即自然態度裏一般藝術與科學運作的語言）間的不同。當我們能夠對它們的意涵有適當掌握時，可以幫助我們瞭解前哲學生活與哲學生活的種種。

最後，超越還原不應被視作爲對存有問題（the question of being）或是存有之爲存有的研究（the study of being as being）的逃避。剛好相反，當我們由自然態度轉換爲現象學態度時，即面對了存有問題，因爲我們開始以事物向我們給出的方式來看待它們，以它們如此這般顯現的方式來看待它們，以它們定之於「形式」

（form）的方式來看待它們，而後者即是事物的顯露原 65
則。我們開始看到事物的眞實本質與顯明狀態，這就是看到它們的存有。我們也開始把「我」看成是事物向之顯露的受格：我們把「我」看成是顯現的受格，這也是看到「我」的存有本質，因爲「我」的存有本質核心即是在於探問事物的存有本質。「存有」並不是像物體一樣的東西；存有關涉到顯露與眞實本質，而現象學對存有的考察即在於它的眞實理路，它把「人」這樣的存有視作爲世界中的眞理發生所在。運用有點像笛卡兒式思考的還原方法，現象學得以重新揭露存有這個議題。存有議題總是歷久彌新。

【第五講】

知覺、記憶與想像

在回憶中所伴隨的過去這個面向，讓我們更加注意到我們知覺中的現下經驗。因爲我們瞭解到事物可能成爲過去，當它們給予我們時，我們可以把注意轉移到它們的「現在」：它們是以現在且尚未在時間上消失的方式給出。不只是這些東西呈現給我們，它們的在場「顯現」也呈現給我們。

66 我們現在對現象學分析本身以及它之所以爲哲學有了初步的瞭解。我們也以立方體的知覺爲例說明了這樣的一種分析方式。我們考慮到部分與整體、同一與多重，以及顯現與不顯現等結構，在人類經驗中所扮演的角色。在這些基礎上，我們現在可以進一步發展的現象學描述，以擴展這些主題。到目前爲止，我們所做的都還只是準備性的工作。我們將再回到知覺上，詳細地考察它，看它如何使事物對我們呈現，以及它如何與意向性的其他衍生形式，如記憶、想像與投注於未來等，有所不同。

回憶

知覺直接把事物呈現給我們，而被呈現的事物總是由顯現與不顯現混合的方式給出。當物體的其中一面給出時，其他面則在不顯現的狀態中。物體的某些部分遮蔽了另外的某些部分：前面隱藏了後面，表面隱藏了裏面。如果是我們所聽到的對象，則我們在一個位置所聽到的，同時排除了在另一個地方可以聽到的部分。我們可以把不顯現的帶到顯現之中，但相對地，目前顯現的卻要進入不顯現。經由顯現與不顯現的混合，經由多重樣態的呈現，一個同樣的對象不斷地向我們呈現出來。同一性的層次與面、面相及輪廓所在的層次不同；同一性從未只由一個面、面相或是輪廓中顯示出來。

但是，同一性也可以由某一對象的回憶中獲得。回憶提供了另一組的表象，另一組的多重樣態，使得一個
67 同樣的事物可以給予我們。記憶牽涉到一種不顯現狀

態，這種不顯現狀態比在知覺中還要根本，不過，它仍然呈現了同一個對象。記憶呈現了同一個對象，但卻是由一種與知覺不同的所意層（noematic layer）來獲得，它是記憶中的、過去的。

我們或許會傾向把記憶想成是：當我們記起某些事情，我們喚起那個事物的心象，並且認出這個畫面正呈現了我們曾經看過的那個東西。在這種看法中，記憶就和看到某人的照片並認出這個人是誰，是在哪裏拍的照片沒有什麼不同。唯一的差別只在於照片是在「心理之外」（extramental）的世界中，而記憶中的心象是在「心理之內」（intramental）的世界中。

對記憶如此解釋其實是大錯特錯。它把回憶與另一種意向性作爲，即看圖片（picturing），混爲一談。這樣的誤解與混淆當然也是其來有自；我們確實好像有著心靈之眼，其中也有著內在心象，尤其當我們學習有關大腦的知識時，我們似乎無法避免地會認爲，大腦有把某種圖象投影在某種銀幕上的作用。然而當我們考慮在記憶中所出現的同一性時，這種解釋的不一致就露出馬腳了。

看圖象時，我們看到一個物體描繪著另一個物體。我們看著一幅有顏色的畫布或是一張有顏色的紙，而在其上我們看到另外的東西：一個女人，或是一片田園景色。而在回憶中，我們並沒有看到一個物體描繪出另一個物體。我們就只簡單地直接「看到」那個物體。回憶比較接近知覺而不是看到某物的圖象。在回憶中我並不是看到一個「像是我記得的東西」；反而應該說，我就是在不同的時刻記起那個物體本身。如果我們被一個回憶所糾纏、縈繞，嚴格地講我們應該說：「我無法停止看到那個東西！」而不是說：「我無法把那個影象從我心中去掉！」

假設我們願意承認當我們記起某物時不是看到內心的圖象，那我們應該如何來說呢？我們如何能由超越的觀點來說，在回憶中到底發生什麼事？如果我們不是看到內在心象，那爲什麼我們感覺上卻又好像如此，我們又如何說明好像在我們心底的眼睛或心底的耳朵裏呈現的東西？對這些問題我們的回答可以是：我們儲存而成
68 記憶的東西並不是我們曾經知覺過的物體的影象，而是先前的知覺本身。我們儲存的是我們曾活過的知覺。然後，當我們回憶時，我們並不是召喚出影象；我們召喚的是那些早先的知覺。當這些先前的知覺被喚起並且再度活化，它們也隨之帶出了它們的對象，也就是這些知覺經驗中的客體端連結。在回憶中所發生的是我們再度活出先前的知覺，而在回憶中出現的對象就如同它們當時被給出的樣子。我們捕捉到我們先前在意向生活中發生的那一個部分，把它們再度帶到生活中來。這也是爲什麼回憶可以是如此充滿懷舊思緒的，它們不只是再次進入心中，而是再活過一次的活動。過去再度進入生命之中，並伴隨著與其連結的事物，只是它是以一種特別的不顯現狀態來進入生命之中。有些不顯現可以因爲我們移動自己的位置而得以顯現，像是我們移到房間的另一端就可以看到桌子原本不顯現的那一面。然而在回憶中的事物的不在場顯現顯然不是這一種，回憶中的不顯

現是無法以移動我們的身體來彌補的。

記憶混合著顯現與不顯現

因此我們可以看到，一種新的顯現與不顯現的混合在記憶中出現，也出現了一種新的多重表象與同一性的結構。在記憶中，我們不只再度活化了某一個對象，而且是做爲在彼時彼地呈現出來的對象。另外，這種對象的再度活化是在此時此地爲之，但卻是以做爲過去之事的形式爲之。這就是被記起的事物所承有的所意形式（noematic form），是彼時彼地的，而被知覺到的事物所承有的形式則是此時此地的，兩者間有所不同。我們可以這樣說明看圖片（picturing）與回憶（remembering）的不同：當我們看到一個圖片時，我們看到一件像是另一件物品的東西；而在記起某物時，我們好像看到另一個東西。這個詭異的說法捕捉到這兩種意向性形式的不同。

有人可能會反對說，「這眞是荒唐。我怎麼能夠再度活過一個過去的知覺？一個在彼時彼地的事物，怎麼會在此時此地再度呈現？這是不可能的；非得有一圖象，此一物品的圖象，我才能看到。」但像這樣地再度活過一個知覺經驗正是回憶所經歷的。這眞的是非常特別，可是人就是這樣。我們可以重覆活過過去的意識生活中的一部分，我們可以再度活化一個意向經驗。當然，這必然有它的神經學基礎。知覺中所牽涉到的神經活動以某種形式再度被引發，意識知覺再度被活化，還有，原本在知覺中呈現的物體再度地呈現。如果我們要

69 對現象忠實，就必須要以它被經驗的方式來描述它，而不是只把我們希望的、認爲對的投射到這個現象上。在回憶中，我們延伸而進入過去；帶回了一個消逝的世界以及其中的一個處境。我們可以活在過去中，就像我們活在現在一樣。老實說，要不是在回憶中我們獲得了一個一般性的過去感，我們如何能夠把「內在圖象」解釋爲一個我們過去所看到事物的影象？過去感又如何能爲我們所感受？當我們以現象學的方式來描述時，我們瞭解到「過去」這樣的一個面向透過記憶而給予我們。

在回憶中，一個曾被知覺過的事物以一個過去的事物、以一個被記起的事物而呈現。我們更可以這樣說，它是以一個在彼時被知覺的事物而給出；如果我看到一樁車禍，我所記得的是跟我當時所站的位置上所看到的面、面相與輪廓相同。那一場車禍由此而再度對我呈現，如果我必須作證描述那場車禍，我可能要不止一次地回到這事件以便記起一些細節。（「你試著想想看：這個人是在號誌燈改變之前或之後過馬路？」）當我重回到那個事件，我並不是在檢查一個內在的圖象，而是試著把當時的知覺召回，把我當時看到的事召回，這就是回憶時所做的事。當然，錯誤確實會發生；常常是我投射出我想看到，或我認爲我應該看到的某個東西。我在回憶與想像之間擺盪。回憶的難以捉摸是惡名昭彰；它並不是可靠的證明，但這就是回憶的限制。我們並不能因爲回憶常常有所誤失，就說它是不存在的或是它總是錯的。要說回憶有時候是假的這句話，必先要承認有回憶這麼一件事。再說，回憶的對與錯不同於知覺的對與錯。回憶提供了另一種形式的多重樣態，另一種同一性的可能，也同時提供了另一種誤失形式。現象學的工作正是要解明回憶的結構，並把它由知覺與其他的意向活動區分開來。

自我在回憶中的新面向

到目前爲止，我們對回憶的討論都著重在它的所意方面，也就是在它所記起的物體這一方面。當我們說明記憶並非對一個影象的知覺而是對一個知覺的再度活化時，我們談的的確是能意（noetic）這一方面。但我們還是必須再深入這主體，探討一下進行回憶的那個自我。既然在回憶中物體有了新的面向，自我也在回憶中 70
有新的面向發生。

當我記起過去的某物時，我也同時把自己置身於過去之中。在此時此地的我，坐在房間的椅子上，看著牆與窗戶，也聽到一些聲音；而另一個在彼時彼地的我，看到昨天街角發生的車禍事故，或是兩星期前與親愛的人分離而傷心欲絕的我。這兩種「我」有所不同。我先前知覺的再度活化，必然包括了在當時做此知覺的我的再度活化。就如同過去的事物再被帶到現前來，當時經驗的過去的我也被帶到現前來。在回憶中，有著正在回憶的我（the remembering self）與被回憶所帶出的我（the remembered self）的分別。

我們可能會說「眞正的我」是那個此時此地，正在回憶的我。再度活化的我只是一種影象。但這樣的說法並不正確。更合適的說法是，我正是由正在回憶的自己與被回憶出的自己所建構出來的同一者。我自己，自我，正是在知覺與回憶之間的交互活動中所成就出來。我自己可移置於過去的這一事實對我的心理生活提供了全新的面向。我不只限於此時此地；過去（或是未來，我們以後會討論到）也不只是我的指涉方向，而是我能夠經由回憶活入過去之中。

有時，這種活在過去中會造成麻煩。如果我們做了一件感到非常丟臉的事，或陷入災難事件中，可能無法讓自己從這樣的經驗中脫身。這些經驗幫忙構成了我自身，我無法切斷它們；不管我旅行多遠，我都背負著它們。我與它們緊緊相連。登山客彼得・希拉瑞（Peter Hillary）談到他在喜馬拉雅山所經歷的山難：「從那樣的災難中存活下來有時是我此生最痛苦的事。你在心中一次又一次的重演那些可怕的場景。」一個參與屠殺囚犯的人說：「許多晚上我必須借助酒精才能遺忘，才能入睡。我毀了我自己。我必須讓收音機或是電視機一直開著才能讓自己分心。有時我害怕一個人獨自地與我的
71 思緒在一起。」一個經歷車禍的年輕人說：「好幾個月來，我以慢動作般地，重覆經歷那次的事故。」在回憶中，我們有時像觀察者，看著事情再度發生，但我們其實不是觀察者，我們並不是看著一個可切割開來的場景的觀眾。我們涉入到當時所發生的事情中。我們與在當時行動中的是同樣的人；回憶把我們帶回到當時的行動與經驗之中。不管是好是壞，沒有回憶，沒有移置落身，我們就無法成就爲自己，也無法成就爲人。同一性的綜合（identity syntheses）在回憶的能意與所意兩方面

皆有發生。

想像與預期

回憶與想像在結構上非常類似，兩者也經常互相轉換。自我在回憶中所發生的移置也在想像中發生。在這兩種意向形式中，此時此地的我可以活入另一時另一地：在回憶中的彼時彼地是過去的、確定的，但在想像中的彼時彼地卻是「無時無地」，沒有特定的時間點與地點，是不同於我目前所棲居的此時此地。雖然我正活在目前的眞實世界中，但我也能同時移置於一個想像的世界中。更進一步來說，在想像中的對象，一個想像的對象，有可能是來自我的眞實知覺或是記憶之中，但現在它被投射到一個從未發生的處境或行動中。

回憶與想像的主要差別在於其各有不同的信念樣式（doxic modality）。回憶以相信（belief）來運作。我所喚起的回憶，或是突然進到我心中的回憶，是確實發生過且我眞的經驗過與做過的。並不是說我先有回憶再把相信加上去；正確的情況是，回憶的出現就直接伴隨著相信這事過去是如何如何，正如我的知覺就伴隨著相信這事正是如何如何一樣。要把這樣的相信由回憶中去掉，或是要把相信改變成懷疑或否定，是需要花費另外的力氣。

在另一方面，在想像中卻充滿著一種對「相信」的懸置，並且是轉向了一種「如同」（as if）的信念樣
式。這種樣式的改變是一種中立化，但卻是與超越還原 72
中所進行的中立化有所不同。在想像中，我把自己移置

到一個想像的世界，但我周圍的眞實世界還是我所相信的，這是我在其中而進行想像的原本脈絡。我所想像的所有事物都有著一個不眞實的質感；想像的事件不會像過去所發生的可怕事件般，把我綁在深深的悔恨或驚嚇之中。一個太過頭的想像有可能會扭曲了記憶，讓我把一個沒有發生過的事情當眞，但這種想像與記憶之間界限的破壞之所以可能，正是在於想像與記憶是兩種不同的意向性。

然而，即使在想像中，在所有的意向性中都存在的同一性綜合仍然有著作用。一個想像的事物可以在許多的想像中保持爲同一。即使在想像中，其核心也有著多重樣態中的同一性。我們可以把實際知覺到的東西拿來變成想像中的東西，而它仍是同一個東西；我們也可以完全憑空想像一個事物，並對它進行不同的想像，但它也能保持爲同一個東西。顯然地，想像的事物沒有如實際知覺的事物般堅厚實在，因爲我們可以將它們擺到種種並不實際存在的處境中。但即使如此，這並不是說我們在想像中是完全自由的；我們所想像的事物本身也給了我們想像它們所必然會有的一些規定限制。如果一個事物要保持爲同一自身，某些特定的東西不能被想進來；如果這些不相容的東西被加入在想像內，那原本的那個事物就會變成了其他的東西。我可以想像一隻貓跳躍過一段空間（雖然我不記得看過哪一隻貓做過這樣的事），但我不可能眞正地想像一隻貓像一首詩歌一樣地被朗誦，或是一隻貓對我微笑並對我說話。貓並不是一種可以被大聲唸出的東西，一隻說話微笑的貓也不再僅僅只是一隻貓。把「想法」或是影象如這般地混在一起並沒有任何意義。

想像的投射爲我們開啓未來

因此想像所植基的信念樣式是不同於知覺以及回憶的；它是不眞實的，僅是「如同」。然而，還是有一種想像必須變成眞實，必須回到相信之中，那就是當我們在進行某一計畫時所展開的想像，也是當我們想像我們自己在一個經由我們的某一個選擇所造成的處境之中所展開的想像。這種想像的形式稱做預期（anticipation）；
我們可以這樣說，它把我們從純然幻想的飛躍中帶回到 73
生活的實地上。假設我們想買一幢房子。我們看了幾幢房子，我們把選擇限定到其中的兩三幢，然後我們思考著到底要買哪一幢。我們的思考中有一部分是想像自己生活在每一幢房子中、使用其中的房間、到房子外面散步等。這樣的想像回到了如記憶所奠基的信念樣式；相關著我們的想像中所帶有的實際感，我們回到了相信。如果我們眞的打算買房子，我們不會想像從高空流覽這房子，或像螞蟻般爬過房子的牆壁。這些想像做爲白日夢或是幻想沒問題，但對買房子來說一點貢獻都沒有。我們可以注意到電視廣告如何應用幻想與認眞的投射想像之間的差異。廣告展示了各種吸引人但卻不眞實的處境——一大堆美女圍繞在一輛車子旁邊，一輛卡車飛越大峽谷，因爲一條牙膏而產生了一段浪漫的邂逅——這些都是想要讓觀眾認眞地想像他／她選購這些產品後的未來樣子。

把自己擺到一個新處境也是一種自我的移置（the displacement of self），不過它正好跟回憶相反，不是活化過去的經驗，而是通往未來的預期。既然未來都是尚未決定的，我們可以想像自己處於種種不同的可能處境中，而不是只限於一個：我們想像如果這樣選擇了，事情當會如何，我們也可以在這點上再想像數種不同的可能性。我們可以以不同的方式把自己投射到未來。在買房子的過程中，我們想像自己住到三、四個不同的房子裏，我們可以實際去看房子，並在當時做同樣的想像，我們也可能在做白日夢時想到生活在這些房子裏面。

我們可能會認爲想像自己做這做那是很理所當然的，每個人都很容易做到，但在某些情況下，自我卻要花費相當的力氣才能做到。對某些人來說，太逼眞的想像會讓自己高度緊張，會情緒崩潰不能自己，他們的自我沒有彈性與同一感以進入一個尚未活過的處境。他們可能想到搬到一個新地方，換工作，或是離開某一個人
74 時，就感到極度恐慌。對死亡的恐懼一部分來自這樣的情況：當我們面對死亡時我們的想像是一片空白。

可能會有人反對說，對未來的深思熟慮是比這些理智許多。當我們深思熟慮時，我們訂定目標，條列好處與壞處，找出需要的工具。我們評估正反各種狀況然後做出決定。如此的理性計算確實是深思熟慮的一部分，但這對未來深思熟慮的感覺卻是我們對未來的想像投射而來。正反的種種情況的考量是奠基在我們未來將是的生活中，而正是想像的投射爲我們開啓了未來這一個面向。我們事先採樣未來的自己。我們想像願望的滿足。

我們有時會發現我們的預期錯誤；事情沒有如我們想像的那般發生，但這些誤失之所以可能，正是因爲我們會預先處理未來的事務。屬於未來的這個面向：即一堆可能性能夠以我們選定其中一個而成爲現實，是由想像的投射而給予我們，不是經由理性的條列而給予我們。因爲我們能夠想像所以我們才能活在未來。想像投射也作用於把我們推移到這個或那個決定的動機中；就像人家所說的，我們感到某一未來的樣子比別的樣子「舒服」，所以我們傾向做出一個能把我們帶往那個樣子的決定。理智列舉是在想像預期的襯底下才得以出現。

自我的移置

移置的形式結構，即我現在可以想像自己，回憶自己，或是預期自己在另一個地方另一個時間，讓我們可以活在過去與未來之中，也可以讓我們活在自由想像的無人之地。這些意識的移置形式是由知覺衍生而來，是知覺提供了材料與內容。但這並不是說，我們簡單地活在知覺中，然後偶而決定進入移置的情況；反而是，知覺與移置的自我總是交互出現。即使是知覺之爲知覺，也要在與想像、回憶與預期的對比中才能顯出。所有的 75
這些形式都是從一個起始未分別的意識狀態中區別出來。每一個形式中有它們各自的信念樣式。並不是每一個人都可以分辨何爲過去的經驗，何爲純然想像。許多人認爲夢與白日夢是某些不尋常事物的眞實知覺。

當我們活到上述之一種的內在移置時，我們是活在兩個平行的軌道上。我們活在我們直接的周圍世界中，這個世界是經由知覺給予我們，但我們也活在被移置的自我所屬的世界中，回憶的或想像的或預期的世界。有時我們會沉入在這些世界的其中之一：有時我們被周遭緊緊包圍而失去進入想像的能力，或者有時我們會沉溺於白日夢中，變成實際上（雖然是不可能完全地）與周圍的世界脫軌。甚至，我們所擁有的想像意向會與知覺混在一起，並可能影響知覺。有特定的方式來辨認人的臉，我們有特定的方式來看建築與風景，這是因爲當我們面對一個新事物時，我們看過的東西會再回來，並影響我們當下所看到的。這就是移置。

當我們可以把回憶、想像與預期從知覺中區分出來，自我與對象（或經驗的主體端與客體端）兩者的多重樣態表象（manifolds of appearance）就更加豐富了。所有這些結構與擴展是在自然態度中發生，但可以由超越的、現象學的態度來承認與描述。

自然態度與現象學態度對待回憶的不同

在結束前，讓我們來看看第四講所區分的自然態度與現象學態度，兩者對待回憶的方式有何不同。對自然態度來說，過去是死的、走了；它絕對不可能還在那兒。自然態度被現時所吞沒。在這個態度中我們拒絕承認過去有任何再度顯現的可能，因此當我們嘗試要解釋回憶時，我們傾向找一個東西(一個影象或是一個觀念)做爲過去的替代品。我們想找到一個東西做爲我們回憶的事件的代表。因此，想要從自然態度中來把握回憶這個現象，將扭曲了我們所經驗的過去。然而，從超越觀點觀之，藉著它對顯現與不顯現的細緻區分瞭解，我們能夠把握到不顯現的過去所提供給我們的一種特別的顯現。我們發現沒有必要標舉著一個圖象來當做過去事物的代理，實際上也不可能是這樣。這些記憶圖象，就如同我們前面的分析所說的，其實是無法融貫的。

我們也可以觀察到，在回憶中所伴隨的過去這個面向，讓我們更加注意到我們知覺中的現下經驗。因爲我們瞭解到事物可能成爲過去，當它們給予我們時，我們可以把注意轉移到它們的「現在」：它們是以現在且尚未在時間上消失的方式給出。不只是這些東西呈現給我們，它們的在場「顯現」也呈現給我們。我們開始能夠區分一個事物與這個事物的顯現。然而同樣地，如果我們想要從自然態度上把握這個顯現，我們會把它變成另一個東西（一個感官資料，腦中的一個影象），因爲自然態度傾向把它注意到的東西實體化。事物的顯現（或是不顯現）是非常細緻與脆弱的，簡直像是無物，只有現象學態度中對顯現的細緻敏感，才能夠找到合適的語詞與說法來描述它。自然態度對這個議題卻是相當笨拙，總是想在事物的顯現與不顯現以及做爲接收者的我們之間，弄出一個像物體一般的代理品來做爲中介。

字詞、圖畫與符號

我們並不是看到許多不同的表相，然後認爲它們與同一個東西有關連；我們是看到一個同樣的東西以種種不同的方式給出。在這顯現之流裏，同一個東西一再被確認。此物的同一性也就一再凝聚堅實。一隻動物或是一個人也是如此，當他們得以在種種不同的生活事件中展現自己時，他們的存在也就更加聚實。

77 我們已經探討了知覺及其各種變樣，不過這些討論過的各種變樣似乎都是屬於我們的「內在」生活：記憶、想像與預期。但意向性的變化並不只發生於這個所謂的「內在」範圍。知覺讓我們與世界上的事物接觸，所以意向性的變樣也可以發生在我們對世界上的對象所做的種種詮釋之中。

有時候我們簡單地接受呈現予我們的東西（一棵樹，一隻貓），如此我們只在一種簡單的知覺中。但有時我們對呈現給我們的東西有不同的把握方式：有一些聲音與標記呈現給我們，但我們不把它們當做是聲音或標記，而當做是字詞；有一塊木板呈現給我們，但我們看到的是一幅圖畫；我們碰到一堆石頭，但看到的是一個路標。在這些例子中，我們的意向性有一種作用，即對它的基礎知覺有所加工，有所修改。也就是說，我們發現了這些是不同於前面所談過的意向性，這些是奠基於知覺的意向性。我們持續地知覺著那些標記、木板與石堆，但在這種知覺之外，我們以一種新的方式意向著它們。這些較高層的意向性不同於在記憶、想像與預期中的意向性，後者是知覺的內在再度活化，而不是建基於知覺的意向。

我們現在要討論一些新的意向性，這些意向性會讓我們看到更多不同形式的同一性與多重樣態組合，也會看到種種不同的、人之所以為人的同一性與多重樣態。

字詞的顯現

假設我們正看著一張紙，上面有些裝飾：一些纏繞

的線條在紙面上。我們欣賞這些線條的複雜細緻。突然 78
間，其中一些線條結合成一些字，「The Burritt Hotel」。這些字從線條圖案中跳出來。我們再仔細地端詳著這些圖案，結果在這些裝飾線條裏發現了一整個句子，「The Burritt Hotel has the best prices」。這張有圖案的紙其實隱含著旅館的廣告。

對我們從事哲思的人而言，感興趣的並不是這家旅館的價錢，而是當這些字跳出來時所牽涉到的意向性轉變。在這轉變之前，我們只是簡單地知覺到在我們面前的東西。這樣的知覺是一個持續的歷程，包含著視覺焦點的變化，還有注意力從一個部分移動到另一個部分。但當字詞從其中跳出來時，我們不再只是意向著面前的東西。一個新的意向開始作用，此意向使原本知覺到的標記變成文字，同時使我們不只是意向著所看到的標記，而是不在眼前的Burritt這家旅館。這種新的意向叫做**表意意向**（signitive intention），因爲它賦予標記意義。這顯然是一種空虛意向。又因爲它依賴著對那些變成文字的標記的知覺，所以它也是一個有所立基的意向（founded intentionality），也是一個更大整體的一個非獨立部分（nonindependent part）。

這種表意意向在哲學上是非常重要的，我們必須再以比較其他意向的方式來對其加以澄清定義。

表意意向與想像意向不同。我們可能會認爲當那些文字跑出來時，我們突然間有了那家旅館的視覺影象，而這個影象就是那些文字的意義。這個解釋是錯誤的；內在影象並非文字的意義。我們可能有像這樣的視覺影象，但也可能沒有；而沒有視覺影象並不表示就沒有同樣的意義。我們聽到一個字所跑出來的影象很可能只是偶發性的：「The Burritt Hotel」這樣的文字，可能讓我連結的影象是這家旅館的老闆，而不是旅館。表意意向所指向的，並非一個影象，而是眞正的那家旅館。這家旅館可能離我們很遠，也很可能已經拆除，但我們的確是透過面前的文字來意向著它。這家Burritt旅館可以不在現場，但我們透過文字指向它。我們有能力從事這樣
79 的空虛意向；我們就是這樣：意向著不在場顯現者的能力是構成人之所以爲人的重要條件。

爲了某種原因，我們似乎排拒承認我們眞的可以意向著不顯現之物。我們老是想標舉著一個在現場呈現的東西來做爲文字的意義：一個影象，一個概念，一個感官印象，或就是文字本身。只要我們仍嘗試要把空虛意向化約爲其他形式的意向性，只要我們還是否認我們可以意向著不顯現之物，只要我們仍想找一個顯現的東西來做爲不顯現之物的替代品，我們將無法適當地瞭解自己以及我們的意識結構。如果我們不瞭解表意意向與直接知覺的對比，我們可能無法眞正瞭解知覺。我們必須更精確地瞭解不顯現之物以及它在人類覺知中所扮演的角色。

意向性之間的差異

更進一步來說，表意意向也不同於伴隨著知覺的空虛意向。當我們看著一幢建築物的正面，我也同時意向著它不顯現的面，像是背面、內部，但這種空虛意向與

使用文字時所用的空虛意向不同。在知覺中所伴有的空虛意向是持續且不斷變換的。它們像是一層月暈環繞在實際呈現者的四周。它們會逐漸地顯現。而在另一方面，言語的表意意向是截然有分而不連續的。它一次就指向一個完整的目標，它比知覺中的空虛意向更清楚地指向一個精確的目標。表意意向並不是平順漸進的，而是斷開、可個別確認的：經過這些文字，「Burritt Hotel」，我指的是這個旅館本身，沒有別的。表意意向因此建立了斷然區分的意義，這些意義可以被置入到句法之中，成為命題。如此，表意意向可說是理性的入口，而知覺中的空虛意向還只在感官感覺之中。一旦我們開始把某些特定的聲音或標記當做是名字，一旦我們瞭解了所有的東西都可以被命名，我們就進入了一個不同於動物性的知覺、叫喊與訊號世界；我們就進入了語意的推論世界。

讓我們再來回想一下由紙上的線條記號轉而透過所看到文字，再意向到不在場的旅館之間的變化過程。我們經驗這個轉變，大多數的人都有過這樣的經驗；然而，這種經驗並不必然是洶湧澎湃或是明白易知的。我
們不會在胸部、腹部或眼睛後面感到轉變的發生，這種 80
轉變僅是意向性的改變，它只是由一種意向到另一種意向的合理改變。我們如何能察覺這些意向性呢？以內省的方式「看到」它們嗎？它們是我們或多或少看到或感覺到的心理事物嗎？不是；但我們的確知道是正運作著哪一種意向性，我們的確知道自己正在知覺（perceiving）或正在表意（signifying）。我們知道這兩者的不同，也

知道它們與其他意向性的不同，像是看圖片與回憶。當我突然把一個表面看作是一幅圖畫時，我並不會有特別的感覺，但這新的看待方式不同於原本僅僅只是知覺著的方式。

這些意向性之間的差異是我們採取超越態度時所關注的部分。在進入哲學態度之前，我們就會察覺到這些改變的不同；在進行超越轉向之前，我們就知道看到線條樣式與看到文字的不同，知道看一個平面與看一幅圖畫的不同。哲學把這些不同都當做是已經存在的，哲學有系統地考察它們，哲學把它們當作顯題來考察。

現象學的批評者老是說，現象學依賴著內省以及對主觀心理事物的直覺。但現象學所考察的事物其實都是任何一個會思考、會說話的人所承認的，像是知覺、表意意向以及圖象意向等。現象學考察意向性，考察能意活動，也考察對象端的連結、所意，即它們所指向的對象：知覺物品、圖畫、文字、言語意義以及言語指涉。

我們在一開始用了由線條式樣中發現其中文字的例子來解說。這種事經常發生，我們也都能夠明瞭，是很好的解說例子，但卻不是我們使用文字的典型經驗。事實上，我們人類就活在言語之中，字詞並非偶發的事件。我們早就處於語意的樣態之中，在周遭別人所說的話語中，在各種標示中（「出口」、「禁止進入」），還有我們內在的想像生活裏，我們總是處在認取字詞的活動中。到處都是字詞，以及使字詞成爲字詞的表意意向。
81
即使是知覺也會被我們心中所浮出的字詞所影響；當我們第一次看到我們曾聽到或讀過的場所，比方說一個古戰場或是某名人的房子，我們心中開始出現一堆名稱與模糊的句子，就像是往樹上打一槍，大群鳥兒突然飛出來般。在現場所經驗的知覺直觀滿實了許多空虛的表意意向，並且刺激了更多的表意意向。

表意意向的出現，使我們能夠以一種非常特別的方式來知覺事物。表意意向指向不在場顯現的事物，但這種意向也可以在一直接知覺中得到滿實。我們已經討論過空虛與滿實意向、顯現與不顯現的交相作用，以及這些作用對人類理知的貢獻。與表意行動結合的空虛與滿實意向是最屬人類的意向性之一，因爲我們能夠在某物不在場時以字詞來命名與談論它，我們也可以來到這一事物之前，來看看是否我們可以在其在場時，在其顯明時，以同樣地方式命名與談論它。我們考察表意的勾劃（signitive articulations）是否可以轉變成知覺的勾劃（perceptual articulations）。我們可以從別人那裏得到關於某事的訊息，然後再來到這事物之前，看看它，由它自己呈現出來，它是否如別人所說的一樣。在這語意的顯現與不顯現的互動中，我們達到了一種高階形式的同一性。經由字詞，我們的命名與談論比僅只是想像預期來得精確許多。

在結束表意意向的討論之前，還需要再提一件事。當我們突然注意到紙上線條中的「The Burritt Hotel」這些字時，我們不再只意向著這張紙，而是這家不在場顯現的旅館。表意意向直接導向這家旅館。第二，這個意向把一些標記看成了文字。第三，這個意向使得意義成了這個字的一部分。表意意向的發現也就同時引出來三個要素：指涉（reference）、字詞（word）與意義或意涵（meaning or sense）。前兩者似乎沒有什麼爭議，但第三個呢？意義如何出現？意義不是變成文字的那些標記，
82 也不僅是那家旅館。意義好像是介於字與物體之間的一個奇怪的中介項，一個在回應表意行動時所形成的存有物。它好像是某種心理的存有物，就像有人把它叫做「內涵」（intension）。意義到底在哪裏，又是什麼東西？它存在於心裏，或是在字詞中？它眞的存在嗎？言語意義的地位在哲學上是一個棘手的問題。我們在這裏提出這個問題，但先不探索它；到第七講時我們再進一步的處理。

圖畫

就像我們會驚訝地發現字詞般，我們也會這樣看到一幅圖畫。假設我們看著之前那張有裝飾圖案的紙，突然間，在「The Burritt Hotel」那些文字之外，美國總統杜魯門的人頭像也由這些線條中出現。或許這家旅館的業者想要暗示杜魯門總統曾在這裏住過一宿。我們現在不但看到文字，還看到一個圖畫在我們面前顯現，這時我們不只有了表意意向，還有圖畫意向或是圖象意向。知覺還是這兩種意向的基礎，但表意與圖象這兩種意向形式彼此卻有所不同。把某些東西當成文字跟當成圖象是不一樣的。同樣地，圖象意向也是我們意識生活中十分平常的意向性；圖象到處都有。我看到這裏有一張照片，那裏有一片風景，在我的書架上有一幅法蘭西斯・培根的圖象。

表意意向與圖畫意向有所不同。在表意中，意向性的「箭頭」穿過了文字指向一個不在場的事物。它是向外的，從現在我的所在處境離開而指往別處的某物。然而在圖象意向時，「箭頭」的方向正好相反。被意向的對象被帶向我，進入我的鄰近處；事物的顯現是以具現的方式（embodied）在我前面出現。表意意向往外指向事物，圖畫意向把事物帶到切近之處。這兩種意向的方向不同。在圖象中，我意向著在此時此地，而非在彼時彼地的法蘭西斯・培根。彼時彼地的法蘭西斯・培根在此時此地顯現了。

表意意向與圖畫意向之間的另一個差別是，表意意 83
向一次就指向一個完整的目標（我說出「The Burritt Hotel」，就純然而簡單地指向了這間旅館，這樣的意向並沒有角度的問題），但圖畫以某個角度、面向、光線、姿勢等條件下，呈現了一個對象。圖畫較爲具體，表意較爲抽象。

再來，圖畫意向很像知覺，而不像表意。圖畫意向好像我們看到或聽到一個事物：我們當然沒有眞正地看到或聽到那個事物，因爲我們有的只是圖象而非事物本身，但圖畫的給出與事物本身的給出有相類比性的關係。就像知覺，圖畫意向是持續的，我們可以把焦點放在圖象的這部分或那部分，圖象本身也可以是清晰的或褪色的。當然，圖畫意向與一般知覺意向之間還是有差別，舉例來說，畫出來的立方體沒有「另外的那些面」；另外一面只是圖畫所依賴的木板背面。圖畫中物體的面、面相與輪廓都是畫出來的。

表意與圖畫意向雖是不同的兩種意向性，但彼此卻交互作用著。我們可以用字詞來談論一幅畫，可以談論這幅畫本身的物質材料基底，或是圖象的內容。圖象意向包括了對一個材料基底的知覺（一片木板，一張有色彩的紙），以及意向著畫出來的內容（法蘭西斯．培根，一片風景）。我們可以以言語談論材料基底或是內容主題：我們可以說圖畫中的法蘭西斯．培根是很愉快的、壯年的以及開朗的，我們可以說風景圖畫中的房子是被樹林所半遮掩的。我們也可以說這畫很爛，或是這裏的藍色與白色對比得很好。觀看繪畫作品的樂趣即是在於內容主題與材料基底之間的焦點移轉：我們可以走到非常靠近畫的地方，或者把我們的視野集中到很窄的地方，以便專注在其材料基底上，欣賞畫家的筆法或是這些筆觸上的顏色；然後我們可以退後幾步，來看畫的整體，並還保存著剛剛對材料基底的觀察。材料基底與
84 形式之間的交互轉移使藝術品的顯現更加突出，如此的交互轉移之所以可能是因爲我們在所觀看事物上所磨練出來的種種不同的表意意向性。

表意意向與圖畫意向之間的互動，也發生在我們認出一幅圖畫的時候。如果我們拿出一張布魯克林大橋的照片，然後問一個人「這是什麼？」這個人一般來講會說「布魯克林大橋」。但嚴格來講這只是可能的答案之一。某些人可能會說，「一張照片」或是「一張紙」。我們之所以會把它看成是布魯克林大橋，主要是因爲我們通常假設這樣的問題需要我們進入圖畫意向。圖畫呈現這般的曖昧性，使我們看到有多少種意向性在我們的

一般經驗裏作用。

最後，讓我們再觀察一下，圖畫並不只是奠基在相似性上。一幅圖畫可能與它所畫出的東西相似，但只根據相似性並不使它成爲一幅圖畫；雙胞胎姊妹彼此很相似，其中之一並不是另一個的圖畫。做爲一幅圖畫不只是像某一個東西，而是要成爲它所描繪出的東西的顯現（presentation）。如果我看到杜魯門總統的照片，我看到的是一個具有個別性的、影象所描繪出的杜魯門；我不是只看到一個與他相像的東西。

指示、符號或信號

當我沿著登山步道健行，看到大約四十公分高的石頭堆，我會認爲這是我還保持在這個步道上的記號。我會再往前看，試著尋找另一堆石頭或是樹上的標記，來確定這個步道的延續。一堆石頭並非一個字詞，也不是一幅圖畫；它是另一種記號（sign）。在現象學裏，這樣的表徵叫做指示（indications），但我們也可以稱之爲符號或信號。它們帶出了另一種的意向性，符號意向性或是指示意向性。

指示性的記號，有點像字詞，使我們指向一個不在場的事物（一撮頭髮讓我們想到某一個人，四顆星的軍旗代表著一位軍事將領），但它們又不像字詞，因爲它們並沒有非常明確地讓我們以某種方式來意向著這個事物，他們只是把指示到的事物提出來。相反地，字詞爲我們把事物勾劃起來；它們給予名稱，並說些關於這些 85
東西的事情。當我們給一個事物名稱時，我們通常就可以對它做一些陳述，即使是一個單字通常也展現了一個事物及其某一個特定面向（「椅子」與「凳子」指同一種用具，但是有不同的意思）。然而符號只把我們指涉到一個事物，然後就停在那邊。它只把事物提出來，並沒有給予任何性質或說明。

在指示性記號與字詞之間，有一個重要的不同點，那就是前者並不進入句法，而後者基本上是屬於句法的。雖然一個指示可能領向另一個指示（一堆石頭使我們尋找下一個步道標記，一個比賽開始的槍聲註定著比賽結束的哨音），但這是連鎖相關而非句法。一連串的符號之間並無其他的組成方法，它們的關係只是順序，例如，比賽的開始與結束就是順序關係。語言中的句法有相當大的彈性，我們可以對一個事物有很多不同的意向方式，因為我們可以透過我們的語言文法把它做不同的勾劃；但符號並沒有讓我們形塑事物的呈現，它們只是把事物提出來。

豐富的多重樣態，聚實的同一性

在第三講中我們討論了由多種表象中所給出的同一性。一個立方體是由一排列的面、面相與輪廓而給出的。現在我們已經考察了知覺及其可能的變化形式，我們也看到了其實面、面相與輪廓只是事物呈現予我們的種種多重樣態中的一小部分。在本講與前一講所討論到的意向性拓展了我們對多種表象的認識。現在我們來整理一下我們考察過的形式。在我們的內在生活中，經驗有如下的變化形式：

1. 知覺
2. 回憶
3. 想像
4. 預期

一個立方體不只可以被不同的角度考察，也可以被想像、被回憶與預期，而且在這些經驗之中都是同一個立方體。86

不過，這些「內在」的知覺變化形式可以說是屬於感性（sensibility）的層次。這些變化形式在構成人類生活的條件上是非常重要的，但在較高等動物的身上，我們也可以發現這些變化形式：狗會做夢，貓會捉老鼠。我們在本講所討論的另一方面的意向性，則是建基在知覺上，而且是更加顯示出其爲理性與人性的意向性：

1. 知覺
2. 表意
3. 圖畫
4. 指示

在上面兩組任一組的意向中，其中的變化形式都是相互依賴的。若沒有想像與預期，我們就沒有回憶；若沒有能力去執行表意意向以及建立指示記號，我們就沒有能力進行圖畫意向。我們與世界的知覺來往分枝成不同形式，在內在生活方面，分枝出的形式讓我們把自己移置到回憶的、想像的與預期的處境；而在我們處理世上事物的方式上，分枝出的不同形式爲：表意出特定物品與事態，將不在我們面前顯現的事物圖象化，以及對一些不能被畫出來或以字詞表達的東西的符號化。

一個同樣的物品或事件可以被符號指示、被畫出、被以言語來意向著、被知覺著；它也可以被想像、被回憶、被預期。通過這些種種的形式變換，它還是保持爲同一個事件或物品。我們並不是看到許多不同的表相，然後認爲它們與同一個東西有關連，我們是看到一個同樣的東西以種種不同的方式給出。在這顯現之流裏，同一個東西一再被確認，此物的同一性也就一再凝聚堅實。我們甚至可以說經由多重顯現樣態中，它的存在聚實了，因爲一個事物的存在與其眞實相關連，而當它的種種展現得到擴展，它也就更加成爲眞實。經過數個世紀的詮釋與演出之後，《仲夏夜之夢》這齣戲比以前更加聚實。一隻動物或是一個人也是如此，當他們得以在種種不同的生活事件中展現自己時，他們的存在也就更
87 加聚實。在與眞實有關的落實化中，包括了知覺者與被展現的事物都得到了完成。

我們所考察的種種意向性都是在自然態度中運作著。我們知覺、想像、回憶以及預期，我們也表意、圖象化以及符號化，而且在這之中還保持著屬於自然態度的世界信念與投向世界的聚焦方向。我們這裏所考慮到的同一性也都是在自然態度中給出的：步道標記、法蘭西斯・培根與他的肖像、公園風景與描繪它的那一幅畫、叫做Burritt的旅館以及它的名字，這些都在自然態

度中所發生的層層表象中得到認取。不過，對這些活動、多重樣態與同一性的反思描述，則是在超越的、哲學的態度中執行的。做爲哲學家，我們對這些意向性以及它們的對象採取一個距離；我們從一個不同於當時我們運作著它們的立足觀點來思索它們、區別它們，還有描述它們。我們懸置了我們的自然意向性，把與這些意向性相關連的同一性存而不論，我們解開了人之所以爲人，之所以爲擁有世界並在其中經驗事物的理性之人的複雜設置。我們提供了能意與所意的分析，因此得以明瞭在世界上做爲事物顯現的受格的意涵爲何，同時也澄清了何謂存有者的存有與示現。

範疇意向與對象

在現象學研究人之所以爲人，以及人之所以爲顯現的接受者這方面，對範疇意向性的探討就非常重要了。正是藉助處理範疇意向動作，現象學得以提供脫除現代哲學中自我中心困局的資源。範疇意向的學說是現象學對哲學最根本最有價值的貢獻之一。

88 在第五講及第六講中，我們所討論的意向性可說是多采多姿且具體的。我們考察了想像、圖象化、記憶以及經驗中的其他一些熟悉元素。在這一講，我們將轉移到一種較為嚴密的、較為理智性的意向性，即現象學上所稱的**範疇意向性**（categorial intentionality）。這是把事態（states of affairs）與命題（proposition）勾劃出來的那種意向性，是我們把邏輯運作帶入我們的經驗中時所作用的意向性。舉例來說，我們將會考察單純地意向一個對象與對這個對象做判斷之間的不同。

範疇的（categorial）這個字與希臘字katēgoreō有關，後者原本是指譴責或控訴某個人，並公開地陳述此人的一些特徵，比方說：他是一個兇手或小偷。在哲學上，這個詞指的是在某事的關聯裏對某人的談論。現象學名詞「categorial」是由這個字源學而來。它指的是對一個對象加以談論勾劃的意向動作，把句法（syntax）帶入我們的經驗中的意向動作。一幢房子是一個單一的對象，但這個房子是白色的這個事實則是範疇對象。「來福」或「狗」這個名詞的意義只具有單一意義，但「來福餓了」或是「狗是家畜」則具有範疇的意義。我們來到範疇的領域時，我們是從單一的、單線的意向，抵達複雜的、多線的意向。我們是如何由單一移到範疇性的呢？又如何把句法注入經驗之中呢？我們是如何由知覺而朝向理解？

我們目前所要探討的課題是由第六講的表意意向發展而來。與字詞相關的表意意向總是把我們放到句法與
89 範疇形式之中。我們幾乎不會只說單一個字詞，若是在

這種情況下，我們所說的那個字詞也常常是驚嘆或虛字(「小明！」「小心！」「快！」)，而不是一個完整的操作性語意單位。當我們使用字詞時，我們的人性生活得到較爲完全的運行，我們做爲理性動物的行動較爲充分。另外，我們思考與通達眞理的成就牽連到我們的語言使用；因此，在現象學研究人之所以爲人，以及人之所以爲顯現的接受者方面，探討範疇意向性就非常重要了。再進一步來說，正是藉助處理範疇意向動作，現象學得以提供脫除現代哲學中自我中心困局的資源。範疇意向的學說是現象學對哲學最根本最有價値的貢獻之一。

經驗判斷的起源

在考察範疇意向的重要性之前，讓我們先對範疇意向再多一些瞭解。範疇意向是如何從對單一對象的經驗中昇起的呢？要釐清這個過程，必須先區分出三個階段。假設我們正知覺著一個物體；假設我們正看著一輛車：

一、首先，我們只是看著它，我們的眼光由它的一部分移到另一部分，我們經過了它的面、面相與輪廓的多重樣態，我們經過了它的顏色，光滑亮麗的表面，它的質感。所有這些都是持續的知覺，都是在同一層面上進行的。在持續知覺的過程中沒有特別的思考涉入，並且，我們在過程中也通過多重樣態的顯現得到這輛車子的同一性。

二、現在，假設我們注意到在車體的表面上有一些刮傷的痕跡，我們靠近地看著這些痕跡，專注看車的這一部分；不只是車體上這一塊，而是這個特點，這個在車體上的「刮傷」部分。像這樣的聚焦與先前的遊移知覺並不相同；這個專注與先前的知覺有性質上的不同。然而，這也還沒有建立一個範疇對象。到此為止，我們
90 在一個中間點：我們持續經驗車的表象，持續由這些表象中認取到同一輛車，但我們現在聚焦在表象中之一，並把它帶到注意的中心來；它由其他的部分突顯出來。有一個部分以整體為背景而浮現為前景。

三、要建立一個範疇對象還需要另一個步驟。我們打斷了持續的知覺之流：我們回到整體（這輛車），並且就把它當成一個整體，同時把我們所專注的那一部分（那個刮傷）當做這一整體的一部分。現在我們得到了一個包含了那一個部分的一個整體，一個整體與部分的關係被勾劃出來，被認記在一起了。在這樣的情況下我們可以宣稱，「這輛車有刮傷。」這個成果即是一個範疇直觀（categorial intuition），因為一個範疇對象由此勾劃而得以呈現給我們。呈現在我們面前的不僅是「那輛車子」，而變成是「那輛有刮傷的車子」。

在這第三階段中所發生的正是整體（那輛車）的的確確現身為一個整體，部分（那個刮傷）的的確確現身為一個部分。整體與部分就此明白地分別開來，但這兩者之間也出現了一種關係。一個勾劃也就如此完成了，一種事態出現了。我們也已經由感官知覺移動到了理解，從僅僅是知覺到一個初步的瞭解。我們由單線的知覺意向性進入了多線的判斷意向性。我們進入了範疇思考。

在第一與第二階段中，部分與整體都只是被經驗到，並沒有成為主題。嚴格地說，它們並未被勾劃出來。即使在第二個階段，當其中的一部分向前浮現出來，它被注意到但卻尚被清楚地看成一個部分。這一部分浮向前，但它做為一個部分這個性質並未隨同一起浮現向前。在這個第二階段，可以這樣說，那個部分被準備好以便被認可為一個屬性，但還尚未達到這種認取。在第三階段，那個整體與部分就明確地被勾劃出來。

然而，要注意到，如果沒有第二階段的準備，沒有對車體的那一瞥，進入對一個特徵的專注，打斷了單純的知覺之流，第三階段是無法達到的。第一階段並沒有
足夠特別到能直接生產出範疇結構。而第二階段中所發 91
生的聚焦則是需要的。我們必須先經驗到在整體中的一個部分（刮傷），才能把它勾劃出來（「這輛車有刮傷！」）。

我們剛才的描述分析，其實包含著很多哲學的課題。我們描述了我們的意向性從簡單知覺到範疇意向到思考的轉變，這個意向成就是人類語言與言談的基礎。語言並非是在我們的感覺之上隨意流動的；我們能夠使用語言是因為我們能行使建構出範疇對象的意向性。規範著語言的句法奠基於發生在範疇意向中部分與整體的勾劃，語言中的句法也就是表達了在範疇意識中所建立的部分與整體的關係。我們可以與他人溝通、可以告訴另一個人「那輛車有刮傷」，是因為我們有能力由知覺抵達範疇思考。並不是因為有語言，所以我們可以思考，而是因為我們能思考，有能力成就範疇意向，所以

我們有語言。理性意識的力量支持著語言能力。我們所繼承的語言會影響我們進行範疇化的方向，把它導向這些或那些範疇形式，但得以具備語言的這種能力，還是奠基於在範疇領域中我們所進行的那種意向性。

揭示由經驗到判斷的轉變所隱含的意義

我們必須再花點時間才可以把由經驗到判斷的轉變中所隱含的意義揭示出來。首先，我們要知道，進入範疇領域的移動必然打斷先前所進行的經驗。這個移動不只是多一點知覺；它不只是知覺中所呈現出的多重樣態的進一步展現。在前面提過的第三階段中，當我們再回到整體，並把它認記爲正是包含著那個有問題的部分的整體時，打斷了知覺的連續。我們在一個新的層次上重新開始；我們回到我們已經驗過的，並開始一個新層次的同一性。這個新的開始設立了一個新的意識與一個新的對象。這個新的對象是一種事態，是此新意識的對象端連結。

92 第二，被認記下來的事態，即車子的刮傷，是「一件事」，是一個不同於由知覺中所得到的同一性的整全項。它是一個受到注意的事項，有著較抽離與可以被指認的特性。連續知覺僅只是一直遊走的過程，輪廓一直增加，但皆無分別地連在一起。然而現在我們有了一個個別的事態（「車子有刮傷」），這個狀態可以被提出來並在其他地方說出來；它可以從直接知覺與現場處境中分離開來。它可以在交談中傳達給另一個人。（與之相對的，我們無法眞的把我們的知覺或記憶交給另一個人。）它可以與其他被我們認記下來的狀態以邏輯關係關聯起來。我們先前只在知覺中來談同一性這個主題，同一性是由顯現的多重樣態來獲得的，現在則有了一個新的性質與新的層次的同一性。我們現在有了在範疇意識中的同一性，這是一種可以透過話語呈現、保留與傳遞的同一性。

第三，範疇對象的同一性是一次就完全呈現的。在知覺中，輪廓是在一個順序出現的過程中，而在範疇的認記中，整體與部分是一次就同時給出的。我們並不是首先有了一個單獨的整體（「那輛車」），然後得到一個分開的部分或述語（「刮傷」），然後再把這兩個以一種關係連在一起（「有」）。實際的情況反而是，即使在我們把車子記取爲一個整體時，我們必然就已經把那部分放進來了。這個「有著此部分的整體」是在同時一次就跑出來的。當我們得到了一個勾劃出來的整體，並不是先有整體再有勾劃。這是一個在勾劃中出現的整體。範疇對象的這種顯現的同步性是它的抽離性的進一步面向，必須跟知覺經驗中的連續性區別開來。

在現象學的名詞中，範疇對象的建立叫做**形構**（constitution）。「形構」這個詞不應該被看做是創造，或是把主觀形式加諸在現實之上。在現象學中，「形構」一個範疇對象指的是把它帶到光亮之處，把它勾劃出來，把它帶到前面來，使它的眞實落實。我們不能只憑自己高興就以任一種武斷的方式呈現事物；我們並不能只憑自己的意願就賦予一個事物任何意涵。只有在事物本身在某種光亮中將自己呈現出來，我們才可以把它依 93

此而帶向前而成爲可見之物。一個事物必須示現出某個特別的面相，我們才能專注於此一面相並宣稱出它的特徵。如果我們沒有經驗到像是刮傷的痕跡在那輛車上，便無法把這輛車形構成有受到刮傷。當然，我們可能被錯誤的表象誤導了，那輛車也許僅是看起來像有刮傷但其實不是，而我們就錯誤地做出這樣的宣稱；但我們可以在進一步的檢查中，或聽聽別人的說法後，來改正這種情況，也就會看到自己所犯的錯。我們必須服從於事物給出它們自己的方式，這種服從並不是限制我們的自由，而是去成就我們智性的完全，智性本質上即是在於以事物本身所是的方式來揭露它們。這樣的服從是爲了獲致客觀性，這也是我們的心智所應該要做的事。「形構」一個事態是執行我們的瞭解，並把事物如其所如地呈現予我們。

從經驗到範疇對象的發展叫做**發生性的形構**（genetic constitution），因爲其中的階段是由較低的客觀性到較高的客觀性的發生過程。範疇性的對象與意向顯然地是奠基於簡單的對象與意向。它們是**非獨立部分**。人類的智性活動是建基於感官活動。最後，**述詞意向性**（predicative intentionality），即在其中我們描述一個對象的一個特徵並宣稱「S是p」，是範疇活動的顯著形式；而相對地，**前於述詞的**（prepredicative）這個詞是用來表示先於範疇經驗的經驗與意向性。現象學裏的一個主要課題即爲**前於述詞的經驗**（prepredicative experience），也就是先於範疇成果並導向範疇成果的經驗過程。

同一性的新層次，新的多重樣態

我們到目前只在述詞的面向中分析範疇意向性，其
實當我們進入了這一個較高層次的意識形式，也有許多
不同種類的勾劃方式可以發生。除了說「那輛車有刮
傷」，我們還可以說出另一些內在的特徵，「那輛車很
大」，「它很舊」，「它是福特的」。我們可以說出它的
外在關聯，「它停在停車場」，「它比我的卡車小」。我 94
們可以擺放一個群集中，「那裏有五輛車」，「其中的
三輛車好像都有損傷」。我們可以用獨立子句、連接
詞、介系詞等，以及許多文法用法來進行事物狀態的勾
劃表達。範疇性活動的範圍就如同人類語言的文法範圍
一樣廣。

範疇勾劃的所有領域，與圖象化與符號化一樣，都是奠基在「較低」的意向性如知覺、想像、記憶與預期之上。語言範疇意向性使知覺、想像、記憶與預期「人性化」（humanize）；前者把後者由一個動物也能達到的層次提昇到一個較理性的層面。範疇意向也引進了新的多重樣態來增補了以及穿透前述詞經驗的多重樣態。

範疇意向性本身是一種新的同一化（identification），一種新的同一性綜合，也增補與穿透了在前述詞經驗裏成就的同一性。當我們以範疇意向來對待一個立方體，我們所得的同一性不只是來自於多重樣態知覺，來自於面、面相、輪廓以及記憶、想像與預期；我們所有的同一性還可以是來自於我們對它的陳述，來自我們聽到他人由他的立場所做的有關此立方體的陳述，以及來自我們聽到他人的陳述之後親自接近、檢查這個立方體後所

得到的經驗。在範疇領域中，打開了一個全新的領域的多重樣態與眞相（truth）。即使在我們的想像、記憶與預期中也有範疇活動：我們不只可以預期「水」，還可以預期「從山中湧出的冰涼泉水」。在人類意識中，知覺、想像、記憶與預期都顯示了是被整理而朝向理性思考的完成。我們進行這些形式的意向性時，也同時受到它們與範疇意向性的關聯所影響。

在範疇意向中所發生的事情是，我們所知覺的事物上昇到了理性的層面，即邏輯、論證以及智性思考的領
95 域。範疇經驗是由知覺到智性的轉捩點，語言與句法從而可以參與活動。透過範疇勾劃，我們知覺的事物在理性與言談的領域中得到了認記與承認。單純知覺比較像是在生理與心理過程之中，而範疇認記則是往邏輯移動的第一步。

當我在第三講談到對象做爲同一者由知覺的多重樣態中現出，我指出同一者從未由面、面相或輪廓的其中任何之一現身；同一性屬於另一個層次。現在我們可以瞭解，就是指向著這個同一性，我們對對象加以命名而把它帶到範疇勾劃之中。因此，當我們說出「這個立方體」時，我們就是指向由知覺上的面、面相與輪廓的多重樣態中所給出的同一性，也開始陳述它的特徵。立方體的同一性是知覺與思考之間的橋樑。

範疇對象

透過我們的範疇意向，我們建立了範疇對象。我們建構事物的狀態，像是那輛車有刮傷的事實。這些範疇

對象確實是對象，並不是概念或理念的安排整理，也不是「心理內部」的對象；它們是屬於我們所遭遇到的事物上的智性結晶。在範疇活動中我們把事物呈現予我們的方式勾劃出來；我們把存在於世上事物之間的關係帶到顯明處來。不但如此，不管我們是意向著在場顯現之物或是不在場顯現之物，我們都有指向世界的聚焦方向。我們必須強調，範疇對象是事物現身的方式；它們不是主觀的、心理的，或是「在心靈內部的東西」。

為了表明範疇對象的客觀性，我們再檢查一些例子。我們已經談過了在陳述中所表達的事態，「那輛車有刮傷」。來看看另一個例子。假設我正與另外兩個人進行討論，討論正進行時，我覺得有些事情怪怪的；在他們所說的與他們說這些事的方式上似乎透露出一些詭異的意涵。這時就像我們在前一個例子提過的第二階段，當車體上的刮痕開始引起我們注意的時候。接著， 96
突然之間，我認記這個處境：「他們正在欺騙我！」這個事態進駐了，一個範疇意向形成了，整體與部分得到勾劃，語意句法進入了我的經驗。

再舉例，假設我走在一條步道上，看著沿路的石頭。突然間我察覺到在我之前的並不是石頭，而是一個化石。一個事態的認記在此取代了原先相對來說比較被動的，由順序出現的面、面相與輪廓中的對同一個石頭的連續認取，「這不只是一顆石頭；這是一顆化石！」

我們提到的這些例子，如被刮傷的車子、欺騙的行為、化石而非石頭等，都是對在我們之前呈現的事物的勾劃。它們不是心理物體，它們不只是心理意義；它們是事物呈現予我們的方式的修改。這些修改，這些呈現樣態的改變，是「在世界之中」，只不過它們的「在世界之中」並不像一棵樹或一張桌子在世界之中的方式。它們是較高層次的對象。它們「就在那兒」，是較爲複雜的顯現樣態，較爲繁複的示現方式。從我們所用的字詞中所表達出來的事物的狀態（「車子有刮傷」，「他們正在陷害我」）的確是世界的一部分。它們是世界上的東西，如這輛車、這種行爲，可以被勾劃的方式。

這些例子中的事態是直接地在我們之前。我們對其直觀。然而大部分的時候，我們的話語所表達的事態並不在場顯現。我們談論著不在場的東西：昨天的球賽、選舉如何如何、第二次世界大戰如何如何。我們擁有語言使得我們擁有廣泛深遠的範圍；我們可以談論久遠之前以及非常遙遠的事物，甚至包括距我們幾百萬光年之外的銀河系。雖然我們大部分的言談沒有這樣遙遠；大部分是比較切近一點（「你把門甩上後他做了什麼？」，「這個牙醫師很謹慎嗎？」），但這些也都是觸及了不在場的東西。

非常重要的一點是，即使我們談論著不在場的東西，我們還是勾劃著世界上的一部分。我們並沒有轉向我們的理念或概念來做爲不在場事物的替代顯現。我們是可以意向著在場以及不在場的事物，即使是指向著不
97 在現前的東西，意識的意向性都是處於向外的通達之中。如果我做一場有關第二次世界大戰的演講，我和我的聽眾意向著這個事件，即使它是幾十年前的事了；如果你和我在華盛頓這邊，談論著紐約的帝國大廈，我們

談論的是那幢建築物，而不是在我們談話時可能會跑到我們心中的某些意義或影象。

不過，我們對不在場事物的言談，經常會被談論在場事物的部分所支持或強調。有時我們只是談論著就在附近的東西，我們正在知覺的東西。有時我們會被要求去檢證我們有關不在場事物的言說是否爲眞。我們所說的或許會被質疑，但至少某些時候這些質疑可以用檢查事物的方式解決，也就是親自到某處用範疇認記的方式來得到事物的顯現（「看吧，我告訴過你屋簷下有一個鳥巢！」）。當我們不能親自如此做時，會求助於其他目擊者、文件檔案記錄、歷史遺物以及其他形式的間接確認，不過所有這些都是奠基在曾經有某人對此一事物做過範疇認記。

因此，雖然我們的言談多是指向不在場的事物，它可以轉向顯現的事物來對我們所說的加以確認或推翻。在我們意向著不在場事物時，有一個事態的同一性綜合成形了，而現在，這同一個事態在它的確認顯現中被我們意向著。現在，我們把眼前給出的處境與過去只是在我們的言談中談論著的它，兩者同一起來。

意義並不是心理或概念之物

從處理不在場事物的範疇活動，到處理在場事物的範疇活動的轉換過程討論中，我們曾經引入了「眞相」（truth）這個議題。我們知道我們對世界的經驗中，會想了解我們對不在場事物所做的陳述是否爲眞。但到目前爲止我們的分析還少了一些東西。

我們說出的字詞的「意義」到底存在於何處？我們
所進行的判斷到底在哪裏？傳統上，字詞的意義、我們
98 所做的判斷或命題、所提出的理念，都被看做是某種心
理或概念物，某種切近我們的東西，某種永不會不在場的東西。因爲這些東西都被想成總是直接對我們的心靈呈現，它們似乎可以做爲我們與我們所意向之物的橋樑，尤其當我們意向著不在場的東西時，這些東西可以用來解釋我們如何能夠指向不在我們身邊的事物。在一些中世紀的思想家，在笛卡兒，在英國經驗論者，在康德，還有在當代的認知科學以及許多語言哲學家們之中，我們可以發現這種對意義與命題的看法。

更進一步來說，「眞相」的課題似乎需要在我們與事物之間有著一種意義或概念或判斷：當我們宣稱我們說出了眞相，難道不是意指著我們所說的，所把握的意義，是相符於外面所存在的？如果沒有這些與我們所知的事情分開的意義或命題，我們如何能說自己的判斷與事物相符呢？是什麼東西在相符著事實呢？如果我們不承認意義或判斷是一種心理物的話，又如何解釋什麼叫做「說出眞相」呢？像這樣常識性的想法似乎要求著我們贊成意義是一種在心靈裏的東西。

然而，雖然我們好像被迫承認意義或判斷是一種心理或概念之物，這種東西在哲學上卻是極大的困擾與困惑。我們從未直接經驗這種心理或概念物。它們雖被標舉爲我們不得不有的東西，但從沒人看過任何這種東西。它們不是我們熟悉的東西，而是被理論創造出來的。它們是被標舉的，而非被給出的，而且因爲我們以

爲若沒有它們，就無法解釋我們如何能夠具有知識與眞相，因而把它們標舉出來。它們如何存在？是什麼樣的存在物呢？它們存在於心靈，或是存在於一種位於心靈與世界之間的地帶？它們如何運作而能把我們指向事物？我們擁有多少這樣的東西？難道它們是一下子進入實在的存在，然後又從實在的存在中離開，就像由虛擬變成實在，然後又回到虛擬，直到我們再次召喚？它們似乎是外在事物與狀態的複製品；我們爲什麼要這樣設想呢？又如何能避免這樣設想呢？把命題與意義當做是心理或代表物，好像是窮途末路的應急手段。我們因此被這些哲學困擾牢牢地綁住了。

現象學如何處理判斷與意義的問題

我相信現象學對哲學最有價値也最有智慧的貢獻之
一，即是在於其處理判斷與意義的問題。現象學讓我們 99
並不需要把判斷與意義標舉爲心理物，或是在心靈與事物間的中介項。我們不需要搞出這種在哲學上造成巨大困擾的奇怪東西，好像它們有種神奇的力量可以把我們的意識與外在世界關聯起來。現象學提供了一個新的解釋來處理判斷、命題與概念的狀態，一種簡單、明瞭且實在的解釋。它以下述方式來達成。

假設你說你現在拿給我看的餐具是銀器。一開始我只是跟著你的說法，把它們看成銀的。跟著你的引導，我認記這個事物的狀態，「這些餐具是銀的」。然後我開始有點懷疑，整件事好像不是這樣；你怎麼會有這麼多的銀器？除此之外，這些餐具看起來不太像銀的；它太亮了，有點錫的感覺。

在此發生的是，我改變了剛剛才建立的朝向事物的態度。原先，我只是意向著這些餐具的銀製狀態；我直接且素樸地意向它。現在，我開始有些猶豫。我進入了一個新的、反思的態度。我仍然意向著這些做爲銀製品的餐具，但現在我加上了一個限定詞（qualifier），「如你所說的」。我不再只是相信；我擱置了這個相信，但我仍然意向著這個東西與其特徵。我已把「這些餐具是銀的」從當做一個事物的狀態，變成了一個判斷或意義。它對我不再只是一個單純的事物狀態；它現在對我來說是一種**由你來呈現給我的事物的狀態**；這個限定用法使得它變成只是你的判斷，而不是事實。

從一個事態轉變成一個判斷，其中所發生的變化是我採取了一個新的態度。讓我們把這新態度稱做「命題態度」（propositional attitude），而把建立這種態度的反思稱做爲「命題（或判斷）反思」（prepositional or judgmental reflection）。這也可以被稱做「反思」（apophantic），因爲它轉向並建立了判斷，而判斷在希臘文中就是apophansis。判斷、命題、意義或意涵都是在這新的態度中相應而生。判斷、命題或概念並未先於產生它們的反思而存在，好像一種中介的東西。在它們進行把我們與外在世界關聯起來的認識論工作前，它們並不存在。它們不是早就在那邊，等著我們轉向它們或
100 推斷它們的存在。情況反而是，它們是當我們透過命題反思進入命題態度時所昇起的呈現（presentation）面向，一個呈現樣態的改變。當我們改變我們的焦點時，

它出現了。命題並非一個實際存在的東西；它是世界勾劃出來的一部分，指的是「只是某一個人的呈現」：在這個例子中，命題的性質是被當做你的呈現。它是你的判斷。

關於命題與意義的發生過程，上述這個新解釋的優點就是，不再把命題與意義當成神祕的心靈或概念物。這個解釋確保了所有的意向性的「指向世界」這個性質；即使是當我們指向一個判斷時，我們還是指向世界，只不過是指向一個被某一個人所認爲的世界。

這個判斷的現象學分析使得我們能夠釐清**符應的眞理觀**（correspondence theory of truth）。通常，討論符應的眞理觀時最大的問題在於，如何解釋命題與事態的「相符」。但事實上，更深層的問題是，最初始時的命題是什麼？它們如何出現？存在模態爲何？在我們談論它們如何能相符於事物之前，先談談它們到底是什麼。

現象學並不把判斷、命題與意涵看做是中介物項，而是把它們看成是與命題態度及命題反思相關的東西。它們的出現是相應於我們把一個事態當成僅是某人的認爲。在這個分析中，不只是事物的狀態是「在世界之中」，甚至命題也是「在世界之中」，雖然是在一個某人所認爲的世界中。在這裏的重點是，世界如何透過某人所說的話而以如此這般的樣貌出現。

在現象學分析中已經有了這樣的瞭解：我們是由素樸地意向著一個事物的狀態，轉而反思地把這個事態當成是「由你說出或提出的」。餐具「是」銀的，這只是由你說出的；我不再單純簡單地意向著它。接下來會發生什麼呢？在此我們有一個由你意向的事態。我們尚未得到這個已有所緩解的問題的眞相。

接下來會發生的是，我回到餐具旁更接近地檢查它們，看它們的標籤，看其中的銘紋，可能問問其他人的
101 意見等等。然後，在我足夠的檢查之後，可能做一個結論，「是的，這些的確是銀的」。如果這是我考察後的結果，我就發現你的判斷的確相符於事物的樣子。我不再把事物的這個狀態當做只是你的看法。我回到了一個對這些餐具做爲銀製品的直接意向，但我的回轉就不再是原先的素樸意向了。我現在所意向的是一個經過確認的事態，是一個經過命題反思的檢查與確認。此一事物的狀態與我原先意向著的是同一個，也與那個我當成是你的看法的事物狀態是同一個；但現在它有了一個新層次的性質，一個新的能意層次：它現在是一個被確認過的事實，而不再是一個被素樸地意向著的事態。

眞理的去引號理論

對於判斷與事實之間的相符的這個解釋可以稱之爲**眞理的去引號理論**（disquotational theory of truth），因爲它包括了：首先把事物的狀態放入「引號」的狀態中（就是在批判分析時，我把事物的狀態當成只是你的看法），然後再把「引號」去除，取消命題反思，離開命題態度，並且回到直接的接受。這雖然是一個去引號理論，但它不僅是處理語言學上的使用引號與取消引號的現象；這個理論提供了超過語言學意涵的解釋，因爲它描述了在進入引號與去掉引號之底層的意向性轉變。我

們開始於簡單的事態，然後轉換到做爲被某人認爲的事態，然後再轉換到被確認過的事態。

當然，我的考察也可能出現這樣的結論：這些餐具不是銀的；然後，「做爲被某人認爲的事態」就持續下來。我並不去掉引號，我並不取消命題反思；這餐具並非銀的，它們只是被你這樣認爲而已。因此，這個特定的事態就只是你的命題、你的判斷、你的意義，而從不是它們眞正的樣子。這個事態從此不再是眞的；它將永遠只是你的意見，而且是一個錯誤的意見。有趣的是，經常的情況是，一個意見或判斷是貼附在持有此命題的某一個人身上，而事實並非由任一個特定的人擁有，事實是每一個人的。

現象學的眞理理論，並不是在心理或語意學之物與 102
實在之物之間打轉，而是完全在呈現的領域（the domain of presentation）運作。它區分了不同的呈現（簡單的、範疇的、命題的、確認的），並討論在這新的不同呈現所引進的多重樣態中所成就的種種同一性。由輪廓所給出的知覺的對象，現在可以透過範疇勾劃所認取，進一步成爲批判反思的對象，以及成爲再次確認的對象。

在語言範疇的確認活動中，如果我們進一步來考慮它的**主體際性**（intersubjectivity）的面向，我們可以得到更多、更豐富的可能性。只限於知覺的情況裏，我們只可以考慮當我看立方體的這一面時，另一面是由另一個人所看到的。而在語言範疇活動中，我們可以有一個數百年前由某人所做的陳述，而爲現今的人們所確認或推翻，或是有一個非常不同於我們的人，生活在不同的時空的人所做的陳述，而可以多少為我們所瞭解並可以由我們的思考經驗中來加以考察確認或是推翻。我們也會有自己所提供的陳述而被在不同地方的人所確認或推翻。在語言中，主體際間的交換由奠基於簡單的共通知覺的狹窄範圍到十分寬廣的範圍。

我們在此考慮過的意向性步驟——素樸的、範疇意向的、批判的、命題反思的，以及回到確認或推翻的——這些都是在自然態度中發生的。現象學的眞理與意義理論是由超越的、現象學態度的立足點來分析考察這些步驟與它們的內容。從這樣的看法出發，現象學反思了我們在前哲學生活中的眞實與錯誤的意向性，並釐清了它們的性質與內容。

對範疇行動與對象的進一步說明

很顯然地，我們進入了範疇意向之後，比我們僅只是簡單知覺、想像、記憶與預期還要主動。在範疇意向性中有一個新產品，即範疇對象，不管它是被當成一個事態或是判斷（判斷是一個被某人所認為的事態）。這
103 個新產品，範疇對象，可以由它直接連繫的脈絡中脫離開來，並且透過語言連接到其他的地方。透過說給你聽，我可以「給你」我現在看見與勾劃出來的同一個範疇對象。你可以勾劃說出同一個對象，即便它不在場顯現。在記憶或想像中，我也可以把不在場的東西對自己呈現出來，但這裏所談的拉開距離，比在記憶或想像中的移置還要更加根本。記憶與想像給我們一種不在場顯

現的原始感覺，但它們無法讓我們像在言談之中一樣地掌握不在場的東西，並在彼此之間溝通談論它。

範疇意向把我們昇到一個屬於人類形式的眞理，與言談與推論相關的眞理。但如果它讓我們有這種形式的眞理，它也同時讓我們能以屬於人類的方式來造成錯誤；它使錯誤與虛假成為可能，像是錯覺、記憶錯誤、對較低階的意向造成錯誤的想像。如果我可以在語言中「給」你一個你沒有經驗到的事態，我也就可以「給」你一個錯誤的事態，或者是一個從未發生過的事態。另外，我也可以自相矛盾，說出與我先前所說的不同的看法。我可以先相信一件事，然後再相信另一件事，牴觸並取消了原先的相信。我可能認為這個人眞的是很好相處，但也認為這個人眞的很難相處。我可以相信「S是p」，但也相信，至少可以是在隱晦的層次上，「S不是p」。通常，這種矛盾是有情緒的作用在裏面，我們想要得到兩件其實無法同時保有的事，而並不想去面對事實上我們不能同時擁有兩者；導致這種情況的原因也可以是混淆、不注意，或是沒有能力處理手上的事務。我們會在討論「模糊」（vagueness）這個主題時來探討矛盾的在理智領域的根源。

進入範疇領域也讓邏輯得以進入我們的生活。邏輯並不屬於知覺與它的變異形式等較低層次的意向性，它是在範疇層次的活動。一旦我們形構了範疇對象，我們就可以使之形式化，並注意到所得結果的形式是否一致。我們可以以「S是p」的形式來處理「那輛車是有損傷的」。在前者中，對象內容被漠視而只留下句法的 104

形式。我們把「那輛車」取代爲「任何的對象」，我們把「有損傷的」取代爲「任何的屬性」。然後，我們可以檢查各種形式之間的關係，並且看看，舉例來說，「S不是p」的形式與「Sp是q」的形式是不一致的。如果我們宣稱了後者，再宣稱了前者（「這棟紅色的房子是昂貴的；這棟房子不是紅色的」），我們將自我矛盾。邏輯的一致性對一個眞理的陳述是必要的；如果陳述在其邏輯形式上自我矛盾，它就先天地無法在我們對事物的經驗中進行確認。

在現象學中區分了兩個形式系統。一個是屬於對象與事態，以及事物的「存有學」（ontological）這一邊；另一個屬於判斷或命題，以及感受或意義的領域。有關對象與事態的形式結構的研究稱做「形式存有學」（formal ontology），而有關感受意義與命題的形式結構的研究稱做「形式判斷學」（formal apophantics）。

讓我們再稍微談一下把概念、判斷、意義或感受，當做是心理或概念物的學說，這是我們所要拒絕的學說。由於沒有能力看到意識的意向性作用，才會誤以爲有必要用這些東西來解釋知識。這樣的學說把意識當成簡單、純粹的覺察，只對其本身有意識，並且假設了意向性必須藉由插入某種「再現」（representation）才能加到意識上：再現像是概念、字詞、命題、心像、符號、感受或「所意」。在這個觀點下，意識並不是具有意向性的，而是再現才有意向性。意識之所以有意向且可以設定意向對象與進行意向活動，都是因爲插入了這些再現：因爲這樣的插入所以建立了意向、指涉與感受。再現把我們與「外面的」物體連起來，並且給了它們特定意義。但像這樣的「加上去」如何能把意向性給到我們的意識中呢？我們如何能知道給予我們的是一個字或是一個意像或是一個概念，而這些又如何能「再現」出在它們之外的東西？若所謂的「外面」並不是一開始就在我們的意識生活中，那它又如何能在我們的心中昇起呢？如果意識不是一開始就是有所意向的，則意識的意向性就無法得到瞭解。

模糊的現象

我們探討了範疇意向以及它們的相關連對象，還有 105
眞理、意義、判斷、事態、驗證以及邏輯。現象學還處理了在這些現象相連中的另一個不受許多的哲學家重視的重要題目，就是「模糊」的現象。模糊不只是在邏輯、意義與驗證的科學議題上很重要，它的重要性也在於語言的一般使用以及成就一位負責任的說話者的面向上。

當我們說或讀東西時，通常假設我們說的或讀的是隨著我們的思考進行。但這卻不是正常一般的狀況。字詞的使用通常沒有思考的進行在內。我們可能只是表面地讀了這些東西，或者我們可能聽到別人說的話但卻沒有注意到底說了什麼，我們可能自己說了一些話但卻不知道自己在說什麼，或者我們可能只是機械性地背誦出一些陳述。有時我們所談論的東西確實是超過我們所知的；我們眞的不知道到底自己在說什麼。舉例來說，許多人談論政治時就是這樣。他們所說的很多都是模糊的：重覆一些口號，誇示喜歡的說法，重述別人的陳述卻一點也不瞭解。大部分的民意調查得到的是模糊的意見。人類的語言力量，這個給予我們人類尊嚴的高貴力量，也讓我們看起來可能像在思考但卻其實不是。這是一種只有人類才會有的，無能於成爲我們所應該成爲的，而這也是人類事務中非常重要的現象。

在沒有思想的談話中，應該伴隨著談話而來的範疇活動卻沒有適當地建立起來。雖然是有一些範疇活動，但卻沒有能夠跟上所談論的議題。是有一些念頭的順序流轉，但這卻不是思考。如果我模模糊糊地說話，一個比我思路清晰的人聽著我的話，隨著時間過去，他會發現我的話其實沒有什麼意義，混淆不清。他會要求我澄清我的意思，以便從我說出的大雜燴中得出一點意義。如果他試著與我辯論，他會感到挫折；跟一個說話模模
106 糊糊的人辯論就像是用手榴彈來趕走一陣霧。然而一個思路不比我高明的聽眾，則不會知覺到我是模糊地說話。在他自己的模模糊糊中，如果他喜歡我的論點，他會覺得我成功地說出我們共同的信念：「一個蠢蛋會找個更蠢的人來崇拜他。」如果這個聽眾不喜歡，他會對我感到失望，並表達一個看起來似乎是另一個的觀點。但在這其中，他的思考或我的思考都沒有眞的在活動；我們只是表達一些像是情緒態度的東西，而不是眞正的有所區別的意見。其中並沒有眞的辯論，有的只是半生不熟的思考的碰撞。

忽視（ignorance）與**誤失**（error），這兩種在眞實與範疇對象中的失敗，必須與模糊區分開來。在忽視的

情況裏，我們只是簡單地不去勾劃談論中的範疇對象；我們只是對這個議題保持沉默。我們並不假裝要思考它，也不打算去思考它。而在誤失的情況裏，我們形構出一個對於某事的意見，我們明白地說出，但後來卻轉變成不正確的。當我們面對我們所談論的事物，並且試著去以我們所說出的內容來經驗它們，認記它們，我們的意見就站不住腳了。我們的命題會被推翻。在這種誤失的情況裏，我們確有建立特定的思考，也確實勾劃說出一個範疇對象，但這思考與對象卻是錯誤的。如果我們是不正確的，我們就一定已經超過了模糊而有了一個可區別開來的清晰意見。

模糊是在忽視與誤失之間。它是未發達的思考。它嘗試要思考，但卻沒有眞正抵達思考，但它又使用一般來說是表示思考的語言字詞，從而它是一種掩蓋，即使這並不是它的意圖。字詞被排列起來而給出好像是思考的樣子，但在其後卻是不足夠的思考。

在某些例子中，一個說話者是有可能從模糊開始，想通他所談論的東西，勾劃說出他所想提出的事態與判斷。這時，說話者由模糊移到了**明晰**（distinctness）。他成功地抵達了他努力想建立的範疇對象。他現在可以明晰地思考了。他現在可以呈現先前他所嘗試要表達的事態或判斷。

當說話者由模糊抵達明晰，他可能會發現，他最後達到的判斷正是先前模糊說出的那一個；在模糊與明晰的兩個呈現形式中的判斷是同一個。但他也可能發覺，107
明晰的那一個判斷與模糊的那一個不同；情況反而可能

是，模糊的那個判斷本身含有矛盾，而在明晰的這個判斷中，矛盾浮現出來；比較精確地說，矛盾本來是因爲模糊而處在隱藏之中。因此，一個判斷必須要先被帶入明晰之中，先被明晰地勾劃說出，它才有可能說是邏輯上矛盾或一致的。除非這個判斷是明晰的，否則我們根本無從說它是眞的或假的，或甚至無法說它是不是自我矛盾還是與其他判斷矛盾，因爲當它不明晰時，我們根本不知道它到底說了什麼。它還不是一個明晰的意義，不是一個可以是眞或是假，是一致或不一致的意義。我們必須先知道一個人到底說了什麼，才能夠決定他所說的是眞是假。

模糊可以含藏著**不一致**（inconsistency），但也可以含藏著**不連貫**（incoherence）。不一致指的是我們所說的一部分與另一部分在形式邏輯結構上有所衝突：如我們同時說了「S是p」以及「S不是p」兩者。而在另一方面，不連貫指的是我們所提出的判斷的內容，而非形式，並不是適當地組合在一起。可以這樣說，我們把某些內容字詞放在一起，但卻是沒有什麼道理：舉例來說，我們可能說，這個國家是一個大家庭，或憲法保障了每一個人的工作，或大腦知道誰從大門走進來（不是大腦，是人能夠知道事情）。矛盾屬於判斷的形式上的問題，而不連貫屬於內容，但這兩者都可以在模糊的迷霧中發生。字詞意含著事物，但卻也有可能把一些字像這樣擺在一起而這個整體完全不意含著任何事情。這整體中的某一部分與另一部分抵觸，或是某些部分並沒有跟另外一些部分適當地組合在一起。（把屬於家庭的東西跟國家組合在一起，把一個完整的人的特徵跟一個人的生理器官組合在一起）。

每一個人都有模糊的時候，不需要感到遺憾。在進入一個新的思考領域時，總是由模糊開始。來到我們心中的念頭一開始總是模糊的，而且需要被帶入明晰之中。在明晰中，不一致與不連貫便可以被篩檢出來。學生開始學數學的時候，通常對自己所說出的範疇對象十
分模糊。如果他是一個好學生，他會移向明晰。有些人 108
有辦法比別人更快更容易抵達明晰的狀態。有些人在某些特定的領域中沒有辦法脫離模糊，而另有些人不論在什麼領域都是模模糊糊的。雖然他們也使用語言，別人可能也覺得他們是在思考，但他們就是無法清楚明晰地思考。有些喋喋不休的人就是模模糊糊的最佳範例。公眾意見中充斥著模糊，對公眾人物總是要求著互相矛盾的事。「他們說的」、「傳說」、「風聞」，這些都是眾所皆知的模模糊糊，但這也都是眞正思考的起點。我們的思考，我們所形構的範疇對象，並非一開始就是確定精確的。

最後，我們到目前爲止討論的模糊都是在言語與思路之中，但行動中也可以是模模糊糊的。有些人沒有思考，而只是順著時間的連接而說著話，非常可能會像這樣的方式來行動，從一個半生不熟的事情轉到另一個半生不熟的事情，生出一大堆事情來。在這種情況下，決策與選擇中充滿了由模糊所帶來的不一致與不連貫。像這樣的行爲展現出來，不管是在個人或機構或政治事務上，將引起觀看者的憐憫或悲傷。而到底是引起哪一種

情緒，端看這個觀察者是如何被這個行動所影響。

範疇對象與人類智性

與其以人類思考中的弱點、模糊來結束討論，不如讓我們在最後來談談在範疇對象領域中，人類所達到的卓越之處。

因爲有了句法，使得人類語言與動物的叫聲有極大的不同。人類語言包括聲音，但聲音是由聲韻模式、文法因子、轉調與位置所結構起來。正是因爲語言的文法連結使得語意符號系統得以爲人所掌握，使得這個系統十分精細複雜，也使得它成爲成就眞理的載具。句法把動物的聲音提昇到人類話語的層次。在現象學中，語言的句法要素被稱做爲**語言的範疇構句法**
109 （syncategorematic parts of language），因爲它們與命名事物及特徵的表達，即話語的範疇用法（the categorematic parts of speech），「如影隨形」。

句法的部分很明顯地有把字詞連在一起的作用。它們是語言的文法，然而，這卻不是它所做的一切。它們也作用於意向性中：語言的句法關聯著事物可以向我們顯現的方式，關聯著我們可以意向著它們，把它們勾劃出來的方式。事物的句法部分可以在種種「部分—整體」的關係中對我們呈現。現象學不像結構語言學（structural linguistics）一樣，只是考察文法在語言學上的角色；它還把句法與眞理活動，與明證性活動關聯起來。

語言中的非句法元素（如「樹」與「綠」這樣的詞）只是簡單地命名事物與特徵，但句法元素表達事物與特徵在其中得到展示的模式。表達的句法部分有著客體端連結。在這樣的陳述中，「這樹是綠的」，「樹」與「綠」明顯地命名了可以呈現給知覺的東西，但連接動詞「是」不只是把「樹」與「綠」這兩個字連接起來，而是同時讓我們可以意向著此樹的綠意，即使它並不在現場。另一個例子，如果我們要把兩個字詞連起來，如「胡椒與鹽」，文法的設置「與」相符於這兩個東西的「在一起」（being together）：這兩個東西並不只是個別地呈現，而是以在一起做爲一個東西的方式呈現。

因此，事物可以被勾劃的方式，它們可以在場或不在場而被意向的方式，它們「散開來了」或是「聚起來了」的方式，都是因爲語言句法才有可能。每一種語言的文法設施提供了與其他語言不同的顯現樣式。現象學把句法與顯現的可能樣態關聯起來。

當我們認記一個範疇對象時，我們由一個連續的知覺移到一個突如其來、不連續的智性對象的顯現；所現出的是一個部分與整體同時被顯化認可的智性對象。我們呈現了較高層次的範疇對象，而這種對象是以抽離的整體而出現。在我們各式各樣的陳述中有許多這種範疇 110
對象，它們也都相互關連著。這些智性的對象形成了一個網絡。當我們表達一個範疇對象後它就成立起來；我們像是一個一個列入記錄，我們說這說那。我們說了一件事，然後再一件，然後再一件，但即使移到下一個陳述，我們所說過的還是繼續有效，接下去所說的都要能夠與之前說過的一致。所有的這些範疇對象間的連結是邏輯的，而不只是相關的。我們可以探究這個範疇對象或意義與另一個範疇對象或意義是一致或不一致；我們可以要求說話者來避免矛盾（即，避免說出與他之前說過的有所抵觸）。我們也可以要求說話者解釋他說過的，給出理由與澄清。範疇領域是理性的空間，現象學探討形構這個空間的繁複多重的意向性。

當我們得以把所經驗的事物提昇到範疇對象的精確之中時，並不是把它們變成碎片，彼此不關連。情況反而是，使事物間的一種更加重要的連續性（continuity）成爲可能。我們從此能夠有的，不只是連續的知覺之流，而是彼此相關的事物狀態，並且獲得做爲其背景的一個世界或宇宙。並不只有知覺的東西才能夠是整體的；範疇領域帶來了一個新的，勾劃出來的整體。精確與明晰的思考並不會把事物原子化，而是會產生出對整全圖象的一個更深切的把握，使得我們不只見林，也見其中各個姿態曼妙的樹。

言說中的句法部分表達了範疇形式，而在這個功能裏，它同時表達了世界可以給予我們的方式。但它還有另外一個功能，它也顯示說話者正在進行建立範疇對象的思考。它顯示說話者正在說話並是在說出一個意見，而不只是在呻吟或咕嚕咕嚕叫。當我們聽著某人說話時，我們不只聽到聲音，還聽到文法排序的聲音。就是透過這種登錄方式，我們獲得了這話語中所傳達出的世界與事物，並且也獲得了一位要爲其話語中呈現世界的方式負責任的說話者。語言與句法是用來揭露世界與在其中的事物，但它們也以另一種方式揭露了在當時使用
111 這語言與句法的說話者。它們揭露了一個「超越的我」

（a transcendental ego），一個對意向性與明證者負有責任的行使者。

在本講中我們討論了範疇意向性，也就是在基礎的知覺與其變異的形式之上，所接著發生的意向形式。範疇意向是理性或道理的領域。它建立了範疇對象，由句法所架構，其部分與整體的關係被顯化爲認記的對象。範疇對象可以在事物的存有學層面上（ontological）發現（事物、事態、屬性），也可以在命題判斷學（apophantic）的層面上發現（判斷、命題、感知、主體、述語）。驗證在這兩者間移動，在存有學與判斷學（apophantic）之間移動。事態與判斷要被帶入明晰之後才能被確認或推翻，甚至才能被瞭解（的確，把它們帶入明晰中就是去瞭解它們）。在被帶入明晰之前它們是處於模糊狀態中，而後者卻也是範疇性的基礎與來源。

我們一直把注意力放在範疇對象上，但就如我們也曾提到的，範疇領域還牽涉到一個負有責任的說話者的出現。範疇領域要求著一種自我，一種超越知覺，記憶與想像所形構的自我之上的自我。範疇對象牽涉到範疇性活動，而此種活動在另一邊需要一個眞理的行使者來進行它。我們現在就要轉向考察這個自我，這個超越的自我。

【第八講】

自我的現象學

能夠顯現自我的種種樣態並不會顯現在石頭、樹木或非人的動物之中。這些種種樣態正是屬於事物顯現的接受者，而其自我是有彈性，但也在其一生的時光中持續保持為同一者。

112 我們所經驗到的事物的同一性是在其多重表象中給出。我們的自己，我們的自我，同樣是由多重表象中給出的一個同一者而現身，不過，這些呈現出我們自己的多重表象是不同於那些給出事物的多重表象。我們自己從來不只是世上眾多的事物之一；我們每一個人，都是做為一個中心，做為一個我們意向生活的行使者，做為一個擁有世界以及擁有世界上種種事物的人，而突出於事物之間。我們揭露事物的能力，我們做為事物對之顯現的接受者，引導我們進入了理性的生活，進入了屬於人類的存在方式。

經驗自我與超越自我

自我具有兩個對等但卻非常不同的狀態：一方面，它是世界的一個部分，是世界上眾多的事物之一。它佔有空間，在時間中延續，具有生理與心理的特徵，並可與世界上其他事物有因果的互動：如果它跌落了，它會像其他物品一般跌落；如果它被推一把，它會像其他物品一樣翻倒；如果它吃下或被注射化學物質，它會像其他有機生物一樣有反應；如果光線刺激到它的視覺器官，它會有電生理上的、化學作用上的以及心理上的反應。「我」是一個物質性的、有機性的以及心理性的東西。如果我們只簡單地把自我當做世上種種的事物之一，它就可以被稱做是**經驗自我**（the empirical ego）。

另一方面，同樣的一個自我也可以是站在與世界相對的地位：它是世界與其中種種事物對之展現的中心。它是眞理的行使者，是判斷與檢證的責任者，是在知覺

上與認知上對世界的**擁有者**。當這樣來考慮自我時，它
不再只是世界的一部分；它就是所謂的**超越自我**（the 113
transcendental ego）。

經驗自我與超越自我並不是兩個東西，它們是同一個存在物的兩個不同面向。而做這樣的區別並不是因爲我們對自我有這兩種看法，並不是說我們採取了經驗的或是超越的立足點，所以在自我中建造出這樣的二元論。情況反倒是，自我就是以這樣的雙重狀態存在。正因爲自我本身有著這樣的雙重性，我們才得以瞭解到這個雙重性。我們可沒辦法把超越自我強加到一棵樹或一隻貓的身上去。

自我之所以有如此的雙重性是因爲它既是世界的一部分，但又能夠與世界相對起來，甚至可以「保有」世界或是與世界有某種關聯。這並不是說自我能夠從世界上分離出來；若沒有世界，我們就沒有辦法發現，或甚至是想像自我的存在。即使是對超越自我來說，它的意向性特徵還是表明它必須有與之相聯的世界與事物。自我與世界是彼此相聯的**環節**。然而，當自我被看做是擁有世界的時候，它就不再只是世界的一部分。它是以做爲世界已對之給出的接受者來與世界相關。

但一直有股趨勢要把超越自我化約到經驗自我去。當我們處理人類認知時，我們所用的方式傾向把它當成是世界上因果連環中的一個項目，就只等同於在機械因果作用、化學因果作用與生物因果作用中的一個東西。因此，在頭腦中知識的發生被認爲是就像身體中的化學作用的發生一樣。我們一直覺得，如果可以弄清楚當我

們認識事物時，腦袋裏所發生的大腦與神經系統的作用，我們就可以給知識做出完整的說明。舉例來說，許多在認知科學中的作者試著要把知識與其他理性成就，化約成僅只是大腦的物理狀態。這樣處理知識的方式可以稱作是**生物主義**（biologism）或是**生物化約論**（biological reductionism）。

另一種較爲精細的化約論就叫做**心理主義**（psychologism）。當現象學在二十世紀初期的開始之時，它就反對對眞理、理性與自我的心理主義解釋；現
114 象學一開始的時候就是以反對心理主義來定義自己。然而吊詭的是，許多人卻誤以爲現象學是心理主義的形式之一。

心理主義指的是什麼？心理主義宣稱，邏輯、眞理、檢證、明證性以及推理都只是我們心理的經驗性活動。在心理主義中，理性與眞理是**被中立化的**。眞理與邏輯的法則被認爲是較高級的經驗法則，是描述我們的心智如何運作的法則；它們不被看成是每一個眞理與理性意義的構成要素。舉例來說，在心理主義中，**不矛盾律**（the principle of noncontradiction）將被視爲一個有關心智運作的方式，它說明我們如何安排我們的觀念，它不被看作是事物如何顯露它們自己的法則。它會告訴我們心智的慣常方式，不論這個慣常是天生的或是後來獲得的，而不會是關於事物必須如何存在，以及它們必須如何顯露它們自己。同樣地，人類語言必然需要句法的這件事，被看成只純粹是人類存在及其心理發展的一個歷史事實。心理主義，就像生物主義，只把眞理與意義

當成是一種經驗事實，而沒有把它們當成超越經驗事實的基底，沒有把它們看做爲一個有關事物存在的面向。

心理主義是一個最常見、也最狡詐的化約主義，生物主義則緊隨其後。一旦我們把意義、眞理與邏輯的法則化約成心理法則，我們將傾向再進一步把它們化約爲在心理學之下的生物生理結構。因此，在生物主義中，人類的語言句法只是因爲大腦結構演化的結果；它不會被奠基在這樣的事實：事物必須被勾劃（articulated）才得以被揭露。生物主義對句法的解釋是以大腦結構爲基礎的，而完全不管事物存在與顯現它們自身的方式。

在現象學的看法中，的確同意大腦的連結方式是語言句法的基本條件之一，同樣地，它也承認大腦結構是知覺、範疇意向以及知識科學的基本條件之一。但現象學也認爲，我們必須同時闡明根據事物之呈現方式的另一個解釋。除了瞭解大腦結構方式外，我們也必須看到這樣的事實：事物可以被區分爲整體與部分，事物可以 115
被知覺與想像，事物的呈現也可以被區分出本質的與偶發的。很明顯地，第二種解釋不同於由研究大腦連結與心理內容而來的解釋；雖然我們可能很難清楚理解第二種解釋，但它卻不能被省略免除。

現象學打從一開始就對抗心理主義，它嘗試展示出，達到意義、眞理與邏輯推理的活動並不是我們心理或生物機制的運作，而是進入了一個新的地帶，一個理性的地帶，一個超越心理機制的地帶。要達成這樣的區分並不容易。自我的確既是經驗的又是超越的，而且我們也可以只把我們的瞭解限制在事物的經驗面。意義與眞理也有它們的經驗上的面向，但它們不只是經驗上的東西，把它們當成心理範圍上的運作會遺漏了重要的東西。但是，要展示出這重要的但容易被遺漏的東西，卻也不是容易的事。

超越自我與正義德行

我們現在需要思考一下理性領域的本質，它與心理及生物領域的不同之處，以及超越的領域與經驗的領域又有何不同。我們可以考察發生在超越領域的人類知識與人類德性這兩者。此處想要申論的重點是，當我們行使理性，當我們扮演了意義與眞理的行使者，我們所進行的活動僅由經驗的觀點來瞭解是有所不足的。

思考一下自然科學，心理主義會說，推理、論說、知識與科學，都僅只是心理的運作。舉例來說，物理科學、生物學與數學都被認爲是我們的有機體適應環境的方式，它們並不被看成是告訴我們世界上的一些眞理。眞理這樣的概念在心理主義中是非常有問題的；我們所做的判斷與命題終究只是有機體的或心理的反應，這些
116 都跟心的跳動、胃的消化作用或高興憂鬱的情緒沒什麼不同。根據心理主義，即使在科學工作裏，我們並沒有揭露什麼，我們只是進行反應。

相對地，現象學堅持，即使我們的確是心理的與生物性的動物，即使我們的知覺與判斷需要大腦與神經系統的運作反應，當我們進入判斷、檢證與推理的活動中時，所成就的意義與表現是不同於我們的心理與生物的存在方式。它們可以傳達給他人，即使這個他人的主觀

感覺與我們的是不同的；它們可以被記錄下來，可以被用來做爲論說中的前提，可以被確認或推翻。它們有一種實存狀態（subsistence），與我們的主體性是分開的，它們自身可以被顯示爲眞或假。意義本身可以是一致或是矛盾的；判斷本身可以是眞的或假的。意義與判斷屬於我們稱之爲理性的**空間**，當我們執行範疇活動時我們就進入了這個空間。因此，除了是生物的、心理的與主體的存在之外，我們也能夠進入理性空間做爲一個行使者。當我們進入理性領域時，我們**超出了**、超越了我們的主觀性；我們轉而成爲超越自我。

思考一下正義德行（the virture of justice）。當一個小孩成長爲一個成熟的人，成爲了一個理性的存在者，在這樣一個階段，他能夠瞭解一個論說，並且能依照它的結論行動。他可以以觀念理念來行事，而不只是以傾向與感覺來行事。在生命的早期階段，小孩子大部分只是一堆傾向與衝動，以及一個**初生的**（inchoate）理性。隨著時間流轉，小孩開始瞭解到，必須把自己看成只是眾多個體中的一個，他不能老是只想著自己的滿足，他必須看到他人的存在，必須尊重他人。以這樣的方式，小孩開始有了一種正義的感受。在小小孩中也會有對這個或那個是「不公平的」這樣的判斷，這也是正義感受的早期形式。

正義德行的發展需要兩件事。一個人必須有道德德行（透過引導與重覆地活動所發展出來），但另外更深層的條件是，這個人必須能夠成爲一個理性的行使者。 117
他必須已經進入了理性空間，並且能夠執行範疇活動。

年輕人必須能夠進行理性活動，才能夠有正義感受的浮現。正是透過理性的力量，我們能夠對一個處境採取一個客觀的觀點，並考慮牽涉在其中所有人的狀況，包括我們自己的，而判斷何爲眞實。正義德行是執行理性的一個實踐方式，其他的德行也牽涉到理性的發展，但正義感更是依賴著理性，因爲它需要決定公平的能力，決定何謂對我自己與他人都是「一視同仁」。

人類的整個道德與情緒生活都是依靠著理性能力才得以可能。一個成熟的人能夠聆聽有關現實事物的論辯，對其評價，並依此行事。有些人無法做到這些，他們把自己消融在情緒與衝動之中，沒有人能夠與之論辯。當這樣的事發生，不管是長久的或是一時的狀態，這些人的超越自我是被模糊（vagueness）所稀釋了。他們行爲中應該要有的範疇思考並沒有能夠展開。

因此，在理論與實踐兩方面，我們的超越自我是我們做爲理性與眞理的行使者的那一個部分，是我們做爲眞理的行使者的那一個自我，能夠宣稱事物狀態的那一個自我。除了做爲生物的與心理的有機體，我們還是理性的存在者，屬於康德（Kant）所稱的「目的王國」（the "kingdom of ends"）；當我們如此地認識自己，我們認識了做爲超越自我的自己。現象學嘗試描述超越自我中所具有的結構形式。現象學正是以意向性形式，以及這些意向性所相對的所意關聯，來探索超越自我。既然人之所以爲人是因爲理性的造就，現象學也就成了對我們自己的人性探索。

理性構成要素：自稱「我」的能力

哲學家通常對人類理性的瞭解太過狹隘，多是把理性當做是從特定經驗中得取抽象普遍概念的能力，從事三段論證的能力，以及洞察自明眞理的能力。然而，我們的理性遠比這些能力還要寬廣；它包含了我們在其顯現與不顯現中認取事物所需要的種種意向性，在我們所 118
經驗的事物中引進句法與部分整體關聯的意向性，人類特有的記憶、想像與預期方式，以及我們所行使的自明性與確認性形式。它也包括了我們成就爲有責任的道德行使者的意向性。對於我們做爲理性的行使者，所有的這些與其他更多的意向性，都與從特定經驗中得取抽象普遍概念的能力以及從事三段論證的能力同樣重要。本書所描述的所有結構都是做爲超越自我，做爲一個眞理與確認的行使者的構成要素。對於我們如何做爲示現的接受者，現象學提供了非常豐富的描述。

的確，理性的一個構成要素就是自稱「我」的能力，也就是在一套特定的語言中使用一個符號來指稱我們自己，而且特別是當我們用這個字時，正在運用一套語言進行眞相宣稱。如果我說出這樣的句子，「我相信那個門是打開著的」，我使用「我」這個字做了三件事情：首先，它簡單地指稱著我，我做爲這句話所說明的對象；第二，它指出我做爲說出這句句子的人；然而第三，它指出我，之於句子中所做的宣稱，是一個能夠建立眞相的行使者。我指出我自己是有責任於這句子中的範疇勾劃以及其中的眞相宣稱。只有超越自我可以宣稱這樣的「我」。超越自我能夠使用語言來表達他自己正以語言說出某事。

爲了幫助我們明白超越自我與經驗自我之間的區別，讓我們把自我比擬爲一個棋子。讓我們考慮一下一個在棋局中的棋子以及一個在棋局外的棋子。我們可以說，棋子其實只是一個經驗性的物項。如果我把象棋中的「車」放到桌上，它只是世界上的一個簡單物項，一個「經驗層次的車」。即使是我把它從棋盤上的一個方格移到另一個方格，我也可能只把它當做一個普通的東西，我可能只是把一個塗有顏色的木塊在一塊平板上移動十公分。然而，如果我把它當成是在象棋中的棋子，正在一個準備將對方一軍的佈局中，我則是把它當做一個「超越層次的車」，而不只是在經驗層次之中。我把它當成棋局中的一個角色，而它也卻有這樣的功能作爲。基於這樣的比擬，當我的有機軀體根據理性的法則
119 行事並進行眞理活動時，它便做爲一個超越自我而活動著。如果上面提到的這個棋子「車」會自己移動（而不是由我來移動），並能夠宣稱它自己的移動，這個比擬將更加傳神。超越自我可以做所有的這些事情：它不僅在眞理活動中可以自發行動（眞理活動其實就是生活棋局），也可以表達出自己正在進行的事。

動物有意識，但牠們沒有超越自我。牠們有時可能會表現得像是有語言與眞理，但牠們並不能進入一個完全的理性空間。如果我的狗「做錯了」（牠冷不防咬我一口或把地毯弄髒），我可能會在當時對牠施以某種行動，若要說在一個月之後牠會談到「上次那件事」則是荒唐的。但若你抱怨我去年說過的一句話或是我上個月

所做的一件事，則是可以理解的，因爲我的說話與行動都是在理性空間中；我在眞理的局戲中有所動作，並且我所說的或做的被記錄下來，成爲一個超越出它原本發生的處境。我可以做爲一個超越自我，但非人類的動物則不行。

超越自我的公共性

理性生活是公共性的，並不是封閉在「意識領域」的孤立或私密之處，它是在外顯的行爲與成就中表達出來，就在人類的生活舉止中、在彼此交談之中、在科學儀器的考察之中、在一個歷史遺址的挖掘考古中、在寫信給朋友中、在說服別人贊成某一主張中。它顯現在字詞、圖畫以及旗幟當中。理性生活是在眾目睽睽的生活活動中。一項考古挖掘或是一個政治論辯必會用到像「工具」、「字詞」、「宣稱」、「理由」以及「眞實」等詞來描述或解釋，而這些名詞指向著公共的行爲而非私密的、內部的事件。進入理性生活的，不是孤單的覺察，不是廣大中空的意識球體，而是做爲理性動物的人之整體。

在理性的公共生活中行事的是超越自我，也是一個公共性的自我。當我們談論超越自我時，我們可能會把 120
它想像成一個住在我們身上的小東西，在我們大腦皮質某處的小點，祕密地生活著。這樣的瞭解其實是錯的，爲了抵擋這種說法，我要進一步具體地說明超越自我到底是什麼。

當我寫作這一段落時，正是十一月，人們正紀念著

「停戰日」，第一次世界大戰的終了，也就是在1918年十一月十一日十一時。電視上播放著有關這次大戰的故事。在其中的一個節目裏，照片顯示了三個年輕的英國人參加了戰爭卻沒有回來。讓我們想一下這其中的一張照片，一個二十一歲年輕小伙子的身影。他曾經活著，他在照片中身著軍服，他在戰爭中被殺死了。這張照片矇上了一層哀傷的感覺，這種感覺就像我們會投射到那些我們所認識的，但死於戰爭或其他地方的人的照片上一樣；照片中的眼睛就好像將要閉上一般。

這樣的一個年輕人的死亡失去了什麼？並不只是一個有機生命，還有如果他能活到平均壽命，還有將近五十年會在他身上發生的與他所接觸到的周遭所會發生的理性生活。這個理性生活不僅是包括他在這些年中所會說出的正確或錯誤的語句，還包括了他的種種思慮、選擇與他人的種種交流。隨著他的有機生命的結束，他接下來做爲負責任的眞理行使者的可能也消失了。世界可能爲他的眼、他的耳所經驗的方式也就不可能發生。他的死不只是化學元素的重新排列，不只是有機生命體的終止，更是一個人類生活的結局，結束了一種在其中理性可以照亮事物並產生道德行動的生活。我們從這張照片的臉孔中所看到的那一個「自我」，那一個有過回憶、預期與在這種種之中感受到自己的那個自我，而這個自我不再是世界上事物顯現的接受者了。愛他的人所愛的他，並不只是一個有趣的同伴，並不只是一個行爲複雜的動物，而是一個能夠進入不同於動物的生活的人：一個能對他所說或所做的眞相負有責任的人，一個可以看到他人可愛之處而回報予愛的人。

在這個年輕人裏的自我，他的超越自我，不是一個可以跟他區分開來的東西；他就是那一個在眞理局戲中有一個角色的自我，那一個可以宣稱與確認、引用與推 121
論、欺騙與揭穿、思考與決定的自我。這個自我並不是一個可以被分開的東西，而是指一個能夠理性生活的人。它是可以自稱為「我」，並對說出的東西負有責任的「我」。此外，超越自我不只是科學的行使者，它不只是能夠推論與提出假設的「智能」，不只是一個計算引擎。除了做爲一個科學的行使者之外，超越自我也是人類行爲中眞理的行使者，因爲在其中行爲是智性評斷的結果，有著自由與責任的特性。這個可以說出「我想是這或那」的「我」，正是別人可以據之解釋如此作爲的「你」。可以稱「我」的能力，可以對世界進行有責任感的行動的能力，這些能力都依賴著**能思考**的有機生命，而不僅是有機生命：它進入了理性空間與「目的王國」。

一個早夭青年的照片，因爲其中所失去的未來，讓我們感受到一個可以負責任的自我的印象。而同樣的感受，也可以從一個尚未出生、尚未命名，有著全部未來的胎兒的照片中獲得。我們看過懷孕中生命早期的照片，眼睛、嘴巴都只是一小點，全身都泡在羊水中。這個即使張開也不發出聲音的嘴巴卻與將來有能力說出「我」的嘴巴是同一個。相伴於母親的撫摸、聆聽與身體運動所感受到的胎兒的自我，也是出生後會成長爲能記憶、能進行行動的同一個自我。這個超越自我，這個顯現的接受者，早就在了，正爲它未來的範疇性活動與道德行爲建立基礎。這個早期的自我已經是眞理局戲中的當事人之重要核心。

因此，心智與超越自我都是公共性的，它們所活出的生活也是公共性的。眞理行使者的行動，如判斷，原則上也是公共的。它就像舉手敬禮，一定是發生在兩個人或更多人之間，而不是一個人私底下的行爲。判斷是眞理局戲中的一個動作，它必然包括行使者、接收者以及旁觀者。它並不只是在我之內發生，即使是知覺，也
122 比較像是舉手敬禮，而不是胃部的疼痛；它是眞理局戲行動的發端，使我們得以提出一個宣稱，反駁某人說的話，或者是在談話中改變方向。超越自我的行動就像從事超越活動的身體一樣的公開化。它們是實際或將要發生的行爲，而不只是私密的思想。

我們不要忘記，還有一個「超越的你」，這可以進一步說明越超自我的公共性。也就是說，超越自我不但可以被自己所體認，也可以爲他人所體認，當他人體認出這一個超越自我時，「你」就是被說出來的稱呼。

現象學態度中的自我

到目前爲止，我們所考慮過的超越自我的活動都是在自然態度之中。它們都是在成就眞理上的操作，是負有責任的理性運作。做爲這些活動行使者的自我，正是擁有世界並且有著世界信念在底層持續地支撐。當我們進入現象學態度，我們離開自然態度並描述考察超越自我以及它的種種成就，它的種種意向性；我們也考察了

從中建構出超越自我的種種多重樣態。我們描述了自我如何對自己也對他人建構並呈現出自己，一個做爲顯現接受者的他自己。

進入現象學態度的移動，把自我從自然態度活動中進一步延伸出來。我們進入現象學態度，在一個新的、哲學的方式上成爲眞理的行使者。我們從一個新的面向上做眞相宣稱，這個面向與自然態度中的所有面向不同。我們在新的角度，新的意義上稱「我」。然而，觀照著自然自我的哲學自我並非另外的一個東西；它是同一個「我」，只是它現在進入一個新形式的反思。

此外，我們特別要注意的是，絕對不要想成是在現
象學態度中才有超越自我，絕對不要想成是哲學反思的
自我才是超越自我；超越自我早就活躍於自然態度之
中。任何一個眞理成就，任何一個理性運作，都是超越 123
自我的作用。任何提出眞實與否問題的範疇意向都是超
越自我的作用。超越自我在自然態度中抵達眞理，但這
素樸的成果等待哲學來把所抵達的眞理理論化，以做爲
它的完成。自然態度中成就的眞理並不完整，因爲它不
思考自身。在現象學態度中進行的哲學，把前哲學生活
中所成就的顯現帶到一個新的層次。在自然態度中我們
擁有一個世界，我們運作理性，我們在顯現與不顯現之
間認取事物，並且犯下錯誤；但在現象學態度中，我們
明白釐清我們如何做出這種種的事務。

自我的三個階段

把自我同一化的三個階段說明出來對我們的理解會

有幫助。

一、在第一階段，自我的同一性形成，是做爲知覺及其種種變異形式的意向動作的同一行使者：也就是活在此時此地的自我，與在記憶、想像與預期中移置的自我之間，產生出一個同一的自我。舉例來說，進行回憶與被回憶起的我是同一個我，就如我們在第五講中所討論的。

二、在第二階段，做爲範疇活動行使者的同一性自我形成了。一個以句法形式勾劃說出他所知覺或記得的東西的人，不僅僅是在知覺與記憶而已；他帶出了範疇對象，還有伴隨著範疇性質的責任性與檢證性。落實在這個階段的自我能夠指稱出自己所在的位置與相對顯現的事物，因而說出「我知道這個」或「我懷疑這個」。在這裏現出的自我顯然與在記憶、想像與預期中現出的自我是同一的，但在此浮現的它伴隨著更大的知識活力與責任。它現在能採取立場並宣稱可檢證的意見。顯然地，如果沒有在第一階段形成一個同一自我，就不可能有這一階段的自我浮現。發生在前一階段的心理失能將阻礙較高層次的活動；情緒困擾會侵蝕理性思考。

三、在第三階段，當自我不但只是發展一個接一個的意見或科學眞理，並且開始對「擁有意見」以及「追
124 求並驗證科學眞理」這樣的事加以反思，則成就了一個更進一步的同一自我。現在，這個自我「盤旋」在第一階段與第二階段的所有意向性上，並且分析它們。它以一個新的方式取得了它自己；它做爲眞理的行使者獲得了一種不同於第二階段的責任性。

我們將在第十三講討論現象學眞理的特殊性格以及與之關聯的責任性。目前，把在這三個階段中所發展的自我描述出來就足夠了。

自我與肉身存在性

即使是做爲超越自我，即使是做爲眞理的行使者，自我仍是肉身的存在（corporeality）。自我經驗自己身體的方式不同於它經驗世界上其他事物的方式，但身體卻也是呈現爲世界上的事物之一。我們由內在與外在兩端經驗我們的身體。另外，我們控制身體的方式也與我們控制世界上其他物品的方式完全不一樣。自我的肉身存在性，其特徵爲何？

我們經驗我們身體的特殊方式可以用觸覺的感受來顯示。

一、當我用我身體的一部分碰觸另一個部分（我用我的右手碰觸我的左手肘），被碰的那一部分被當成像是我所碰到的世界上任何其他事物一樣。當我摸著摸著，說出「我的手肘好像腫起來了」，意指著我的右手有所知覺並貢獻給範疇勾劃，也就是說我進行觸碰的手是我的超越自我進駐之處。

二、然而，即使在這個階段，被碰到的那一個部分，我的手肘，可以感受到右手撫摸的力道，所以雖然是比較被動，我仍然知覺著手肘被摩擦的感覺。

三、但是接著，被碰的部分可以變成主動碰觸的部分：即使當我的手碰觸著手肘的時候，我可以「逆轉方向」，開始感覺手肘如何來對手有所感覺。不管如何，手肘也可以變成一個主動的感覺器官。我以手肘碰手並移動著手肘，把它當成是主動碰觸的部分。因此，碰與被碰的部分可以相互轉換；超越自我可以由任一個方向作用。

125 只有在我的身體，也只有在各種感覺中最根本的觸覺上，這樣的相互轉換才可能。擁抱另一個人可能可以做爲類似的類比，我們也可能嘗試去提高兩個人抱在一起的一體感（我們可能會象徵性地說，我們兩個人合而爲一了），但這種感覺跟自己碰觸自己的感覺永遠是不一樣的。莎士比亞在他的作品《特洛伊羅斯與克瑞西達》（*Troilus and Cressida*，IV.5）中提醒我們觸覺的這種兩可性（ambiguity），其中克瑞西達問：「在親吻中，你獻出或是得到親吻？」

在觸覺現象中所發現的**可逆轉性**（reversibility）顯示了即使是做爲超越自我，即使是做爲眞理的行使者，我們仍是區隔於一個身體中。此外還有種種經驗身體的方式，都跟觸覺有關，都對我們的肉身存在性有所貢獻：我們在空間中的立足點的感覺、我們四肢所在位置的感覺、對地心引力的抵抗與平衡感，以及感受到從椅子或地板上來的抗力感覺。我們所經驗到的肉身存在性設定了一個位置，從而超越自我得以實行種種意向性，從知覺與其變異形式、範疇勾劃、到現象學的反思。我們所有的看到、聽到與嚐到都是在身體空間上發生，我們的記憶也是儲存於身體空間中。所有的意向活動，不論是知覺的或是範疇的，都是發生在我們身體所規劃出的空間中，從頭頂到腳底，從前面到背面，從左到右的側面與雙手。

超越自我與經驗自我的雙重性

身體的空間性不只是靜止的，而且還是活動的（mobile）。我們控制著自己的身體部分，並且能朝某些方向移動它們；如果我們想要移動其他的物品，我們必須先移動我們身體的某部分（如果要舉起一個東西，也就要把我們的手與手臂舉起，但我們要舉起手與手臂時並不需要舉起其他的東西）。身體的各部分可以關聯在一起而活動，身體本身就在世界的空間裏移動。不過我們不是爲移動而移動；即便是我們的知覺，或是思考，都牽涉到不同的運動方向；爲了看到立方體的另一邊而移動，爲了找到一個好地方來聽小提琴演奏而移動，我們爲了聞到正在烹煮的食物香味而移動；我們在一張砂紙上移動手指以便得知它的粗細等級，用舌頭攪動口中的食物以品嚐它的味道。我們的視覺也需要運動，即使只有一隻眼睛都能夠有所變動而調出遠近焦點；兩隻眼 126
睛一起作用，以它們之間的一些聚合，讓我們獲得透視與立體視野；我們的頭部可以兩側移動；而整個身體的移動讓眼睛能夠看到物體的所有面向。事實上，唯有我們能夠在空間中移動，客觀空間中的位置才對我們有意義；如果我們不能移動，雖能夠在視覺上經驗到一些遮住其他東西的表面，卻無法感受到一個周遭事物繞行著它的固定點。

因此，在人類的感覺過程裏的許多部分與整體，以及許多的環節，都是範疇行動中部分與整體勾劃起來的基礎。數個感官知覺共同獲得同一性的方式叫做**聯覺**（synesthesia），指的是說從分散在身體各處的感官知覺中得到同一的對象。感官知覺的種種部分，包括它們的能意與所意部分，構成了對象得以被同一認取的多重樣態：一棵樹被看到、被聽到（當風吹過）、被碰觸到、被聞到；我們繞著它走，甚至爬上去；我們修剪它的枝幹，剝除壞死的樹皮；在這種種之中，被認記下來的是同一棵樹的同一性與其許多特徵。

再進一步來說，對這棵樹的這樣認記，也同時指向一個從事這種種知覺與勾劃的超越自我。當我們認記這棵樹以及世界上的其他事物時，自我也一直認記著它的身體，一個獨特的、它生活於其上的身體，一個提供出肉身在此的身體，一個自我永遠無法逃離的身體。對我來說，身體的「這裏」與世界其他任何地方的「這裏」是完全不一樣的，即使是最熟悉、最親愛溫暖的家，也與身體的「這裏」不一樣。此外，當自我持續地認取世界上的事物與它自己的身體，它也持續地認取它自己。是同一個自我記得它自己在二十年前爬過這棵樹，並且預期在明年冬天看到同一棵樹，並且能夠想像如果有另外的樹種在附近的話，那這棵樹看起來會是什麼樣子。

肉身性存在最有趣的一個特點是，我們的記憶正是儲存在我們的身體之中。我們做爲超越自我的同一性是由記憶中的移置與認取而建立起來的：在此時此地的我
127 與在記憶中彼時彼地的我是同樣的一個，但這些被記起的部分並非總是在活躍狀態中；它們大部分是隱伏著，儲存在我的神經系統中，也就是在與我周遭環境有所區

分的我的身體之中。我所活過的都還在，其中的一部分偶而會跑到現前的生活來。當它在儲存狀態的時候，它是純然化學與有機性質的，但當它活躍出來的時候，它再一次變成了我的超越生活的一部分。超越自我與經驗自我的雙重性在考慮記憶的隱伏性時特別明顯。

現象學的任務之一即是從超越態度中細細地發掘出，我們種種的感官知覺與運動方式如何建立出我們的肉身存在性。我這裏所提到的只是已經被描述出來的一部分而已。要特別注意的是，向我們自己揭露出我們身體的披露結構，是屬於認知生活的一部分，這種結構與我們通達事物中所用到的範疇思考、精確科學、形式邏輯與數學等具有同等的地位。在各個層次的意向性中作用著的是同一個事物對之示現的接受者。

非定點的自我

在一些對於現象學的質疑中，其中之一就是認爲現象學把自我實體化了，現象學把自我變成一個沒有歷史性的固定點，一個自足的、不曖昧的、不受它所遭遇以及它所從事的事情所影響的**自我端**（ego pole）。人們會說，自我是比這種自我端的描述還要難以捉摸、還要有彈性、還要更深地涉入世界之中。但其實現象學並未把自我固著化，現象學反而是認識到自我的獨特同一性，而從適合於它的多重樣態中來描述它。現象學所承認的自我並不是一個在知覺、記憶、想像、選擇與認知行動之後或之外的一個點；相反地，自我是經由這種種成就之中所建構出來的一個同一性，它是經由延遲與差異而落實的。舉例來說，進行記憶的與被記起來的是同一個自我。自我來自於它現前知覺與它的移置的**之間**（between）而非**之後**（behind）。此外，自我還是散落於身體的各處並活躍於其中各部分之中，而不是站在身體之後。它也在它的潛意識與身體生活中。一個在身體上與心靈上逐漸變老的自我，還是會把自己認同於曾經是
128 孩童與曾經是青年的那一個自我。自我還有一個特別的構成方式，那就是由鏡中看到自己身體的反射身影，這時自我看到的自己就如同別人眼中所看到的一樣。

知覺著、想像著與記憶著的自我，以及隱伏在記憶中的自我，也就是那個稱「我」與進行範疇行動的自我。這個自我也會（透過它的思慮）勾劃情境，因而設定出實務與道德行爲的可能性。它以想像的方式把自己移置到未來完成式的時態情況裏，看看自己做這或做那後會有什麼不同。在一個較爲理論性的形式裏，自我對事態有某些意見，與別人對同一件事有不同看法時會堅持己見。自我聆聽論辯，並可能承認自己是錯的；而當它這樣做的時候，它把現在的自己與剛才持著早先信念的自己區分開來。

在自我之所由出的種種樣態之中，**引用**（quotation）的現象是非常特別的一個，也就是當自我以自己的聲音說出別人的心思，建立一個並非屬於自己的，而是把它當成是別人的範疇對象：我在此時此地，面對著世界對我的呈現，但我所說出的並用來描述這世界的，卻是另一個人所看到的世界。一種心靈的複製於焉發生，而且伴隨著的是那個說「我」的人的複製。從這種種差異與

活動中而來的自我並不是一個固定的點，並不是一個已完全的同一者，而是一個在豐富的多重表象與行爲之中的自我。確有一個自我的認取出現，但這個成就恰好是由**去中心化**（decentering）而完成。

可是，在某些時刻自我仍會達到像是固定的狀態：如果我在一個成員都與我持相反意見的群體中，我變成「那一個」堅持著這樣或那樣意見的人。我需要強大的自我強度來堅持，我好像變成一個固定者。如果一連串的情況發生在我的周圍，而事情演變成如果我不動的話就沒有人會動，那我就被那特別的要求所固定下來。所有的箭頭都指向我，只有我而沒有其他人。恰是因爲我成了某個範疇活動突出的行使者，成爲一個可能在理論或實務上的明證性的行使者與眞相宣稱的擁有者，而成爲顯著的焦點。我之所以爲如此這般的一個行使者，並非因爲我是一個生理上或心理上的人物，而是因爲我是能夠自稱「我」的人。不過，即使是如此強烈認同的自我都不是絕對的：即使是我自己正是注目的焦點，我仍 129
然是那個能夠回憶與預期其他處境的我，處於事物中心的身體中的我，情緒有可能升起並淹沒我的決定的我。

能夠顯現自我的種種樣態並不會顯現在石頭、樹木或非人的動物之中。這些種種樣態正是屬於事物顯現的接受者，而其自我是有彈性，但也在其一生的時光中持續保持爲同一者。現象學承認這樣一個行使者的複雜與神祕，這個行使者不僅可以談論事態，而就在其談論事物之時，並且還能夠以「我」自稱，認記自己。

時間性

事物與經驗在時間中展開與持續的事實，並不只是一個機械式的、有機體的、或是心理的事實；它是從一個更深刻的層次而產生的。這個層次正是所有形式結構的源頭，這些結構包括了在邏輯、數學、語法以及各種顯現的模式中的結構。

130 現象學已發展了一個非常成熟的時間與時間經驗理論，其所描述的**時間性**（temporality）在個人認同的形構上佔有重要角色。此外，時間性的討論也在現象學內建立了一個事物的第一原理（first principles）。現象學所討論的事物，包括能意與所意兩者，都有時間性滲透於其間。對時間源起的現象學描述也就成了一個中心哲學議題。

時間性的層次

時間結構可以被分爲三個層次：

一、第一個是**世界時間**（world time），即時鐘與日曆時間，也可以叫做**超然或客體時間**（transcendent or objective time），這是世界上種種事件與歷程的時間。當我們說餐宴進行了兩個小時，或是阿芬比阿芳早兩天到達，或者是序曲在歌劇之前，這些都是我們在世界時間之中所進行的事情或活動。這種時間可以同**世界空間**（the spatiality of the world）相提並論，即事物體積所佔有的幾何空間以及物體之間的關聯位置。就像這種空間一樣，客體時間是公共性的，並且也可以被檢驗；我們可以用時鐘來測量一個歷程所需要的時間，我們也都會同意這個測量。被如此測量的時間落在世界之中，在我們所棲居的公共空間中。

二、第二個層次是**內在時間**（internal time）。它也可以被稱之爲**內存或主體時間**（immanent or subjective time）。這種時間屬於心理行動與經驗，即屬於意識生活內容的綿延或順序。意向行動與經驗一個跟著一個呈

現，而我們也能夠透過回憶把某一個先前經驗召喚出來。如果我記得昨晚所看的演出，我現在就把當時我有 131
的知覺再活化一次。我的意向與感受的時間性連接方式也發生在內在時間中，這種內存時間性可以同我們從**裏面**所經驗到的身體空間性相提並論。內在時間中有順序，一個活動或經驗與另一個活動或經驗之間，可以是有著之前、之後或同時的關聯，但這種順序或持續期並非由世界時間來測量的，就像我的手腕與手肘之間，或是我的胸部與胃部之間的內部距離，並不能用尺來量一樣。我確實可以感覺到一個意識經驗是在另一個意識經驗之前或之後，但對這種時間我無法像對跑步比賽一樣計時。內在時間是私人的，不是公共的。

三、有人可能會認爲上面所區分出的兩種時間已經是把時間的可能層次完全舉出了，有人可能會認爲區分出客體時間與主體時間就已經足夠了；然而，還有一個第三層次的時間必須被提出來，它就是**內在時間意識**（the consciousness of internal time）。這比第二層次更進一步。第二層次是內在時間性，但第三層次是對如此的內在時間性的**覺察**（awareness）或**意識**（consciousness）。也就是說，僅僅只是談第二層次的時間並不能說明它的自我覺察；我們必然要考慮到一個第三層次來說明我們在第二層次所經驗的。這個第三層次有一種不同於超然時間與內在時間的**流**（flow）。不過，這個第三層次並不需要再考慮到另一個超過它的層次來說明它自己。

這個第三層次因此是達到一種終究與完整，不需要再舉出另一個超越它的層次。在現象學裏，這個第三層次，以其中特殊的**流**，是最後的、絕對的。事物成就爲現象首度發生在這面層次之中，它不再奠基於任何其他事物上，它是終極的脈絡，最後的界域，最後的底線。它爲現象學中所有被分析的特定事物提供基礎。在現象學裏，內在時間意識是在我們經驗中所發生的所有的區
132 別與認同的根源。而且顯然它也是一個難以被描述言說的層次，因爲大部分的語言字詞多是用於描述世界上的物體，這些文字需要經歷極大的轉換才能用以描述這個第三層次。不過，如果我們嘗試使用部分與整體、同一與多重樣態，以及顯現與不顯現的形式，我們可能可以把在這個層次所發生的議題加以表達。

不過，在討論棘手的內在時間意識之前，讓我們再多描述一下超然時間與內在時間之間的互動情形，也就是最初就區別出的第一層次與第二層次時間性之間的互動。我們可能會想客體時間是最根本的，因爲即使我們的主體性停止存在，世界中的事物仍然持續。但做爲一個現象，客體時間卻是依賴著內在時間的，第一層次依賴著第二層次。只有在我們的主體生活中，我們經驗到心理活動的依序發生，世界上的事物才可以用時鐘與日曆來衡量，才能夠被經驗爲一種持續。如果我們不預期也不記起，就無法把世界上發生的過程組織成時間模式。當我們要試著給世界時間一個現象學的描述，就不得不把內在時間的結構當成是這種時間的條件。只有因爲我們擁有主體性的內存時間，客體時間才得以向我們顯示。屬所意的世界時間結構（the noematic structure of world time）因此依賴著屬能意的內在時間結構（the noetic structure of internal time）。因此，當立足於現象學態度來觀看意向性時，我們看到世界時間與內在時間相關聯著。超然時間，做爲現象，奠基於內在時間上。

當然，做爲有生命的生物體，我們是陷在客體時間之中。曬了三小時的太陽後，你被曬傷了；在通風不良的房間中待了一整個下午，我就無法保持清醒了；她約會遲到了。就像其他的物體一般，我們也受制於世界上所進行著的因果關係。但我們不只是世界上的事物，我們還是事物對之顯現的接受者——超越的自我；也因此我們面對著世界而立，使它向我們展現，而我們意識經驗中的時間之流則是世界與其中事物展現的條件。做爲世界一部分的自我與擁有世界的自我之間的矛盾關係，在時間性中再次顯著起來：意識的內在之流是巢居於世界中所進行的種種歷程之中，然而它卻也與世界相對而立，提供出世界得以如此展現的能意結構。事物對之顯現的接受者——超越自我，並不是一個單獨靜止的點；它牽涉到一個在時間中進行著的歷程，但這個時間是它自己的內在時間性，而不是時鐘與日曆的客體時間性。

現在，如果內在時間是客體時間出現的條件，那第三層次的時間性——內在時間意識，則是內在時間出現的條件。

內在時間意識的問題

讓我們現在來探討內在時間意識的議題。如前說過的，與世界時間相對的內在時間並不是最終究的時間；它不是最後的脈絡。我們並不只是留在客體流動的時間，以及與其相關的主體流動時間之中；反倒是，內在時間之流正指向著一個更根本，可以做爲它的基礎的東西。〔圖一〕中顯示著這三個層次時間的模式。

內在時間意識	內在時間 包圍著知覺、感覺經驗、記憶、想像等等。	超然時間 包圍著樹、房子、競賽、雪崩等等。

〔圖一〕

內在時間意識，可以說是比內存時間「更加的內存」。它形構了我們意識生活中所發生的活動，像是知覺、想像、回憶與其他感受經驗的時間性；它讓這些內在對象得到時間性的延伸與秩序。然而，這些意向本身顯現著它們所指向的對象，它們是世界上的事物與歷程
134 的知覺、想像與範疇意向。因此，內在時間意識的影響延伸到這些超然在外的對象上，也延伸到它們的超然時間上。內在時間意識不但形構了我們意識生活的內在時間性，也形構了世界事件的客體時間性。內在時間意識是所有其他形式意向構作之時間性的核心。

上面這些宣稱好像十分誇張，好像有些不確實與故意吹噓。它們似乎暗示著內在時間意識就像一個新柏拉圖主義的存有泉源（a Neoplatonic source of being），主體經驗與世界上的事物都由此中流溢而出。內在時間意識好像被賦予了一種在所有事物之上的形上學優先性。說它有這樣的力量是不是純屬臆測，太過誇張？一個隱

於世界之內的部分，一個這樣微小，且甚至比我們的意向動作還要內在的東西，如何能對事物的存有具有如此影響？現象學在這裏好像進行了一個人爲建構；它好像不再是忠實地描述向我們顯示的東西。

對內在時間意識的現象學描述，確實是一個非常特別的學說。它的有些名詞聽起來眞的非常內在，好像是說在我們存在的核心，有一個被鎖在其中的封閉體，比由超越還原中所抵達的主體性還要私密。在這一開始，有關時間性議題的修辭說法與字彙確實令人困擾。但是，在我們放棄這個學說之前，我們還是應該來檢查看看它對我們時間經驗的說明是什麼。說不定它所帶給我們的道理比乍見之下還要多。

「當下」的結構

當我們試著解釋我們如何經驗時間性對象時，總是傾向去說我們面對一系列的「現在」，一個接一個。我們傾向說時間經驗就像播放影片，一個片格(一個現在)快速地接在另一片格後面。對象的樣子一個接著一個向我們而來。但我們對時間綿延的經驗卻不能是這個樣子；如果是這樣，我們永遠無法得到綿延的感覺，無法得到一個時間連續的過程感覺，因爲我們所有的只是一
個個的時刻，在每一個時刻裏所呈現出來的一個個片 135
格。此外，不只是那影片會顯現爲斷裂而不連續，我們對這順序的經驗也同樣會有問題；我們自己可能會變成由一個經驗跳到下一個經驗，我們不會感覺到超過一個片格之外的東西，也不會感到我們的經驗或甚至是我

們自己在時間中綿延著的感覺；我們將不會有連續之流的感覺。因此，對象、我們的經驗以及我們自己，都沒有了時間上的連續性。我們自己與我們所經驗的都將只是片斷的閃光，片斷的現在，片斷的片格。

爲了解釋我們經驗中的連續感與順序感，我們可能會說：我們的確在每一時刻只有一個片格，但當我們正有著一個片格時，我們同時也記得先前所呈現的片格；我們把它們跟現在呈現的這一個連起來。我們至少會記得在現在這一個之前的幾個片格，我們持有先前片格的複製品。經由這樣的記憶，經由伴隨我們知覺的這樣的記憶，我們得到了一種連續感。

然而，這個解釋並未足夠深刻。如果我們說我們記得一個先前的片格，這是預設了在我們之內已經有了過去的這種感覺；但這種**過去的**感覺又如何來到我們身上呢？如果我們只有一個接一個的片格，我們能夠經驗的就只有一個個當下的片格，即使記起一個先前的片格，它也只是另一個當下的片格，我們能夠有的都是純然的當下。沒有一種過去的感覺可以進到我們的身上，爲我們所知，即使是先前片格的複製品也達不到這種功能。沒有過去這個面向可以從當下分別出來。

其實，我們不但要考慮到對過去片格的記憶，還要考慮對將要來到的預期，因爲我們的經驗不但延伸向過去，也延伸向未來。我們的知覺必然要伴隨著立即記憶與最切近預期的動作。但同樣地，如果**未來**的這個感受不是一開始就在我們自身中，我們如何能把預期當做朝向未來的引導？如何能知道被預期的片格是未來而不是另一個現下？不管是未來或過去，都可能與現下沒有什麼不同。

根本性的過去與未來之感

因此，我們必然要承認，在我們立即的經驗裏，我們不僅只是擁有現下的片格；就在我們最根本的經驗中，過去與未來的感受都一同給出了。用威廉・詹姆斯（William James）的話來說，我們對現下的經驗並不像一支刀片的鋒口，只是細細的一點點，而是像馬鞍的弧形一樣，中間有突出的部分，也有著向兩邊延伸的部分。在知覺中給予我們的，不但有著在現下突現的部分，也有週緣蔓生而去的部分。如果我們對現下的經驗不是這樣，我們就永遠沒有辦法獲得過去與未來的感受。要在**後來**才把這樣的感受加到現下經驗上去就太晚了，根本無法解釋過去與未來的感覺如何可能。就在經驗的一開始，就必須有著一個根本性的過去與未來之感。

更進一步來說，宣稱我們擁有如此根本的過去與未來之感，並不是因爲哲學論說的需要才標舉的主張；這不是一個假設或推論。其實，這才符合我們對事物的經驗：不論我們經驗什麼，不管它是世界上的事物與歷程，或是主體的行動與情感，我們都是經驗著種種的**正在進行**，它們的存在是以**正在進行**的方式被經驗到。只有因爲這些對象蔓生於現下，我們才可能記得它們並肯認它們成爲過去，只有因爲這些對象也在現下進入視野之中，我們才可能在遙遠的距離下預期它們。當我們反思我們的經驗時，我們發現經驗總是含著切近的過去與未來。過去與未來以**原初的不顯現**顯現在我們所有的經驗中。

為了幫助描述我們對時間的切近經驗，現象學中引用了數個專有名詞。**當下**（the living present）指的是我們在任一時刻對時間所有的完整立即經驗。當下即是**任一時刻的時間整體**（temporal whole）。做為一個整體的當下由三個環節組成：**主要印象**（primary impression）、**持存**（retention）與**突向**（protention）。這三個抽象部分，這三個環節，是不可分割的。我們不可能只擁有孤零零的一個持存，也不可能只擁有一個孤零零的主要印象或突向。當下是由這三個環節部分所組成的一個整體。〔圖二〕顯示了當下的結構。

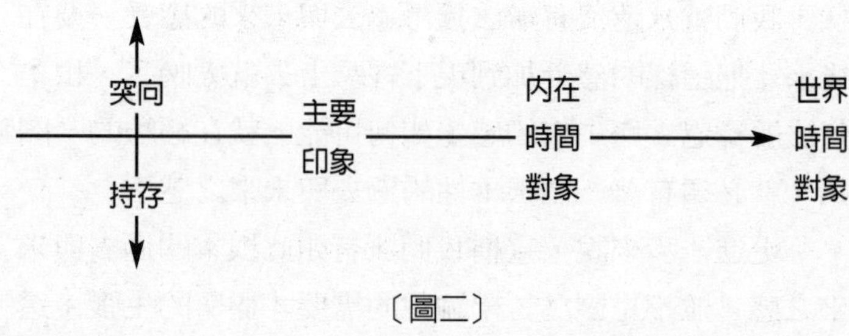

〔圖二〕

持存，就如文字本身所示，指向過去。它**保持**
137（retain）一些東西，它保持才剛消逝的當下。這是一個非常細微的重點。持存並不是立即保有一個才剛經驗到的時間對象，像是一段旋律或是憤怒的感覺。它保持的是**消逝的當下**，是消逝的時間經驗。

現在，這個消逝的當下本身也是由主要印象、持存與突向所構成。因此，在消逝的當下的持存中，也保持了才剛消逝的持存。後者的這個持存又保持著在它之前的那個當下，因此，經由持存的中介，我們有了一系列的，如此串連起來的消逝的當下。在當下，我們持存著之前對其之前有所持存的持存。我們從未只有一個原子般的當下；經由當下所擁有的持存作用，當下總是有一個像是彗星尾巴，連接著一個個消逝的當下，以及每一個當下之中的持存作用。

我們必須強調，在每一個當下中的持存並不是一個一般的記憶動作；它比記憶還要根本許多。持存是在時間之綿延的初期建構中作用的，是在記憶作用之前的。它所保持的東西尚未落入遺忘的不再顯現，因此，一般熟悉的記憶根本還沒有作用的空間。同樣地，突向，與持存相似但卻是朝向未來的部分，也不同於我們一般在其中想像自己在一個新處境中的預期或投向。突向也是較為根本與切近的；它在我們現下的經驗中給予我們最初有關「有東西將要來到」的感覺。突向打開了未來的面向，並且也因此使得完整成熟的預期得以可能。

突向與持存，跟隨著主要印象，是我們的經驗往過 138
去與未來伸展出去的最原初開放作用。海德格曾稱我們這種由現下向過去與未來伸展的特徵方式，為我們經驗中的「綻放特徵」（the ecstatic character of our experience）。而此三種開放作用的形式即稱做時間的綻放（the ecstases of time）。這個名詞是由希臘文字首ek，即「外（out)」，與來自動詞histemi的名詞stasis，即「站起來」（to stand）所組成，意即在我們最初始的時間經驗中，我們就不是被鎖在一個孤獨的現下中，而是向著過去與未來「站出去」。

這個以主要印象、持存與突向的作用對當下時間經驗結構的解釋，有著一種近似數學的味道在裏面。它有點像是要描述一個由點發展到線的過程，其中任一個點都是隱含著它最切近的鄰點（向左與向右），而這切近的鄰點本身又隱含著自己的鄰點，一直下去。每一個點都是經由它較近的鄰點的中介而與較遠的點關聯起來。在這個瞭解底下，一個點不只是一個分離的單位，而是總指向下一個點，並由此連接起線上所有的點。把這個比擬更進一步來設想，只有當一個點是意含著它的最切近鄰點，並由此意含著其他較遠的點，這個點才存在爲一個點，才可以是「往世界伸展而去」。

不管數學家們會如何來修改這裏關於點的定義，我們必須承認，在我們的時間經驗中，最終極根本的單位——當下（「點」），必須被描述爲包含著指向之前與之後的當下。我們不能把某一時刻點當作只是一個原子般的簡單樣子，只是一個純粹的現下，而沒有牽涉到一種特別的不顯現，一種關於原初的過去與未來的不顯現。

回憶是新的經驗的開始

到目前爲止，我們僅考慮了當下的結構，當下時間性顯現的結構。當下並非任意地流動；它是意向性的，它意向著或示現著時間對象，如一段旋律或是一陣疼痛。在我們的現象學分析中，也必須描述這些對象的時間性面向，這正是與意向性當下相對的部分。

139 與當下關連在一起的對象部分可稱做爲「現前相位」

(now phase)。與正在消逝但卻同時在持存中的當下所對應的，是一個先前的現前相位。把這個關係以模式關係呈現，在下面我們可以看到每一個持存的當下皆有一個現前相位與之相對：

當下 $_0$ → 現前相位 $_0$
當下 $_{-1}$ → 現前相位 $_{-1}$
當下 $_{-2}$ → 現前相位 $_{-2}$
當下 $_{-3}$ → 現前相位 $_{-3}$
…… ……

目前的當下持存著才剛消逝的當下，後者又持存著前一個，如此下去。而在對象的這一邊（即「所意」的這一邊），對象的時間相位也是依順序一個接一個下去。因此，一段旋律（或一段感受）的各個相位一旦被認記後，就依此時間定了排序。它們就此在時間中定下了位置標記，並且也因之有了內部的序列關係。當記起一段旋律時，同樣的序列關係再被喚回，記憶再度活化在經驗中的主體端與對象端的時間流動。

做爲意識生活最基本段落的當下，有著雙重的意向性。在一方面，它持存著它自己的先行當下，因此建立了一種原初性質的**自我同一**（self-identification）。在另一方面，透過同樣的這些持存，它建立了被經驗對象的連續性，也就是對象成就爲在時間中展現出來的經驗。內在時間意識因此進行了一個我們稱爲**縱向意向性**（vertical intentionality），即建立了它自己的連續同一性，以及一個**橫向意向性**（transverse intentionality），即建造了在時間中展現的意向對象。

然而，持存卻是有限地向先前而去抵達消逝的當下；它並不是毫無阻礙地一直通達我們意識生活的原初階段。在某一階段持存會褪色，與之相對的現前相位也就落入遺忘之中。這是在我們意識時刻中的時間隱暗部分。意識之光往回照亮一些當下，但再之前的對象與經驗就不再處於認取之內。它們進入了更確切的不顯現狀態。不過，我們可以透過記憶再恢復它們，也就是再度
140 活化先前的，包括內在與超然的時間流動序列，就像它們一開始呈現的綿延一樣。我們透過表象把它們帶回生活之中。我們無法記得一個仍在當下進行中的持存；經驗與其對象必先被遺忘才能被記起。回憶因此是一種分離開來的，新的經驗的開始，是再度回到那個已經落到意識之外的東西。

事實上，我們在第五講所討論過的種種意識移置經驗，都是一種意識的當下時間流動狀態的打斷，並且引入其中一個新的、第二項的時間流動經驗：在記憶、想像或預期中經驗我們自身的流動。也就是說，在我們目前的經驗流之中，可以有另一個經驗流巢居其中。行使這種移置可以比擬像是在知覺中引進範疇活動一樣。在記憶中、在想像中與在預期中的移置，使主體獲得一種較高的自我同一感，同時也給予對象一種較高的同一性。這種同一感與同一性，超過了在當下層次所能得到較爲原始也較爲基本的同一感與同一性。

內在時間意識的其他種種

內在時間意識支持著主體的內在時間流以及對象的世界時間流，即超然時間。它使得這兩種時間流得以示現，因此在現象學的考慮上它比後兩者更根本。不過，內在時間意識並不能獨自存在。它的整個意涵就在於讓主體與客體時間流中示現出時間對象。我們無法把內在時間意識單獨挑出，並宣稱單獨地「擁有」它，這樣做就會是典型的哲學錯誤，誤把環節當成片段，把一個抽象部分當成可獨立的整體。內在時間意識黏附在內在時間與其對象上，由此也黏附於世界時間與其中物體上；雖然內在時間意識比它們更加根本，但它卻是它們不可分離的一部分。

更進一步來說，對時間意識的分析只是提供了時間的形式結構。時間相位並非全部，它只是具有時間性質的一個形式。在這個時間「根源」的分析中，我們並未
解釋了樹的根源、中產階級的根源、旗幟的根源、旋律 141
的根源、太陽系的根源、知覺的根源以及範疇活動的根源。我們只是提供了一個釐清與解明，解明事物在其中存在與呈現的時間層次。時間的形式結構需要種種不同的對象與活動的充實，而每一種都有合適於它自己的分析，因爲它們都含有不同於時間性形式的顯現形式。不過，因爲時間如此地穿透於事物之間，時間結構的確可以應用到所有包括了主體性與客體性的事物上。

當我們想用一般應用在日常物體與歷程的標準來衡量內在時間意識時，會感到它難以把握。就像在圖(一)所見，內在時間意識甚至比我們主體時間歷程還要內

在；它甚至比感覺與意向動作之流還要深層。正因爲它是如此深入，當我們用內存、內在這樣的詞來描述它時，就有了一些問題。它其實超過了「裏面」與「外面」之分，我們看到其實它並不是可以在空間中有任何落腳處。它不在一般意義的時空底下，它甚至比我們一般的意向活動還要根本。

當下，在其自身的接續之中，組成內在時間意識，這個接續是一種歷程嗎？它流動的方式與感受或意向動作流動的方式相同嗎？並不是；它進行變化的方式必然是與感受、動作、旋律或競賽的進行形式不同。但內在時間意識必然有「變化」；它有它自己的流。當下確實是一個接續一個，但當「接續」這個詞用在這裏的時候，它的意義是不同於描述旋律或是感受的起伏。我們只能想辦法以「持存」與「突向」的作用方式來把這種接續描述出來。當下$_{-2}$先於當下$_{-1}$，兩者也都在當下$_{0}$中持存著。當下$_{0}$是在目前這一刻突現的，因爲它是唯一實際於目前存在的。

當下的這個形式因此是自然且持續地進行著，不快也不慢，而且總是時間經驗的發生處。它是時間性的核心地帶的小小引擎。因爲它是時間性的根源，多少可以說它是在時間之外（也在空間之外），但它確實享有著差異變化與接續，只不過是用它特有的那一種方式來經歷。它既是定靜的，也是流動的，就如胡塞爾以 stehendströmende Gegenwart 稱之。它既外分也聚集，既
142 流動也拘守，既開展也封閉，就像火與玫瑰渾然爲一（T.S. Eliot, *Little Gidding*, ad finem）。部分與整體、顯現

與不顯現，以及多重樣態中的同一性等形式，是我們經驗中所作用的其他較複雜形式的基礎，而當下又是這些基礎性的形式的根本所在。做爲眞理與行動的意識行使者，我們的自我認同，其原初也是當下，但正因爲它是原初的，它也就是前於個人的（prepersonal），不是以任何個人之名而作用。我們無法影響它或改變它。它不在我們的控制範圍內。我們並不控制我們的根源，它以自己的方式行進著。但我們可以認同它；它是「我們的」，我們的根源與基礎。

顯微層次的同一性

讓我們來看一下在當下之中所發生的顯微或次原子層次的**同一性綜合**（identity syntheses）。當一個明確的當下消逝，並且成爲一個持存著的當下$_{-1}$，它不再顯現，但卻未落入遺忘中；它呈現爲**才剛過去**；我們因此得到它的**即刻消沒**。這裏我們碰到有些吊詭的東西，一個原初的不顯現，一個**過去**的原初顯現。當下的變化樣式導入了一個不顯現（相對於剛才在其消逝之前的明確現前），但這不顯現卻被顯現出來：當下$_{-1}$是做爲才剛從中心消逝的同一個當下而顯現，它是如此被認取，但這樣的認取卻正是源於無可挽回地往不顯現消逝而去的這種條件。在持存中出現了一種根源性的不顯現，但這種不顯現卻同時也是有所給出，有所顯現。從當下到持存狀態的簡單轉變過程裏，我們有了與顯現相配互補的不顯現，我們有了在當下整體中所作用的部分，我們有了接續組成得像是彗星尾巴般型態的多種樣態，並且在這種種情況裏，我們有了一個個當下的同一性綜合，以及其意向對象的時間相位（即感受或旋律的一個個現前相位）。

到目前爲止我們集中討論在內在時間意識的持存面向，但我們不應忽略突向的面向。突向是對即將來到者的開放。它是一種原初的，對某事將要來到的期待。它是形式的，即它只是期待**某事**，但並不規定特定的某事內容，但在一個特定經驗中總是有了其特定的內容（像是悲傷感，再多一點的沙拉，再多一些的談話）。因
143 此，當一段過程在主要印象中認記起來時，它早已突向地「被預期著了」，至少是在它的時間性形式上，它是以**被預期來到**的樣子呈現。顯微層次的同一性綜合不只發生在持存，也發生在突向部分。

對時間之謎的最後一些考慮

在這裏你所讀到的有關內在時間意識的說明，似乎只是極端的推測，甚至有些幻想的意味。這些內容似乎超出了我們之前對其他意向性形式的描述。舉例來說，現象學對知覺與想像的描述，或是對範疇活動與看圖片活動的描述，都好像比較實在，它們似乎就在我們的經驗中有落腳處。讀者好像可以從自己的意識生活中的考察，來驗證或推翻現象學描述中，諸如知覺與記憶之間的這種區別。但對內在時間意識的推論，好像就完全地在我們的一般經驗之外。它們似乎漂入了神祕與封閉的地帶。這些還是現象學嗎？這些是描述，還是人爲的建構？

有人可能會以如此的說法來反對：我們承認時間經驗不是原子般的，不是如刀片的鋒口，而是像馬鞍的曲線；我們承認這種經驗有著像是突向與持存的東西伴隨著立即的印象。把立即的過去與未來包括在現下之中倒是十分合理的。但爲何不把這個結構放在我們的感受，與意向動作的內在流動之中就好了，放在第二層的時間性就好了？爲何不把它就擺在心理學的層面？爲何要把它看成是比主觀意識流還要深入，還要內在的東西？爲何要把它放在當下與消逝的地帶來討論？爲何要說「既外分又聚集」是一個根本事件？正是這個第三層次時間性的主張，這個比主觀經驗還要深入，還要底層的時間性層次，讓我們覺得它是過度的哲學推測。

面對這樣的反對，我們可以這樣說，對意向性與顯現的分析並不能奠基在世界時間與主體時間之上。在這兩個層次中所發生的顯現與不顯現的交互呈現必須被一 144
種開放與澄清（clearing）、一種區分之所依的根源所支持，而這種支持並不是世間的歷程或是心理事件。事物與經驗在時間中展開與持續的事實，並不只是一個機械式的、有機體的、或是心理的事實；它是從一個更深刻的層次而產生的。這個層次正是所有形式結構的源頭，這些結構包括了在邏輯、數學、語法以及各種顯現的模式中的結構。此外，當我們認取了世間事物並加以認識，當我們經驗了自己的感受、知覺、記憶以及智性活動，我們也總是未反思地把我們自己當做是這些成就的出處與接收者，並沒有舉出任何其他的接受者來解釋這種示現。

胡塞爾在他的內在時間意識的學說中處理這個出處的問題，而海德格則是以有隱祕味道的說法：光亮與成事（Lichtung and Ereignis），意指著「事物化成的地帶」，在其中事物得以給出，而我們得以成爲事物的接受者。在古典哲學中，面對這些問題的方式有像是論述由太一（the One）中產生出差異（柏羅丁），太一與不確定雙體（Indeterminate Dyad）的互動（柏拉圖），以及甚至是第一不動的動者（the Unmoved Mover）的角色（亞里斯多德）。如果我們討論事物的顯現與消失，即會碰觸到顯現與不顯現之交互往復的根源，而這並不是世上事物之一或是在主體經驗流之中。

一個習慣於處理神經元與計算過程的人，可能會在驚訝與嫌惡之中拒絕這樣的說法。他可能會說，如果現象學會導向這種神祕化，他將遠離現象學。而他可能會另外想由測量神經元活動與標定知覺、記憶與其他心理事件在大腦皮層發生的位置，以解釋意識、知識與時間經驗。這些都是我們具體可觸及的東西，而他相信這樣的科學工作可以告訴我們什麼是意識活動。一旦一個人對現象學的說明採取這樣的態度，他將付出的代價是，他無法說明一些自己必須依賴的名詞，像是「顯現」、「表象」、「記憶」，甚至是「計算」，這些名詞是他必須用來說明自己的工作，但卻又無法在他的工作中給予肯定的。他將無法說明像是過去、未來與同一性等的感
145 受。他將描述機械式的與有機體的過程，但卻永遠沒有辦法說明意識的種種不同形式的活動，也永遠沒有辦法觸及到時間的問題。

在描述內在時間意識所用的字彙與文法，其實是有它們自己的精確與嚴格性。它們必須使用一些隱喻與比喻，但這並無任何奇怪之處，因爲語言一開始並非發展用來說明這個領域；我們必然是要修改一些一般用來描述世上事物與歷程的字詞。世間使用的字詞需要被修改以便抵達事物顯現的底層，並且加以命名。「在現前」與「在這裏（或在那裏）」、「做爲顯現的接受者」與「事物得以展現的澄清」，這些都要與物理與心理過程中的物理與心理事實區分開來。內在時間意識的議題關乎眞理與開顯的議題，它們同樣關聯到存在之爲存在的古典議題，即對事物如何顯現自身的探究。

生活世界與互爲主體性

現象學如何處理客觀科學世界與主觀經驗世界之間的不同？現象學所做的是，試著去顯示出精確、數學化的科學是從經驗世界中發源出來的。它們是奠基在生活世界之中，不可能取代生活世界。

146 在經過前一講中非常形式化的議題之後，現在移轉到比較具體的題目來進行討論。在此我們將討論**生活世界**（Lebenswelt），也就是我們生活於其中的世界，也要討論**互爲主體性**（intersubjectivity），即我們經驗到他人時所作用的意向性。或許對於生活世界的熟悉與對互爲主體性的公共性，可以讓我們從第九講的嚴肅分析中放鬆下來。

生活世界的問題性

標舉生活世界，在與現代科學相對的情況下，其實就是標舉出了一個哲學議題。伽利略、笛卡兒與牛頓等人所發展出的高度數學化形式的科學，使得一般人相信，我們生活在其中的世界，這個有著色彩、聲音、樹木、河流與岩石的世界，這個所謂的「第二性質」（secondary qualities）的世界，並不是眞實的世界；反而是由精確科學所描述的世界被認爲是眞實的世界，而眞實的世界與我們直接經驗到的世界是大不相同的。看起來像是一張桌子的東西，事實上是一團原子、力場以及空間的聚合。科學所描述的原子與分子，還有力、場與定律，被認爲是眞實實在的事物。而我們居住於其中，直接經驗的世界，則被認爲是我們的大腦因著感官的所接收到的輸入所建構出來的；更進一步來說，感覺被看做是對物體所發出的物理刺激所做的生物性反應。總之，我們所住在其中、直接經驗的世界是不眞實的，而由數學化科學所通達的世界被認爲是我們這個僅僅只是表面的世界的基礎，前者也就被認爲是眞實的世界。

因爲人們深信科學所說的眞理，所以科學在我們的文化中有著極高的地位。即使像是人類的意識、語言與 147
理性意志等，最後都是要以腦神經科學來解釋，而原則上，腦神經科學又可以進一步地被化約爲物理與化學所構成的生理科學。如此一來，我們有兩個世界，我們活的世界與數學化科學所描述的世界，而一般認爲生活世界僅僅只是現象，只是主觀的，但數學科學所描述的世界則是眞實的客觀世界。

在現代科學發展之前並沒有生活世界這個議題；在這之前，人們簡單地認爲我們所生活的世界是唯一的世界。前現代的科學只是把我們對所熟悉的世界的一些瞭解串連起來，它並不宣稱找到另一個可以取而代之的世界。前現代科學僅只是試著要發展確切的名詞、定義與描述我們直接遭遇到的事物，像是有機體、情緒、修辭論證與政治社會等。在現代科學來臨之後，才出現我們要如何看待自己的生活世界這樣的問題：不論我們認爲它是有效且可信的，或者它是純然主觀與非科學的。

現象學如何處理客觀科學世界與主觀經驗世界之間的不同呢？現象學所做的是，試著去顯示出精確的、數學化的科學是從經驗世界中發源出來的。它們是奠基在生活世界之中。精確科學是我們對世界上事物的直接經驗的一個變形；它們把這樣的經驗推向一個更高的認定，同時也就把經驗的對象轉變成理想化與數學化的對象。看起來好像精確科學發展了一個全然不同的、新的世界，但其實它們所做的，在現象學看來，只是用一個新的方法來處理原來的世界。透過這個方法，精確科學是增加了我們對自己所處世界的知識，提供我們處理事物所需的精確性；但它們並沒有，也不能放棄或拋棄它們奠基所在的生活世界。這些科學築巢於生活世界之中；它們並沒有與生活世界競爭到底誰比較眞實。

此外，現象學不只是宣稱精確科學是奠基在我們的經驗世界中，它還試著描述形構這些科學的意向性。它試著揭露到底生活世界是如何被轉化爲幾何與原子的世
148 界。然後，現象學宣稱，精確科學必須要在生活世界中落腳，它們是在後者中出現的建制，不可能取代生活世界。我們無法生活在科學所描述的世界中；我們只能夠活在生活世界裏，而這個根本的世界有自己的眞理與確證形式，這些眞理與確證的形式並不應該被現代科學的眞理與確證所排除，而是由後者來加以補充。

因此現象學是要顯示，精確科學是經驗世界與其中事物的衍生物。現象學承認現代數學化科學的價值與獨特性，但並不給予過度的評價；現象學提醒我們，這些科學是建立在我們於前科學的形式中所接觸的事物上，它也提醒我們，即使是科學，也是由某人所「擁有」或成就出來的。科學必須是由科學家來進行，也就是說，必須是由人類來進行這樣一種特定的思考與意向活動。科學牽涉了種種的意向性、種種的顯現與不顯現、種種的同一性綜合。它預設了一些與其它智性活動相同的意向性，也發展了屬於自己的意向性形式，但這些都不能從人類、從超越自我、從建構出它們的人這裏脫離開來。

數學化科學是如何形構起來的

現代科學處理理想化的事物：沒有磨擦力的表面、光線、理想氣體、無法壓縮的流體、完全彈性的繩索、理想效能的引擎、理想電壓，以及不會影響其活動場的試驗粒子。不過，這些理想形式並非無中生有，它們都是根源於我們直接經驗的事物，再加以進一步理想化。

舉例來說，想想我們如何有一個幾何平面的想法。
我們由一個普通的表面開始，像是一個桌面。我們把這
平面打磨得十分平整，使它非常光滑。到了某一點時，
我們可以把原本眞實的平整打磨轉變成一種想像。我們
想像把這平面打磨得不能再光滑了，想像它到了光滑的
極致。事實上我們並沒有辦法把一個平面打磨到這個地
步，但我們可以從實際上的步驟「起飛」，進入想像， 149
想像它到達極限。這個極限是純粹的幾何平面，但這是
建立在實際經驗的基礎上。它是我們實際經驗到的平面
的一個變形。

在光學中可以發現另一個例子。我們從手電筒的光束開始，然後我們遮掉一部分的光源，使光束剩下一半，然後再把剩下的遮掉一半。我們這樣做了幾次，接下來轉換做法，我們從實際地遮掉光源變成想像我們一步一步地遮掉部分的光源，一直到非常非常細的光束，細到不可能再將其分割而遮蓋掉其中的一部分。這個細細的光束，這個無法再分割的原子光束，變成了「光線（rays of light）」，就如同牛頓在他的《光學》中所定義的。我們事實上是沒有辦法抵達像這樣的光線，但我們可以把它當做極限一樣來想像或設想它。

完全光滑的平面與光線兩者都是**理想化的對象**（idealized objects）。這樣的對象不可能在生活世界中被經驗到；我們是以一種特定的意向性來形構它們，這種意向性是知覺與想像的混合。這種意向性由生活世界中的某一個事物開始，但後來產生出的對象卻不再屬於這個世界。不過，一旦我們有了這些理想化的對象，就會開始把它們與我們經驗的具體事物連接起來。這些理想化的對象變成了我們所經驗的事物之完美形式；它們似乎就比我們知覺到的「更加眞實」，因爲它們是更加的精確。我們所知覺的事物就變成了這些完美標準的不精確版本。

再來，如果我們發展出許多這樣的對象，就會開始認爲我們發現了一整個事物世界，而這個世界比我們知覺到的世界精確得多了。這就是爲何伽利略、笛卡兒與牛頓等所發展出的科學在我們的文化中取得支配地位的情形。人們忘了科學所談到的理想對象是在思考中成就的；人們相信這些對象比我們直接經驗到的事物還要眞實，所以就給予處理理想對象的科學極高的權威地位。他們把應用一個方法所得到的結果看成是一個新的現實（new kind of reality）的發現。科學專家，這個新領域的主人，就被認爲比我們一般人對事物的本質有更完整的
150 掌握，因爲一般人「僅僅」處理非科學的世界，而這些專家們處理的世界則是完美精確的「眞實」世界。更進一步來說，這種理想化，不只在幾何與物理上發生，也在社會科學中出現，如經濟學、政治學與心理學等。舉例來說，遊戲理論的模型就曾被用來計算戰爭與外交政

治中的策略。

進一步來談科學對象

讓我們仔細地考察理想對象出現的步驟。在我們開始考察的對象上，其中的某一項特徵是有著程度上的變異，如平面的光滑程度或是光束的大小。這裏的變異性可以在這兩方面：它可以有程度的高低，也可以是量的多少。而在理想化的過程中，變異性會被一步一步縮小，最後會出現一個想法，就是不再有變異性：變異性等於零。平面就成了完全的平整，光束就成了一條線。如此，我們就把一個原本是世界上經驗中的事物**幾何化**了。

最重要的是，在我們的思考對象抵達這種理想條件後，我們還是在它們身上保留住原本所設想的事物的內容或品質，並沒有把所有的東西都變成純粹的數學。理想平面還是一個空間上的事物，光線仍舊是光的射線。這樣的平面與光線是不一樣的，這兩者也和其他像是完全彈性繩索或是理想電壓等不同，後兩者也是把世界上的某些對象加以理想化而得來的。

正是理想對象的這種極度精確的同一性，使得它們成爲智性所喜愛的對象。它們是完美的，不管在何處談及它們，它們都是一樣的，而我們實際上所經驗到的表面與光束卻剛好相反，每次都各有不同。在本書先前的章節中，我們曾經在不同的脈絡中提到同一性這個主題。一個知覺物體（立方體）被描述爲在一連串的面、面相與輪廓中的同一者；一個心理作用被看成是由我們

對其所有種種不同的記憶中所得到的同一者；還有，甚至是自我，也呈現爲我們種種心理成就之中所給出的同
151 一者。然而，所有的這些同一性也都有著變異性；它們是所謂的**型態上的本質**（morphological essences）。相對來說，數學化科學所抵達的理想對象是**精確本質**（exact essences），是不容許任何的模糊或變異。它們剔除變異以求得完美。

不過，不是所有的事物都可以被設定出抵達極限，並且形構出其精確本質。舉例來說，知覺或記憶就總有著一些模糊與變異，要把像這樣的東西推到理想極限是一件沒有意義的事；它們會一直都是「型態各異」及不精確的事物。也因此，一些人會認爲這些事物是模糊與主觀的，也就會試著要引進精確科學，像是數學心理學或是認知科學，用精確的概念來取代原本的概念。其中的一個例子就是想以神經元運算來解釋人類認知。

現象學認爲，精確的數學化自然科學並不能說明它們本身的存在基礎，它們沒有適當的語彙與概念來說明知覺、記憶、對他人的經驗等；現象學可以提供概念與分析，來說明精確科學如何從其前科學的根源中發展出來。現象學不像數學化的自然科學，但它本身有其精確的形式，不同於數學化與理想化的精確；它本身就能依其本身成爲一個科學。除此之外，它可說是關於科學的科學，也是生活世界的科學，它嘗試顯示生活世界如何會是數學化科學的基礎與脈絡。

本世紀的物理學與數學的發展確實也對自然科學的精確性提出疑問，像是發現了測不準原理、量子理論中

觀察者的關聯性、相對論、數學中的不完全定理、非線
性系統、渾沌理論以及模糊邏輯等，都對牛頓物理學以
及與現象學早期一起存在的科學與數學所瞭解的世界提
出懷疑。不過，這並未改變生活世界與科學之間的問
題。所有這些發展都發生在科學觀點的世界中，即使有
這些新的發現，科學世界仍然與我們自發經驗的世界不
一致。這些科學的新看法可能會容忍不精確，但它們所 152
描述的仍然是與我們生活於其中的世界不同，仍無法把
它們整合到這個世界來。想要解決這個問題，重要關鍵
之一即在於，把建立科學知識所依憑的那種意向性作用
加以詳細分析解明。

互爲主體性：共享的世界

現象學所用的許多字彙與論點可能會給人一種印象，那就是它是朝向獨我論（solipsism）的一種哲學形式。有些用語，像是超越自我、意識的時間流以及還原，都讓現象學聽起來像是會忽略他人與社會的存在與顯現。有些人批評現象學把他人化約爲僅僅只是現象，而把單獨的自我視爲唯一的實在。這樣的批評其實是沒有根據的，現象學對人類社會有許多相關看法，它對我們對他人的經驗也提供了非常周延的描述。

有兩個徑路可以用來描述我們對他人的經驗。第一，我們可以簡單地描述我們如何直接經驗他人，我們如何認識他人的身體如同我們的身體一樣，有著心靈與自我。第二，我們可以用一個間接的方式，描述我們所經驗的世界，是如何同樣爲其他心靈與自我所經驗。在

第二個方法裏，我們並不看我們與他人的直接連結，而是看我們與他人兩者，或是我們全體，所共同擁有的世界及與事物的關係。讓我們就由這第二種方法開始。

當我經驗到一個物體對象，如一個立方體，我由面、面相與輪廓的多重樣態中認取它的同一性。這個多重樣態是動態的，相對於任何時刻我對這個立方體的任何觀點，我都可以進一步地移動自己或是立方體來產生一個面、面相與輪廓的新的串連。之前看見的變成看不見的，之前看不見的變成看見的，而在這過程中，立方體還是維持在其本身中。在任何時刻我都可以預期或記起我對這物體的未來或過去的觀點，這些觀點都隨著目前我所看見的觀點而一同爲我所共同意向。我的經驗是實在與潛在的混合：任何時候，當某些面給出時，我共
153 同意向著那些如果我改變位置、觀點、知覺能力等可能給出但尚未給出的面。

當有另外的知覺者在場時，這種實在與潛在的混合情況會更加複雜。我因此會經驗到，當我從這邊看這個物體，他人則是從另外的角度來看這個物體，這些角度是一旦我移到他們的位置上也能夠擁有的角度。對我是潛在的，對他們卻是實在的。對我來說，這個物體就更加超然了（transcendence）：它不只是包括我所看見並也可能看見的，它還是另一個人在此時也看見的東西。更進一步來說，我承認這個物體是超越出我自己的觀點的：我所看見的正是一個不只是我，而是他人也可以看見的物體。這一個層次的同一性也爲我所認取。這個物體是，或者能夠是在互爲主體性上給出的（given intersubjectively)，對我來說，它正是這樣。

這個物體可以爲許多的觀看者、聆聽者、品嚐者、聞味者與觸摸者所知覺，這是在感官的層次，不過它也可以被許多的他人來加以範疇性地說出與勾劃。它也可以由其他種種的外觀方面來被瞭解與思考。我可能認識一位郵局的辦事員陳先生，但陳太太認識他爲她的丈夫，而且我知道這位郵局辦事員還可能爲其他人以其他的形式所認識。我並沒有辦法把一個物體所有可能被認識的方法全部舉出來，我的所有認識都是有限的，不過我仍然知道這物體會有我所不知道的認識方式。我承認它在這一層次對我的超越性，它在這一層次對我的有所不顯現。我知道在知覺與智性的兩重層次上，世界與其中事物還是對許多其他的自我給出，對許多顯現的接收者給出，即使對我來說我自己總是最顯著的，總是在中心，總是他人無法取代的我自己。對我自己來說，我自己是突出顯著的，這是超越邏輯上的必然，但並不是道德上的自我中心狀態。某些人可能在個人的情誼上離我很近，某些人可能很遠，但這種鄰近與否卻與我對我自己的給出方式完全不同。

互爲主體性：認識他人

到目前爲止，我們對互爲主體性的討論，聚焦在我們經驗到做爲我們與他人可以共同知覺到的物體上。現在讓我們說說我們對他人做爲另一個心靈、另一個肉身 154
存在的意識的直接經驗。我們不只承認世界也向他人給出，我們也能夠轉而朝向他人，並認識到他人跟我們自己一樣，是顯現的接收者，他們也能夠回報我們對他們的承認，也把我們看做如同他們自己一樣。

經驗到另一個自我是基於對另一個與我一樣的身體的經驗。我們並不只是知道另一個心靈；我們首先得到的是一個身體，但這個身體是做爲另一個意識所在的地方而給出。正如同我可以移動與經驗我自己的身體，我所承認的如同我一般的他人，也可以移動與經驗他自己的身體。此外，那個身體不只是另一個意識的棲所或是另一個觀點位置，它還傳達了他人的心靈。說出的話語、有所意向的姿勢，以及不經意的身體語言，都不只是身體的動作；它們顯示了意向動作，它們表達了思想內容，它們也傳達了世界與其中的事物對這一身體中的心靈是如何地顯現。如果這個他人發出一些聲音或是扮了一個鬼臉，我可能瞭解到的是「麻煩來了」或是「不要放棄」。

因此，身體是做爲意義的表達而在世界上立足（舉起手臂不只是一個機械過程，而是一個敬禮；揮一揮手不只是身體運動，而是把人打發離開）。這些他人的身體還能夠對我傳達出世界是如何呈現，它們提供了對事物的另外觀點，它們有著另外的超越自我。我知覺著它們就像是有同我一樣自我的身體，但同時我也知覺到，這個在其中並有所表達的意識生活對我總是不顯現的，總是與我的內在時間感不相同的。這種不顯現與立方體的另一邊，或是我尚未能瞭解的文本意義的不顯現是不相同的。

「本己領域」的神祕地帶

現象學還有一個較爲爭議性主張是，原則上我們有可能設想從互爲主體性面向出發，到達一個先於互爲主體性或做爲互爲主體性基底的層次。這就是所謂的**本己領域**（the sphere of ownness）。抵達這個領域的還原並不是想像一個實際上的孤單狀態；這並不是想像我在某處獨自一人，或甚至是地球上的人都滅亡了只剩我一 155
人。像這樣場景的想像仍是保留了他人的這個面向，只是把他人像事實的東西一樣取消掉。抵達本己領域的還原嘗試要取消的正是他人這個面向，它嘗試要達到一種經驗層次，在其中我自己與他人的對比並未昇起。

許多評論者時常批評胡塞爾引進了「本己領域」這個概念，認爲像這樣的一個領域是無法設想的，因爲原則上我們的任何經驗都必然有基本的公眾性質；不過，我們不該太快推翻這個主張。的確，幾乎我們所有的經驗都牽涉到他人心靈，某一個意義總是要與他人分享，它也是經由與他人的對照來定義的。但我們不應該就此推翻了這樣的可能，在我們意識中仍有一些面向是非常地私密，任何有關他人的部分都沒有進入其中。原則上，是可能會有一個無法表達或無法與他人分享的經驗層次，一個任何他人的感知都沒有侵入的地帶。當然，這樣深刻的私密性不會是我們經驗的全部，也不會是主要部分，但有可能在我們的意識中有一個非常隱晦的終極祕密地帶。爲何要完全否認這樣的面向呢？如果眞有這樣的地帶，其中所可能出現的同一與差異、顯現與不顯現以及多重樣態中的統一，就非常值得探討了。

不過，我們應該強調，進入本己領域的還原不同於超越還原，也就是不同於從自然態度到現象學反思的移動。它是在哲學態度中的一種移動，揭露超越自我所經歷的種種體驗層次。

理性、眞理與明證

事物像是一個放射性的源頭，持續放出不同種的能量，同時還保持爲同一。顯現不只給我們事實，也透露了事物獨特的美好。即使我們對事物本身的雅緻盲目，即使我們只因事物對我們的好處而感興趣，我們還是承認了它們的某種美好。因此事物不僅只是訊息的來源而已。

156 超越自我是眞理的行使者。它在許多的脈絡中運作這個特性：談話、觀圖、回憶、實踐、政治修辭、機靈的欺騙以及謀略操作等。其中一個特別的方式來運作成就眞理之力量就是科學，不論是實徵或是理論科學，也不管它是哪一個學門的科學。藉由科學，我們希望單純地發現事物的眞理；科學事業的企圖在於顯現事物的自身之道，而不在於它們可以如何地被使用，也不在於我們對它們如何如何的希望。科學的成功並不在於壓倒別人的勝利，也不是對種種慾望的滿足；它反倒是指單純與簡單地抵達了**客觀性**（objectivity），揭露了事物如何成其所是。

我們在前面已經考察許多眞理性（truthfulness）的組成成份，也已經考察了多重樣態中的同一性、範疇勾劃以及知覺與回憶等之間的種種不同。我們也探討了存在物的眞理性以及揭露者（the agent of disclosure）的眞理性（當然也包括伴隨而來可能的虛假與混淆）。在
157 此，我們要把這些探索合併考量並將之完成，將考察理性現象學，即對理性思考的解析。

理性生活與意義的同一性

當我們進入理性，將自己提昇到我們的生物及心理生活之外，我們進入思考生活。這也就是說，我們這種特別的動物，能夠宣稱事物的眞理。我們可以確認或是推翻這些宣稱，可以溝通意義，也可以因爲彼此是好或不好的眞理行使者而稱讚或指責對方。當我們相互交談並進行理性的生活，便能夠對種種的不顯現加以處理，

也能夠以非常複雜的方式來說明顯現的東西。

要能夠成就這樣的生活，其中一項要求便是在我們溝通與重覆思考中，出現的某一意義必須總是一樣的。當我們將一個陳述告訴他人，或把它當作另一個人說過的話來引用，或把它當做一個可以在我們的經驗中確認或推翻的前提，或把它放在一個科學領域的說明系統中，或把它寫下來使它得以被流傳與閱讀，這個陳述總是一次一次地以一個完全相同的陳述回到我們的生活中來。即使人們給某個意義不同的詮釋，即使是在不同的心靈中對某個陳述有模糊或明晰的領會，意義的相同性（the sameness of a meaning）仍然發生。它必然是同一個陳述，不然我們不會知道這些不同的領會是不同的；如果這些陳述是不同的陳述，那我們就不可能有許多詮釋。如果不是在一個意義的模糊與明晰中仍然存留有一個核心的同一意涵，那我們就不可能說對一個意義有模糊的把握。誠然，有時候當我們很仔細地設想後，一個意義或陳述會有兩個或更多的意涵，或者它可能破裂而變成不一致，變成完全無意義，但這樣的意義分解也只有在與意義的同一性相對照才爲可能。

特別是在文字中，意義顯現。藉由語言，我們得以表達事物，以及將這個表達傳達給他人或保留給日後的自己。我們所交換的文字捕捉了當時事物對我們的呈 158
現。而且，如果我們的揭露是信而可徵的，這些文字就捕捉了事物在其自身的狀態。同時，這些文字也帶著我們揭露事物時所持有的風格，因此它們也向讀者或聽者顯露了我們自己的某些部分。

雖然物理與數學也都是建立在意義的相同性上，但物理學家與數學家並不在意陳述總是會以其相同性一次一次地重覆進入我們的生活。然而哲學家卻不能放過意義的相同性；這正是他們認爲人之所以可以進行理性生活的要素之一。

兩種眞理

意義的相同性讓眞理成爲可能。在我們的理性生活中會發生兩種眞理：「確然之眞」（the truth of correctness）與「顯露之眞」（the truth of disclosure）。

對**確然之眞**來說，我們從一個被宣稱的命題或陳述開始。然後我們去確認這個宣稱是否爲眞。我們進行對確認或推翻這個命題所需要的經驗。如果有人說下雨時這個陽台的屋頂漏水，我們在下雨時來看屋頂是否眞的漏水。如果有人說出一個關於特定化學反應或醫療方法的陳述，我們可以進行適當的實驗來確認或推翻這個宣稱。如果結果確認宣稱，我們可以說這個命題爲眞，因爲它表達了事物在其自身的狀態。它便是一個正確的命題。對確然之眞來說，所謂的錯誤即是：錯誤的宣稱抵觸了事物在其自身的狀態，錯誤的宣稱即爲事物的顯現所抗拒。

在宣稱的確認之外還有一個更根本的眞理形式。這第二種眞理，即**顯露之眞**，僅是簡單地顯示事態。它是一個可理解對象的簡單顯現，實在與實際者的呈顯。這樣的顯現可以在我們一般的經驗與知覺中立即發生：我們走近一輛車並驚訝地發現輪胎沒氣了。我們不需要事

先預期輪胎沒氣；我們對它的經驗並不是要來確認或推 159
翻一個我們早先持有的陳述。我們不是在處理確然之眞，而是在進行一個更根本單純的顯露之眞。一個可理解的對象、一個事態對我們顯現，對象或是處境就此簡單地展開。我們爲一個新的數學關係所驚訝，我們突然會意到約翰對詹姆斯說謊，我們瞭解了塞尙（Cézanne）在某一幅畫上爲何將色彩與線條做如此的安排。這樣的顯現並不是證成，而是直接的示現。在這種眞理之下，所謂的錯誤即是當外表是誤導的，當事物相似於某一它所不是之物：讓人誤以爲是金子的黃銅礦、僞裝、仿冒、非眞品的假，有別於沒有說出眞實的假。

確然之眞必須以顯露之眞爲基礎，後者給出了一個宣稱的確認或推翻所需要的可理解性（intelligibility）。一個爲眞的命題所符合的、所關涉的、所據之測度的，並非毫無生命力的物體，而是被彰顯揭露的事物。當面對一個與之相符的直接示現，一個陳述宣稱便得以**去除引號**。就像我們在第七講所看到的，我們的經驗始於事態的直接示現，始於可理解的範疇對象的直接示現。如此的示現牽涉到顯露之眞。只有當我們開始將某些事態當成僅是某人所認爲的，當它們變成「被如此認定的事態」，當它們變成陳述、宣稱或判斷，當它們變成感受或意義時，陳述的領域才開始活躍。正是這些陳述，這些被如此認定的事態，構成了確然之眞的待察者（candidates），當它們與顯露之眞所給出的顯現相符，它們便獲得了眞實。顯露之眞因此包抄了確然之眞，它既在之前也在之後。

兩種明證

在我們所區分的兩種眞理中，「眞的」（true）這個述詞既用在陳述也用在物體或事態的示現上。我們必須引進另一個詞，即「明證」（evidence），來指稱帶出眞理的主體活動。現象學以明證性一詞來說明對眞理的主
160 體把握與主體作爲，不論這個眞理是符應的或是顯露的。屬能意（noesis）的明證即對應於屬所意（noema）的眞理。

這裏對「明證」（evidence）這個英文字的用法是比較不尋常，不過在德文與法文中比較常見。一般而言，「evidence」在英文裏並不指一種主體的成就；它指的反而是證明某一宣稱的事實或資料。「Evidence」可以是一個腳印、一個血手套、目擊者的證詞，或是一份文件，都是指客觀之物，一個用以證明另一事物的物件。在一般的英文用法中，一項「證據」（evidence）像是使某一結論成立的前提，而不是一種顯露事物的意向性。當這個詞被用做形容詞，它總是指稱一個呈現的事物，一個明白活現的呈現：如一個明顯的勝利（an evident victory）、一個明顯的模式（an evident scheme）、一個明顯的欺騙（an evident deception）。

然而在現象學之中，「明證」（evidence）採取了動詞的形式，「使之成爲明證」（evidencing）。它是眞理的帶出（the bringing about of truth），一個顯現的帶向前（a bringing forth of a presence）。它是一項作爲、一項成就。明證即是在多重樣態中顯現同一性的活動，即是事態的勾劃，或者是一個陳述的確認。它是眞理的達成。

有些字典上對「evidence」這個字的字義描述接近現象學的用法。牛津英語大辭典說「evidence」可以是具有「目擊者」（witness）意涵的名詞：某些情況下有些人可以被稱爲「evidences」，指的是這些人可以揭露所發生的事情。我們可以說某人已「turned state's evidence」，即是說某人決定成爲某事件的目擊證人。還有一個已被淘汰的英文名詞「evidencer」，指的即是目擊證人：「某一行爲的目擊證人」（an evidencer of the deed）。此外，「evidence」這個字也可以用做一個及物動詞，指的是讓某事明顯或明白，將某事顯示清楚。因此，我們可以說「他讓這個計畫的徒勞無益明白顯示出來」（He evidenced the futility of the plan），「她的話把他們所在的處境顯露無遺」（ Her words evidenced the situation they were in）。這些意涵，雖然較爲古老且罕用，卻有一點像現象學所採用的明證「evidence」的意涵，不過即使如此，這些意涵與這裏所採用的哲學上意涵也不盡相同。我們必須在討論它所指稱的現象中來讓這個詞的意涵更加清楚。

明證是一個可理解事物的成功顯現，某一事物其眞 161
理成功地在此明證中明示顯現。如此的顯現是理性生活中的一項顯著事件，它即是某事物進入理性空間，進入可理解性之世界的時刻。如此的事件並不只是主體的完成；它並不只是那個有所瞭解或有所看見的人的完成。它也是對象的完成；對象獲得呈現與知曉，它顯露了它自己。它的眞理得到落實。它被帶到明白之中。當海德格用一個相當詩意的比喻稱人，或者說「此在」

（Dasein），爲「存有的看顧者」（shepherd of being），他意思是，我們正是讓事物得以在其眞理中被彰顯揭露的存有者，我們在事物之完成中佔有特別地位，因爲我們是顯現的接收者。我們把事物帶入明證中，我們讓它們顯現。

明證將事物納入理性中

我們能夠有如此作爲的力量並非來自我們發明了某一計畫的結果，也不是來自於某一政府支持的方案，更不是一個我們要加以發展的天賦；我們做爲人就有這樣的力量，在做任何的選擇或思考之前，我們就有這種力量。它就是我們存在的方式。它讓我們能夠思考與選擇。我們的談話不只是我們之間的囈語，它也是事物的揭露（如果我們能夠脫離模糊的迷霧），事物在我們的話語中得到光亮。我們提供了事物在其中得以示現其自身的光亮，一個事物在其中得以聚集與再聚集的澄明。雖然我們只在事物的發展中佔了一段小小的空間與時間，雖然持續爆炸的太陽未來有一天會消滅包括地球在內的所有行星，在我們的理性生活中，美好與重要的事物仍然發生。這樣的活動是我們做爲超越自我的成就，而不是我們的動物性行爲或是物質因果鏈中的身體反應。理性之光打開了理性的空間，目的之王國。我們是示現的接收者，而我們所做的即是讓事物的眞理進入澄明之中。

爲何我們一定要用「evidence」這個字來稱這樣的成就呢？爲什麼不用別的字？其中一個理由，是在德文與法文中這個字的現象學意涵更爲自然。此外，這個字確實也捕捉到了一個現象：它表達了一個事實，當事物顯現其自身時，我們是有所活動的。當對象向我們顯現其自身時，我們是**有所作爲**的；我們並不僅僅只是接收。我們並不僅僅是與格（接收者），我們還是揭露的主格（ego）。其它的字像是直覺（intuit）、感知（perceive） 162
或是認記（register），都把我們在接受呈現時形容得太過被動。「使之明證」（evidencing）則更清楚地表達當事物給予我們時，我們必須有超越自我的作爲。在範疇活動中這樣的動作更加明顯，不過在理解的原初階段如知覺中也需要它，觀圖、回憶與思考更是如此。雖然不能用作動詞，但英文字「insight」是一個不錯的同義字，不過它比較限制在範疇的顯現中；「evidencing」的應用範圍則廣得多。不只是說話者與科學家，即便是畫家與戲劇家以及他們的觀眾，也能夠使事物就其自身成爲明證。進一步來說，「insight」也意味著一個一勞永逸的動作，但「evidencing」則有著超過初始時刻後的持續與重覆再來。

我們因此在兩方面有所明證：在確然之眞與在顯露之眞兩者之中。我們藉由看見事物本身以及使有待驗證的宣稱得到確認，來使某一陳述的正確性獲得明證。而在更根本的層次上，我們讓一事物在其直接顯現上勾劃清晰而使它的可理解性獲得明證，這即是成就了顯露之眞。我們看到了偶數的平方是偶數，奇數的平方是奇數；我們看到了羨慕不同於忌妒；我們看到了在三度空間中只有五個正立方體。我們將事實與可理解的對象認記爲眞：我們在其可理解性中展示它們。這就是瞭解。我們可能想要進一步解釋它們，找出它們如何爲眞的理由，但對進一步瞭解的尋求並不就此推翻了在源始的明證中所給出的原初瞭解。明證將事物納入理性的空間之中。

兩種脫除明證的嘗試

在哲學上與在一般的大眾心智中，有兩種方法可能會用來否定明證的存在。第一種方式是將明證化約到僅僅只是心理的層次。第二種方式是，我們宣稱除非我們能夠以從前提到公理的方式推論來證明我們所知的，不然我們不會眞正地擁有明證。

因爲「使之明證」必然是由我們來達成的，我們很
163 容易就會相信它「只是」一個主體事件，就像是情緒或是疼痛，或是一種確定的感受。明證也可能會被認爲是一種認知狀態，我們心智的一個暫時的條件，也有可能進一步被化約成爲大腦與神經系統的一個暫時的條件。在這個觀點下，事物就是它們所是者，它們是「在外面」，而認知狀態，包括明證，則是在我們之內，「在裏面」。舉例來說，「信仰」是一種認知狀態，是我們所在的一種條件，我們可以在自我意識中察覺到它，但它只告訴我們有關我們自己，而沒有關於在世界中的任何事物。

在德文中，「Evidenz」這個字的哲學意涵之一是「對某事物確信的意識」（Überzeugungsbewusstsein），這個意義也非常容易被心理學化。我們可能會把它當做是

我們對自己堅定相信某事的覺察，如此一來我們意識的目標就變成了我們的一個主體狀態，「堅定相信」的這個狀態。它就像是休姆（David Hume）與米爾（John Stuart Mill）所據之做爲我們內在知覺之目標的「信念」（belief）。

如此來解釋明證是不對的。我們在覺察明證動作時所察覺的不是一個內在的心理狀態，而是一種彰顯。我們覺察到一個智性的成就、一個顯現的完成，而非一個內在的資料。如果我們覺察到一種彰顯，那在本質上我們必也覺察到被彰顯者：彰顯並非一個與被彰顯之物相抗的內在事物。顯現的完成抵達了我們的智性生活，而非僅僅是心理生活。在我們的智性成就中固然會有心理的面向，但這些面向並不是這個行動的實質。明證的動作是理性空間的事件，而非只是心理的事件。

明證的動作是邏輯上的作爲而非情感或是疼痛。明證的動作是超越邏輯的作爲，它調節陳述與意義的網絡。它可以是一個事件，但這並不表示它就會是屬於心理層次的；它是一個顯露與眞理的事件，一個理性生活的作爲，一個超越自我的成就。事實上，它是理性生活中的原初作爲。它讓我們得以開始理性生活：除非事物得以在直接明證中揭露，除非我們進入可理解對象的顯現之中，否則我們無法在眞理局戲中佔有一席之地。在此之前，我們將僅只是人類談話的演練，而尚未成爲成熟的參與者。進一步而言，任何明證的動作都預設了整 164
個眞理局戲，也就是人類談話的進行；它必須早已在那裏等著我們進入。要躍入理性生活，我們不只靠我們本身所是者，還有我們在其中演練的理性傳統：包括我們出生所在的當地傳統還有人類言談整體兩者。言談與智性生活或許「只」是人類所有，但重點是要成爲人類就是要進入眞理活動，要能夠揭露事物於其自身狀態，要讓客觀性在我們身上獲得完成。當我們置身於這樣的活動之中，我們就在人類的本質之中。

第二種對明證的逃避，是宣稱顯現本身並不足以建立眞理。我們可以設想一個顯現只不過給我們一個外表或是一個意見。我們因此必須去證明所顯現者的眞理，而且我們是以給予理由的方式來達到這樣的證明。我們必須解釋它，也就是說，我們必須從另外的、更確定的前提，甚至是公理把它推演出來，以顯示爲何它必須是如其所如的樣子。在這樣的證明之後，我們才能對現象感到確定。以此觀點，除非我們能獲得證明，不然我們無法確定任何事情；對於每一件事我們都要求證明。因此，只有明證並不顯現眞理。換句話說，根本沒有明證這回事。眞理的唯一來源是證明（proof）。

這個宣稱反映了這樣的信念，即眞理只有通過方法程序才能抵達。沒有任何事物是對我們直接顯現，但我們可以透過推論來抵達眞理。在現代之初，笛卡兒訴諸如此的方法，並且認爲方法可以取代洞察。他說，即使只有中等智能的人，也可以跟隨一步一步的證明，而明確擁有一個結論，且同樣擁有與最高智能的人所擁有的確定性。即使是知覺也需要證明，他認爲，因爲它牽涉從我們所擁有的意念，到被認定存在「於外」，並帶出這個意念的原因之間的推論。這種對方法的信心正是現代理性主義的特點之一。在它背後的是我們對大規模研究的信任，信任這些研究會讓我們發現所需的眞理，使生活更好、更便利。政府、工業界或學術界所支持的以方法爲中心的研究取代了智者的權威。

對於方法與證明的如此信任，實是一種要掌握眞理的企圖。這正是一種要把發現加以控制並將其置於我們 165
的意志之下的嘗試。如果我們能使用正確的方法，如果能夠有電腦來幫助我們，我們就能解決許多重要的問題。我們將會把事物的眞理鎖定，強制了我們與他人之間的共識。在方法信心背後的哲學信條是：我們以證明的方式，而非將其帶往明晰的方式來認識事物。

對照於方法所帶給我們的對眞理的控制，明證似乎是不可預測以及不可掌控的。它似乎太過依賴能夠有能力達成它的人們。它似乎太過依賴表相，依賴事物偶然對我們的顯示。對照於方法程序，明證似乎太過被動，不夠有活力。理性主義可能會對明證的偶發性感到不安，並懊惱於我們無能掌控眞理，但這卻是事實。我們的確需要等待適當的人在適當的時候來讓眞理出現，我們必須依靠對此有所修養的心智而非方法。對明證的活動而言，並不是每一個人都是相同的；我們必須爲其準備，甚至是在如此準備之前，我們就必須具備可以成就它的初始天生能力。在帶出事物眞理的這一件事上，我們並不平等。

隱藏與眞理

明證將事物帶入光亮之中，但每一個明證卻都是從不顯現與模糊中昇起，並且當一個對象的某一面成爲焦點，通常也意味著其他面向沉入晦暗之中。理性生活並不是明證或顯現一個接一個出現那麼簡單。相反地，理性生活是顯現與不顯現，明晰與晦暗之間的拉扯推擠。

一般而言，我們認爲顯現是好的，但並不是說不顯現與隱藏就是不好的。事物進入晦暗有可能是好的也是必須的。隱藏並不是喪失，它可能是保存與保護。事物需要在適當的時機被看見。像是吉奧喬尼（Giorgione）的畫作「暴風雨」（The Tempest）曾被收藏數十年無人得見，而我們到目前爲止仍不清楚其中人物的意涵爲何，或像是約有兩百年間韋瓦第是默默無聞的，或像是我們可能根本不清楚莎士比亞是誰，或像是士林哲學在
166 十八、十九世紀受到笛卡兒主義的籠罩，這些事實都不必然是悲劇。即使當我們認爲我們對某事所知甚詳，我們還是可能缺乏重要的部分：即使有了一個畫作、一份文件或一個事件的豐富歷史資料，有了一種疾病或天文現象的一大片資訊，並不就此保證能夠帶出問題所在事物的眞理。事物可能正等待著適當的時機來被瞭解。就像詮釋學教導我們的，Verbergung也是Bergung，遮蔽也是保存。

遮蔽可以有兩種發生的形式，以不顯現或是模糊的方式爲之，而其中比較重要的是模糊。模糊一開始像是一個對象的朦朧顯現，而正是從這朦朧之中此對象可以明晰出來。然而一旦一個對象進入明證之後，它還是有可能，甚至是不可避免的，會落回模糊之中。這種落回的發生是因爲我們必須將此一明證視爲理所當然，以便

它做爲我們進入下一個明證的基礎。原來的明證變成了「積澱」，如同現象學所用的比喻一般。它變成了一個隱藏的預設，使其他更高階的東西能夠進入光亮之中，但當我們聚焦在這個更高階的、新的明證上時，那個低階的，更原初的明證就會退入晦暗之中，也就不再是鮮活的明白呈現。舉例來說，伽利略與牛頓所發展的大自然的幾何學化，當時是一個有著新鮮氣味的明證清晰；它讓一個特定的範疇結構進入顯現之中。隨著時間流轉，人們只是將「世界的形式即是數學」的認識視爲理所當然。這個現代科學的核心認識若要重新獲得明證則需要再一次的努力。

隱藏與失落就如同明白與清晰

我們所有的文化設置都像這樣。劇場的原初意涵也是落入積澱之中，成爲理所當然，即使它在被生產之初是做爲一種特別的描述與範疇勾劃。寫作或是人類語言的語法結構也有相同的情況。即使是算數活動，構成這活動的數字，也會失落它們的原始意涵與方向。再進一步來說，這些隱藏的原初，這些積澱的文化與範疇形式，可能是潛在的、被忽略的，但卻仍然是有效力的；它們生產了一個文化的力場。它們決定了我們所作所爲的範圍，也做爲我們大部分活動未被認出的前提。那些依賴方法的人可能會希望假裝眞正的明證永遠不會再落 167
入晦暗之中，新的東西進入焦點後，先前的東西不會移出焦點，因爲就方法程序的觀點而言，對象永遠是及手可得的。但這對全然顯現的期待卻注定會大失所望，隱藏與失落就如同清晰與明白一樣眞實。

哲學試圖利用一種考古的方式來恢復事物的原初意涵，一種思考模式，承認在我們的世界中有文化與範疇的事物，且努力在範疇積澱的地層中考掘。這個思考試圖去追溯在我們的智性歷史的層層堆疊中所發生過的明證；它試圖回到造成我們現在所擁有的環境之原初分別。它經由在我們所繼承的範疇形構中的生發性構成，努力地進行返回運動。獲致事物的本質也正是獲致事物的原初。

此外，哲學的考古學並非關於實徵歷史，即使它會應用歷史文本，它的根源並不是古代典藉。它的根源是我們直接遭遇的範疇與文化事物，而它所做的是依其在我們之前顯現的形式來考掘它們，將它們層層的包裹打開，直至它們的根本範疇或甚至是前範疇的先行處境。它試圖去「拆除」它們。舉例來說，我們把語言考察至它們首先呈現出與其他符號有所不同的地方；我們把幾何學考察至建立如此幾何學的意向性結構，看出它們與其他空間現象的不同。早先的文本與原始的形式對於這樣的考察是不可少的，但我們探源所尋求的原始分別，是一種屬於哲學的瞭解而非歷史或實徵的瞭解，就不是這些文本與形式所能提供的。

因此，哲學奠基於我們參與眞理的這個事實，但卻不僅是指在自然態度中的眞理。如果我們無法獲取眞理，如果我們沒有正確的意見與科學，那就無哲學可言。哲學對如此的理性成就之意涵加以反思。但如果我們對任何事都全盤皆知，沒有隱藏、沒有模糊、晦暗、

誤失、無知，那同樣也就沒有哲學，沒有對智慧的追
求。黑暗給出了光亮之可能性的條件，也給出了反映黑 168
暗與光亮爲何的哲學之可能性的條件。在哲學中，黑暗本身有可能進入光明之中，但哲學也必須有讓黑暗得以存在的善意。如果哲學想消滅黑暗，它會變成理性主義，想要取代自然態度而不是對其加以思考。

意義的三層結構

讓我們回到確然之眞，即當我們由命題或陳述開始，並想要確認它們是否爲眞時所進行的眞理活動。在處理這樣的眞理時，命題中可以發現的三層意義結構區分是非常重要的。對這些層次的討論將讓我們回到第七講討論模糊時的主題。

不過，在我們處理這三個層次之前，先讓我們對一個命題中的語法（syntax）與內容（content）做區別。語法是命題的邏輯文法；它由像是「以及」、「但是」、「跟著……」、還有「是」等詞所表現出來。語法是判斷的結締組織。它的作用是將內容的字詞結合起來，如同判斷活動中的「肌肉」作用，它可以舉重若輕；它將我們命名事物的字詞推、拉、舉起或是放下。有時語法由特定的詞來表達，如剛剛所提到的，但它也可以由詞性的轉變（如同名詞的種種形式）以及字詞在句子中的位置來表現：在此句中，「John hit the car」，我們可以由名詞在句中的位置知道哪一個是主體、哪一個是客體；「the car hit John」則有相當不同的意義。語法用詞也稱作判斷的**範疇構句法**（syncategorematic）部分（現象學

從中世紀邏輯那裏借來的詞)。這個名稱指的是這些部分本身並不顯示爲意義單位；它們必須與其他字詞結合，讓它們與這些字詞連在一起使用；它們必須與其他字詞一起「發生」。

相反地，一個陳述的**內容**並不是作用在與其他字詞相連，而是表達言談所及的事物或面向。要明瞭內容的概念，讓我們想像「John hit the car」這個句子去掉所有
169 的語法結構。如果我們移除所有的語法，我們會得到純然內容的殘餘：「hit, John, car」。我們甚至要將之推到極端，想像「John」與「car」不再是名詞，而「hit」不再是動詞。我們還必須把這些字詞的相對位置去除掉任何的意涵。如果我們能把句子做這樣的純化，我們就會得到沒有任何結構的內容。我們就會得到全然的**範疇用法**(categorematic)，沒有任何順序與勾劃，只單純命名事物的字詞。我們將擁有沒有語法的純粹語意。

當然，把語法與語意二者劃分開來，並獲得純粹的語法字詞與純粹的語意字詞的做法完全只是想像。事實上，我們所用的每一個字都有語法，而幾乎所有的字詞都有某種語意附著其上；這兩個面向是相互依存的兩個環節，而非可以各自分開的片段。不過，將語法與內容當做命題與字詞的兩個面向而做的區別仍然是合法的。此外，這個區別對我們的理性現象學非常有幫助，它讓我們能夠分析本節一開始就提出作爲考察對象的三個結構層次。

第一層結構層次：有意義的命題

第一個層次處理的是產生**有意義命題**的語法組合。如果我們只是將「therefore, is, and, X（某事物之名），with」等字詞線性地串連起來，我們沒有辦法獲得一個意義整體。在另一方面，一個「Therefore, X came with Y」的組合則是有意義並可以用在一個適當的場合。前述第一個串連只是一個沒有統一意涵的大雜燴，而其缺失就在於這一串字詞的語法之中，字詞的順序無法顯現出一個意義整體。顯然這樣的串連也無法進行確然之眞的確認，因爲它甚至還不夠格來進行眞假之辨，它是無意義的。嚴格說來，雖然某人在講話，吐出這樣的話語，但卻什麼也沒有說出來。進一步來說，這樣的語法雜燴並非只是哲學的建構；混亂的字串的確也發生在人們的話語當中。當說話者情緒激動時，或者當說話者或是寫作者極度地困惑於他們所想要討論的東西時，可能會語無倫次。人們的確會落入胡說八道之中。這樣的說話者並無法提供一個可以進行眞理檢證的陳述，而失敗的理由在於他們話語中的語法不當，而不是在於他們所 170
說出的錯誤。他們所說的甚至無法被認定爲錯誤，因爲它其實尚未符合眞假之辨的條件。

第二層結構層次：命題的一致性

一旦我們抵達了有意義之語法的命題，就碰到了關於命題**一致性**（consistency）的第二層次結構。兩個陳述可以是符合語法意義但卻互相矛盾：「他五點時回到家；他五點時不在家。」即使是一個單獨的陳述，如果它夠複雜的話，也可以自相矛盾或不一致：「他進入一棟棕色的白屋子。」在文法上這樣的陳述是可以接受的，但它們卻是自相矛盾。所謂的矛盾是，我們宣稱一件事，但又取消宣稱或是宣稱它的相反面。我們確實是擁有一個有意義的陳述，一個合於語法的陳述，因為要不是如此，我們也無能知道它之中其實是有矛盾的；也就是說這些話語都滿足語法條件。但是，我們對同一事物說了兩件彼此矛盾的事。這兩者是無法被同時宣稱的。我們說了某事，但又同時取消了它。在混亂語法中，完全沒有形成意義，而在這裏是有意義出現，但卻是或有或無，閃爍不定；「意義」搖搖欲墜。一個雖有意義但不一致的陳述，無法進行確然之眞的眞理活動。我們早就知道，對一個不一致的陳述辨別眞假是徒勞無益的。

不一致是與語法混亂不一樣的失敗，但它與語法的相關比與內容的相關高；它與陳述之間的組合方式，與陳述如何放在一起有關。語法處理的是字詞組成陳述的方式，而一致性處理的是陳述如何組成複雜的陳述或一個較大的整體。

第三個結構層次：命題的連貫性

意義結構的第三個層次，就是處理我們話語的內容。它處理我們所宣稱之陳述的**連貫性**（coherence）。我們可能說了一些語法正確又不自相矛盾的陳述，但它們卻還是失敗，因為它們的內容根本無法連貫在一起。舉例來說，一個如此的陳述「我的舅舅是難以讀懂的」無法令人接受，倒不是因為它的語法或不一致，而是因

爲它的不連貫：「舅舅」一詞與「難以讀懂」兩者無法互相連貫。它們分屬不同的範疇或是不同的語言局戲，171
不同的論述領域與存在。這個陳述是無意義的，不過不是語法失敗的無意義。這個陳述的語法沒有問題，但它的內容卻是錯誤地擺在一起。這種不連貫的陳述還有像是「這本書很高」、「我的貓是一段杯葛」、「那棵樹是一個只會講一種語言的人」以及「第十修正案被烤焦了」。在少數當做隱喻的情況下，這些陳述是有意義的，但這裏我們只就字面的意義來談。隱喻的本質的確就是將不同論述領域的字詞放在一起，以便勾劃出事物的新面向。一個隱喻正是在於彰顯它的不連貫來成就它的功能。

有人可能會反對說，沒有人會說出這些荒誕不經的話；沒有人會說他的舅舅難以讀懂或那棵樹只會講一種語言。上面的例子的確是爲了簡化的原因才造出來的，是有些牽強，但在生活中人們的確常說一些不連貫的話。這並不是一個罕見的現象。舉例來說，許多政治性的陳述就是不連貫的陳述。同時在宗教、藝術、教育、道德、情緒以及哲學上，都有同樣的情況。批改政治理論或是哲學考卷的教師們都知道，答題時論述脆弱的主要問題並不是在於它們是錯的，而是在於它們是不連貫的：它們將原本不屬於同一件事的字詞擺在一起。對這樣的論文是非常難以回應的，因爲其中並沒有明確的陳述是可以改善或改正的。沒有什麼特定的論點可以拿來做爲回應。更常見的是，在學院的考試之外，要修正人們對藝術、政治或宗教的錯誤概念是非常困難的，這並不是因為人們說的是錯的，而是因為它是不連貫的。

我們所區分出來的陳述結構的三個層次——語法形式、一致性與連貫性——幫助我們更清楚認識人類推理。舉例來說，以這些區別我們可以顯示形式邏輯在眞理活動中的作用。形式邏輯提供了第二層次的規則，即
172 一致性的規則。它並不對我們保證命題的眞實，但它提供了它們得以有效的條件，即這些命題要能夠進行眞假之辨的條件。形式邏輯告訴我們命題與命題如何能有效地組成較大的整體，較大的論證，而不致於自相矛盾。如果一組命題不一致，那我們就無法以明證的方法來確認它們所表達的事物；明證事先就被排除在外了。

偵測出不一致的地方是批判一個論證的一種方式，另一個是偵測語法誤失，後者表現出說話者無能於形式上組織一個陳述。一個語法混亂的語句甚至不夠格來檢查它的一致性。不過一個不連貫的陳述也不夠格做一致性的檢查。一個不連貫的陳述，如「我的貓是一段杯葛」，超出了矛盾或不矛盾的範圍。不論說這貓是或不是一段杯葛都不是一種矛盾，因為其中根本不存在有效的陳述意義來讓矛盾得以發生。內容的不連貫與語法的混亂一樣，違反了一致性的先決條件。

思考上的三個缺失——語法失敗、自相矛盾、不一致——會在我們的糢糊之中發生。而就像我們在第七講所說的，糢糊在我們的話語中並不罕見。我們大家都會在有些時候說話說得糢糢糊糊，而有些人在大部分的時候都是說話說得糢糢糊糊的。不分明的思考、混淆是這混亂的來源，而第三層次的不連貫尤其為然。比較少見

的是語法過失，因爲若是這樣，我們就會像是喃喃囈語般，而不是說話。但不連貫卻非常常見，特別是當人們開始說一些超過簡單明顯的事實而進入反思議題的時候。

個別事物經驗做爲基本的明證

因此，命題內容的連貫是一致性以及命題之眞實的先決條件。這樣的連貫性是從何而來的呢？我們從何得知哪些內容是可以放在一塊的呢？

並不是我們發明一些相關的規則來告訴自己「舅舅」這個詞可以跟「男性、高矮、胖瘦、慷慨或小氣」這些詞連在一起，而不可以跟「難以讀懂、天體的、貓科 173
的、分子的」這些詞連在一起。連貫性也並不是來自限定字詞用法的語言學規則。事實上，命題內容的連貫性來自於我們對事物的經驗，特別是對個別事物的經驗。它來自當我們與特定事物遭遇時所發現的，某些內容與範疇是在一起的；我們以這些特徵來把此一事物勾劃出來。當我們把事物由前於斷言的明證帶到有所斷言的明證時，這些特徵就浮現出來。所有的命題究其終極都是來自於我們自己或在同一語言社群的他人對事物的經驗。像「我的舅舅是禿頭」這樣的命題要能夠被驗證，「舅舅-禿頭」的內容組合必須要是可能的，而這個可能性是來自於在前於斷言的經驗中可以得到這個特定的組合。我們能夠發現到這兩個內容組合在一起。

在確然之眞的活動中，我們從命題爲起點，將之返回到前於斷言的經驗的明證上。命題原初即是由前於斷言的、個別的明證而來，而現在它回到同樣的根源，且當它被確認時，它融入了前於斷言的經驗之中。如果這個命題是錯的，我們會發現我們的明證拒絕我們想要使之滿實的嘗試。我們並不是僅考察命題本身就可以獲得它的眞實；陳述本就有讓我們在種種知覺形式中，所遭遇的事物本身來加以確認或推翻的目的性。在明證的階層中，本質上最先的與最後的一個都是對事物的直接經驗。我們所有的意義，伴隨著它們的語法與語意結構，從經驗而來也向著經驗以及其中所顯露的事物而去。

因此，人類話語是指向在其可理解性中的事物，人類理性是被組織起來以通向它的目的與完成，即通向眞理。形式結構本身並不是目的，而是顯露事物的工具。語言結構可能形成了精美複雜的整體，我們有時也可能著迷於其中而認爲能指符號與語法是自足的，只有它們才是眞實的。結構主義者與解構主義者都相信，指意遊
174 戲之外沒有任何「中心」。但現象學認爲語言的形式模式是由一個更偉大而莊嚴、美麗的領域所支持：它們不僅相互影響，並且有著顯露事物自身及其可能性的作用。心智以此方式，在形構意義及其形式結構的過程中終極地指向對事物眞理的明證。

此外，我們所經驗的事物並不只是我們五官所接收到的物質對象。不錯，我們看到紅色的蘋果、白色的房子，但我們也看到欺騙、慷慨、工具、運動等，而在我們說出這些經驗時，我們使這些對象的特徵成長出來。認爲我們能夠經驗到的個別事物只有像石頭或樹等物質對象的說法是不對的。

最後，一致性與連貫性並非只在理論上才得以被發現。它們也作用在實踐性的思考上。我們可能會批評一個公共政策或是個人計畫不一致或不連貫；它的作法可能相互矛盾，也可能抵觸它們要獲得的目標；同一時間內要追求數個不相容的目標（進行相互矛盾的目的）；在我們的規劃中，手段與目的可能完全混淆。有時行動上的不一致是來自加諸於計畫上的外來壓力；我們知道這計畫有問題，但我們還是要做點事情，而這是我們所能做到的最好狀況，我們會嘗試邊做邊從混亂中脫身。而在另外有些情況下，不一致與不連貫僅只是透露了當事人的無能力。

明證與美的事物

我們所明證到的東西並不只是靜態的訊息。我們不只是看到像這樹是高大的或太陽很明亮的事實，我們看到的除了事物的眞實之外，還有它們的美好與値得讚賞之處，我們所知道的事物都具有價值。讓我們持續知覺事物，讓我們旋轉立方體以便看到其他的面，或是讓我們走進一個建築物去看到從外面看不到的部分，我們做這些的理由就是因爲有値得我們去發現的事物。事物引發我們的興趣，激發我們的言說：因爲發現它們能夠滿足我們的需求與利益（那個蘋果已經熟到可以吃了，這棵樹可以爬得上去），但也因爲事物本身是美的且能回報我們的好奇心。事物不僅呈現爲一些無關緊要的訊息清單，它們還是令人讚嘆的顯現之泉源。我們持續驚嘆於事物的呈現以及它們進一步的可能性，即它們可以再 175

提供給我們的「另外一些面」。不管一個球迷看了多少場足球賽，他還是對這場比賽的過程與結果感到好奇。不管我們多常聽到巴哈的「郭德堡變奏曲」（*Goldberg Variations*），我們還是很想聽到這一次的詮釋會是什麼樣子。不管兩個好朋友曾花多少時間在一起，他們還是會期待另一次的聚會以及其中將會出現的樂趣。我們對於聽聞在每一個新處境的人類行爲（英勇或懦弱，慷慨或貪婪）永不厭倦。每一件事物——一座花園或一棵樹，一件珠寶或一次散步—都有它的kalon【審閱者註】，也都有它自己獨特風味的美好。

事物是多重樣態中的同一者，這並不是說它像是同一份報紙爲數眾多的拷貝，只是一直出現同樣的資料。應該是說，事物像是一個放射性的源頭，持續放出不同種的能量，同時還保持爲同一。顯現不只給我們事實，也透露了事物獨特的美好。即使我們是粗魯的功利主義者，對事物本身的雅緻盲目，即使我們是庸俗的實用主義者，只因事物對我們的好處而感興趣，即使如此，我們還是承認了事物的某種美好，它們在效用上的美好。因此事物不僅只是訊息的來源而已。

放射性元素都有半衰期，即使可以持續放射出能量數千年，它們還是會慢慢減弱。事物做爲表相顯現的根源，做爲多重樣態中的同一者，沒有半衰期。它對能夠欣賞它的接收者產生新的外表，並且是漸漸增加豐厚的程度，而不是逐漸減少。它是永不耗盡，提供無止境的驚奇發現。我們無法窮盡一個事物。事物有它的深度；不管它已經對我們呈現了多少，總還存在著其他的面向還保留著未顯現，而且這些全部屬於一個且同一個事物：當我們傍晚在河邊散步時，周圍山岳的面貌看起來如何？羅斯福做爲一個總統的表現如何？這首歌由另一位歌手唱出來又會如何？同樣的咖啡豆這次煮出來會是什麼風味？此外，有些表象早已出現，但可能會落回隱 176
晦之中，直到下個機會，由另外的人從另外的觀點，才會再度顯現。所有的這些表象屬於同一個事物。任何我們獲致的眞理都是圍繞著不顯現、隱藏與奧祕，因爲事物總是超出我們對它的認識。

理性生活的範圍因此可說是包含著形式邏輯的複雜結構、語法的組合學、命題內容的連貫，以及顯現、不顯現與糢糊間的相互作用。它包括了直接顯露與確然之眞。它在積澱與復甦間移動。理性生活即爲超越自我所引導，並且朝向著事物之如其所是的明證而組織起來。

【審閱者註】古希臘形容詞Kalon的中性形式，意思是「美麗的」。

本質直觀

在牛頓提出做爲一種宇宙之終極容器的絕對空間與時間時，所引發的空間與時間的形變；還有在相對論中所引發的另一種空間與時間的形變，都是本質直觀的嘗試，都是奠基於牛頓與愛因斯坦所能做到的想像變異。這些人有這樣的想像力去投射新的可能性，將時間與空間推到超越習常與一般接收之外。

177 我們的經驗不只處理個別與群聚的事物，也對事物的本質有所洞察。舉例來說，我們不只知道所有我們所遇見的人都有語言能力，我們還知道語言能力是人類必要且普遍能力。它是人的本質之一部分，沒有語言能力就無法爲人。我們不只可以看到物質物體與其環境有因果的互動，而且也知道它們非如此不可；除卻如此互動的可能性，它們也就不再是物質物體了。同樣地，一個被知覺的物體必然且恆是面、面相與輪廓之多重樣態中的同一者，我們也可以看到這個道理。對我們來說，本質是爲我們所明證的。

對本質的洞察稱做**本質直觀**（eidetic intuition），因爲它是對一個內涵或形式的掌握。我們能夠直觀的不只是個別事物的外觀，還有事物所擁有的本質。本質直觀是一種具有其特徵結構的意向性，現象學對此意向性進行分析；它描述我們如何能夠直觀一種本質。

對本質直觀的解析

就像所有其他的意向性，本質直觀也是一種同一性綜合。經由它我們在外貌的多重樣態中獲取一個同一者，但這裏的同一者與多重樣態卻與我們直觀個別事物時有所不同。爲了顯示本質直觀如何讓本質對我們顯現，我們必須透過意向發展的三個層次來追溯它。

第一個層次：典型

在這個層次上，我們經驗到一些事物並且發現其中
178 相似之處。舉例來說，我們可能會發現這塊木頭會浮在

水上，另一塊木頭也會浮，而第三塊也會。在這個階段我們發現了一種相當弱的同一性，稱做**典型**（typicality）。這個層次可以用符號來表示：A是p_1，B是p_2，C是p_3。嚴格來說，在此系列中的述詞並不相同，它們只是相似。我們這裏獲致的同一性綜合僅是以關聯爲基礎，一個特徵的出現讓我們被動地預期其他相關聯的特徵會跟著出現。對我們來說，飄浮與木頭關聯起來，或像是咬人與狗相關聯起來，所以我們預期下一塊木頭也會浮，下一隻狗也會咬人，但我們還未對木頭的浮性與狗的咬人做一個明確的判斷。我們的經驗獲得典型，但卻尚未提昇到明晰有別的思考。

第二個層次：實徵的普遍性

在這個層次，我們看到三塊個別的木頭的述詞不只是相似，而且還是相同。若以符號表示則如下：A是p，B是p，C是p。當我們不只是看到相似性，而是看到相同，看到「在許多中的同一個」，此時一種新的同一性綜合產生。這樣一來，僅僅只是用做述詞的字詞，如「飄浮」，並無法表達它是指稱相似的特徵還是同一的特徵。同一個字詞涵蓋了兩種意向性，兩種同一的認取。當我們確實用這個字詞來指稱同一個特徵，我們抵達了**實徵的普遍性**（empirical universal），因爲在所有的況狀中所發現的述詞特徵，都是我們眞實經驗到的事物。到目前爲止，我們所碰到的木頭都會浮，我們在經驗上便以普遍的方式來宣稱這個發現，「木頭會飄浮」，但這樣的明證只與我們已有的經驗範圍相同。未來的經驗可能會推翻我們的宣稱；我們可能會碰到一塊不會浮的木頭。「天鵝都是白色的」這個普遍性的宣稱，將會因為發現了黑天鵝而成為謬誤，因為這個宣稱只是根據實徵的普遍性。

第三個層次：想像變異

在最後的層次，我們努力去抵達一個事物不可或缺的特徵。我們試著離開實徵普遍性，進入本質普遍性；進入必然性而非僅是規則性。為了如此，我們從知覺的
179 領域移到想像的領域。我們從實際經驗轉到哲學思考。如果我們成功的話，我們就會達成一個本質直觀。

我們由底下的方式進行。先把焦點放在一個我們已經找到的普遍性上。我們對這個普遍性舉出一個例子，然後試著想像這個物體的變化。我們讓想像自由，看看多少元素可以從這個物體上去掉而不致使它「崩潰」或「爆炸」，不再是它自己。這就叫做「想像變異」(imaginative variation)。我們像這樣去推到極至，去擴展某一事物的涵蓋範圍。如果有些特徵可以被放棄而此事物仍可以被保留，則這些特徵就不屬於此一事物的本質。反過來說，如果某些特徵是必須破壞掉此一事物本身才能移除掉的，那這些特徵對此事物就是本質上的必然了。舉例來說，如果我們想像正在知覺一個物體，它不會隨著我們接近它而在視覺上變大，也不會隨著我們遠離它而縮小，我們就會說我們不再是在知覺一個物質的、空間的物體；隨著接近與遠離而在視覺空間上增大與縮小，是知覺空間物體的本質特徵。如果我要想像在

我的記憶中尋得他人的經驗，那是不可能的事，只有我自己的經驗可以爲我所記憶。如果我們要想像沒有順序的時間，沒有修辭面向的演說，我們則無法想像這樣事物的存在。當我們碰到這樣的不可能時，我們也就成功地抵達本質直觀。我們明證了一個本質，抵達了一個比實徵普遍性更「必然」的同一性認取。我們知道這些事物比木頭會飄浮，天鵝是白色等事實更爲「必然」。當我們抵達本質直觀後，就無法想像事物會有其他的面貌。進入想像提供給我們比實徵歸納還要深刻的洞見。

本質直觀要求創造性的想像

本質直觀並不容易，它要求強度很高的想像。要能
夠想像不可能的樣態，要能夠看到不可能因此不可思之
的樣態，要求我們要有能力超過我們習慣的事物，我們
一般經驗的事物。大部分的人活在實徵的普遍性上；我
們看事物總是以我們經驗它們的狀況爲理所當然，少有 180
思及它們可能會有的不同樣貌以檢驗它們的必要性。要
從習常與實徵中獲得本質需要創造性的想像。舉例來
說，在牛頓提出，做爲一種宇宙之終極容器的絕對空間
與時間時，所引發的空間與時間的形變，還有在相對論
中所引發的另一種空間與時間的形變，都是本質直觀的
嘗試，都是奠基於牛頓與愛因斯坦所能做到的想像變
異。這些人有這樣的想像力去投射新的可能性，將時間
與空間推到超越習常與一般接收之外。顯然，不是每一
個人都可以做到這樣的事。

想像變異在非現實的領域發生，其中想像的環境與

平常的不同但卻有帶出必然性的功能。它們顯示了事物必然之處。這並不是說只是去想像奇怪的狀況。純粹的幻想並不難，但要有所洞察就必須在想像的環境中帶出必然性來。爲了如此，想像變異就要精巧地進行；我們必須要有能力知道何種想像的呈想可以達到目的。想像讓我們得以瞥見必然性，這樣的洞見，古希臘人稱之爲 nous，正是對如此想像工作的回報。

因此，兩件事是必須的：超越可能處境的想像投射以及對此投射之不可能性的洞察。必然性的來臨正在於我們所試著想像者的不可能性，在科幻小說中我們也可以發現這兩個要素。想像出最異已的環境，而在其中基本的人類活動都可以發生：誠實與欺騙、審愼與愚昧、勇敢與懦弱。只要是去描述理性的作爲者，這些行動似乎都是不可避免的，而當在遙遠的未來異地或是外太空中這些行動仍然是不可避免時，它們的必然性就更加地確切閃耀了。我們可以想像人類離開地球生活在太空船上，但我們無法想像他們喪失了彼此溝通的可能性，或是失去了正直、輕率或怯懦的能力。科幻小說值得注意的並不是它的場景與科技與我們有多少不同，而是它的主角與我們有多少相似之處。

181 想像變異與本質洞察遍佈在哲學之中。因爲它們牽涉到幻想，所以讓人覺得哲學只處理虛幻的處境。然而哲學想像的重點並不在於編製迷幻情節，而是要用這些投射帶出特定事物不可或缺的必然處，例如：顯示出人類在市民生活中發現其道德完滿，或是物質物體必然帶有因果網絡，或是空間與時間中彼此不同的部分，或是人類行動與人類制作物的不同，**實務做法**（praxis）與**詩意感受**（poiēsis）之間的不同。這些本質上的必然性比實徵的眞理還要深刻與強烈。事實上，它們是如此深刻與強烈，以致於人們通常將其視爲理所當然，而認爲沒有理由來宣稱它們。當哲學形構出這些眞理時，卻又有人會抱怨哲學老是在處理明顯的瑣碎之物。這麼明顯的事爲何需要說明呢？有誰會對這些加以質疑呢？

有兩個理由說明它們必須被宣稱出來。第一，即使它們是如此明顯，有些人還是否定它們。舉例來說，人們會說人生的完滿在於其經濟生活而非其道德與政治生活，或者說根本沒有知覺這回事，或者說時間是幻覺，或者說根本沒有眞理與明證這樣的事。在哲學的初始，詭辯學派就有了這些宣稱，像這樣的說法一直伴隨著人類生活。哲學必須時常召喚明顯的事物，因爲人們確實會忽視，甚至否定他們。哲學必須去護衛自然態度的眞實意見。

除了保護的任務之外，哲學爲了第二個更積極的理由來宣稱它的「瑣碎性」。覺察本質上的必然者是人性的滿足，深思它們讓我們愉悅，它們是值得瞭解的。如果有些作家能夠應用他們的想像而洞見到不得不然的事實，他們就幫助我們看到永恆的事物。不是每一個人都想要看到這些事物，但我們之中有許多人卻是如此希望。對那些能夠享受本質洞見的人而言，對必然本質的洞察本身就是它的合法性證明。

因此，哲學被污衊爲不是處理幻想之事就是處理瑣碎之事，其來有自。而正是因爲哲學應用本質直觀，應用想像來帶出事物之必然處，這樣的責難才會發生。

對本質直觀進一步的評論

182 至此的討論告訴了我們本質直觀是什麼，還有許多進一步的細節屬於這種直觀以及獲致它的三個階段。讓我們花一點時間來瀏覽這個意向性形式。

我們區分了第一個階段，於其中我們經驗到僅是相似的東西，以及第二個階段，我們經驗到了實徵的普遍性。只有在第二個層次我們才對一個個別之物有完整的掌握。只有當我們抵達了一個實徵普遍性，諸如「紅色」或「飄浮」或「四方形」等相同於許多例子之中，我們才得以獲得對照於普遍性的個別物或是特定物。在第一個層次我們經驗到個別物，但並未將它們視爲個別物。它們的個別物性尚未對我們構成，因爲我們需要普遍性的襯底來讓它發生。

在我們經驗到相似性的第一個層次，我們可能把同一個字用在許多的情況中，但這個字指的是相似的部分。小孩子可能叫所有的男人「爹爹」或「叔叔」，或在所有的情況中都用某個相同的字，但他並未以此做爲對同一義或特定事物的表達。在這個階段心智爲相似性所沖刷，普遍與個別的區分尚未出現。這個層次的意向性淹沒在關聯性之中，沒有抵達確切的同一性認取。此外，這關聯的層次仍然保留爲我們更高意性向的基礎。即使在我們的成熟思考中，有時也會落回這個原始的階段，這些時候即是當我們落入模糊之中，或是當我們正爲了一個新的處境尋找適當的字詞或比喻。本質直觀讓我們進入柏拉圖形式論的領域，它讓我們進入《理想國》第五部中所描述之線喻（The Divided Line）的最高部分；但關聯性的層次及相似性的領域則是將我們放到最低的部分，於其中我們活在非實質的影像中。不過不管我們多麼享受活在這些形式之中，我們從未放棄較低層次中的外貌，也只有透過他們，我們才能夠進入較高的理解。

誤置的直觀

我們並非每次都會有成功的本質直觀，我們可能失
敗，但卻自以爲成功了。我們的嘗試可能誤失目標，可
能瞄得過頭了。我們可能想像到新的事物而且認爲揭露
了此事物的必然本質，但我們也可能錯了，我們可能滑 183
入了沒有本質性的全然的幻想。蘇格拉底想像一個城
市，在其中女人、小孩與財產被視爲相同。他認爲他發
現了關於人類家庭與所有物的眞理，但亞里斯多德批評
他是錯誤地把幻想當作是可能眞實（*Politics* 2.6）。有人
可能會批評牛頓對於絕對時間與空間的假設是太過度
的，是對可能事實的誇大。霍布斯想像人們進入一種純
粹的天性，想像一個契約得以建立一個以完美治理平等
眾生的主權政體；他認爲他發現了人與社會的本質，但
他也可能只是陷入了沒有洞察的幻想。蘇格拉底的城
市、霍布斯的主權政體、馬克思的烏托邦、笛卡兒的意
識以及數學化的理想自然，都受了過度想像之害。它們
是被誤置了的直觀，是幻想的投射，而不是表達了我們
眞正生活於其中的世界。

當我們在本質的尋求上犯了錯誤，當我們把幻想當做必然的眞實，我們即是在本質必然性上犯了錯誤。我們的誤失不是在簡單事實或是實徵的普遍性上。我們犯的是「哲學上」的錯誤，而非事實判斷、知覺或是記憶的錯誤。並非所有的想像變異都會成功，而當它們失敗時，它們並沒有轉變爲其他的意向性。它們還是對本質直觀的嘗試，只是成爲一個失敗的嘗試。因爲本質直觀在想像中進行，它就像玩火一樣：我們的想像很容易就會超出我們的控制之外。

我們又如何來改正本質直觀的錯誤呢？我們以與他人討論的方式，以想像它的反例的方式，而主要是看我們的本質提法是否相合於我們在進行本質直觀之前所擄有的實徵普遍性。實徵普遍性在我們所討論過的三層次之第二層中建立，它們是本質普遍性的基礎。本質普遍性超越了實徵普遍性，但它奠基於後者也不該破壞掉後者。我們在本質直觀中所發現的，應該是對實徵眞理的確認而非推翻。反過來說，實徵普遍性可以作爲我們想像的控制。當我們說我們的哲學應該與「常識」一致時，我們說的是做爲我們標準經驗成果的實徵普遍性。
184 實徵普遍性就是我們在現實世界的立足點，如果我們不在意它們，我們所尋求到的本質將是虛幻的。

關於本質直觀的另一項要點是「不可能性」、「消極之必然性」的角色。我們並未正面地看到事物與我們所檢驗的特徵之間的必然連結。我們反而是洞察其不可能性而反過來看見必然性：我們看到一個事物若缺少某一特徵就不可能存在，因此我們知道這一特徵是本質性的；我們無法想像這個事物沒有這個特徵。不可能性使本質的必然性為我們所見。我們必須訴諸於不可能性也就說明了我們為何必須訴諸想像來進行本質直觀；想像可以觸及不可能性而帶出必然性，但到底知覺是如何辦到這些的？

想像變異與本質洞察可以在自然態度中進行。這個**本質還原**（eidetic reduction）聚焦在事物的本質形式。不過，本質還原與超越還原不同，後者把我們從自然態度轉移到現象學態度。超越還原與本質還原都是現象學所應用的方法。藉由超越還原，現象學思考意向性及其對象連結，但這也同時帶出了能意與所意的本質結構，也因此包括了本質還原。現象學所關心的並非我所碰到的經驗與對象，而是對任何意識都成立的如此經驗與對象的本質必然結構。現象學是去發現當顯露活動發生時，事物與心智的必然樣態。

這就是現象學

現象學也檢驗眞理的限制，承認那些隨眞理而生的困擾。但它並不因此絕望，它把它們視爲困擾而非我們存在的實質，堅持就在這些陰影的伴隨之下，眞理與明證得以成就；而在把事物帶到光亮之中時，理性得到完成。

185 我們在第十一講對明證的討論時，將理性詮釋爲通向事物眞理，理性是對事物存在的顯露與確認。即使是在自然態度中，心智也會發現，對眞理的抵達即是心智本身的完成。現象學從超越的角度看出來，也是一種理性的運作，也分享了思考的目的。它也指向顯現，只不過與自然態度中的經驗及科學的方式大不相同。**俗常語言**（mundanese）作用於顯露眞理；而**超越語言**（transcendentalese）以一個不同的方式進行同樣的事。

在自然成就的明證中，在平常的經驗與科學中，我們讓事物對我們及我們置身的交談社群呈現出來。我們讓植物及動物、星星及原子、英雄與惡棍呈現出它們自己。然而在現象學的反思中，我們將焦點轉向這些「顯露」本身，轉向我們所抵達的明證，我們也思索著何爲事物的顯現，以及何爲做爲顯現的接收者。現象學是研究眞理的科學。它從我們與事物的理性涉入中後退一步，並對「顯露」本身感到訝異，對事物之顯現感到訝異，對世界可以被瞭解感到訝異，對我們做爲事物顯現的接收者感到訝異。哲學是對明證之明證的藝術與科學（the art and science of evidencing evidence）。

現象學也檢驗眞理的限制：讓事物無法完全得到顯露的，不可避免的「其他面向」，伴隨著明證而關聯到的錯誤與模糊，以及讓我們回到我們已有認識的積澱。現象學承認這些隨眞理而生的困擾，但它並不因此絕
186 望。它把它們視爲困擾而非我們存在的實質。它堅持就在這些陰影的伴隨之下，眞理與明證得以成就，而在把事物帶到光亮之中時，理性得到完成。理性不是在錯

誤、混亂與遺忘中完成自己。

哲學起始於對自然態度與其中所有的交往採取一個新的立足點。我們進入哲學，我們後退一步並思考何爲成就眞理，何爲成就明證。我們思考自然態度，因此我們的立足點就落在其外。這後退一步是由超越還原所達成。我們不再只是關心事物與它們的特徵，我們開始設想被揭露的事物與事物對之顯現的接收者之間的關聯。在超越還原中，我們也進行了本質還原，解明了不只對我們而言，也對其他每一個明證眞理的主體性都有效的結構。

在第四講中我們討論了哲學思考，我們對超越還原做了深入的探討。現在我們可以從一個稍微不同的角度來討論哲學的本質：我們將利用第七講中所發展的一些想法，主要是命題與概念不需要被視爲心理之物或是中介的概念體。當時我們注意到命題是對一種特別的反思所做的反應，一種我們稱之爲命題或判斷的反思。當我們把一個事態視爲某人所提議的，我們將此事態轉變成一個命題。我們改變了它的性質；它不再只是事物的樣子，而是某人對它的瞭解與表達。由命題反思所構成的如此命題，因此有資格成爲確然之眞的待察者。如果它們能去掉「爲某人所認識之……」的引號，符合於對事物本身的直接明證，那它們就可以說是眞實的判斷。

現在，我們將要以對比於命題反思的方式來瞭解哲學反思到底爲何。這兩種形式的反思經常相互混淆，也由於這樣的混淆，哲學思考的特徵經常受到誤解。我們會指出兩種反思之間的不同，這些區別將幫助我們更清

187 楚地指出現象學探問的本質。

範圍的不同

不管是在理論或實踐的脈絡下，我們都是生活在世界上將事物表達出來。假設你跟我正在談論一棟房子，在一堆陳述中，你提到這房子有五十年屋齡。之前我一直聽著你的話語，毫無反思地跟隨每一件你所說的事，我也在你的引導下將這些事物勾劃出一個世界來，但現在這個陳述讓我停了下來。它似乎不太正確。我打斷了我對你所說的每一件事的素樸接受，轉而進入命題的模態中：我開始不把這房子有五十年之久這件事當做實際的情況，而當成是你對它的表達。我轉換跑道、我進入了命題反思。我將這房子有五十年屋齡這件事放入引號中。我不把這個事態當做明顯的事實，而是你的命題、你的感受、你的話語的意涵。我把此事態僅僅當做是提議，當做是你的表達。原本的事態現在成爲一個命題。

假設我進一步的經驗引導我同意這房子有五十年屋齡。我因此將被我放入引號中的去掉引號。我放棄命題反思。我認識到這個命題是正確的，它與直接明證到的實然相符。這個命題（被視爲某人提議的事態）合於實情而且被視爲眞實不虛。在另一方面，假設我進一步的經驗與追問讓我得到這房子只有二十年而非五十年屋齡的結論，我因此確定了「這房子有五十年屋齡」的引號；我瞭解到這個命題，你的命題，是錯的，它無法被去掉引號而成爲一個簡單的事實，它也就無能於確然之眞。它沒有資格進入確然之眞。它只是一個命題，只是一個被提議的事態，只是你的意見，它就僅是如此。在這個情況中我無法放鬆我的命題反思而把你所說的當成是事物的實然。

在事態與命題之間的往復移動，在把事態當成實然與當成提議之間的往復移動，是一項非常精緻的人類成
就。它是人類理性的本質部分。我們無法想像一個理性 188
者沒有這項力量；失去這項能力者無法擁有理性。除非在一種非常初階的方式下，否則人以外的動物無法將一個事態命題化；它們無法進行命題反思，無法將一個處境看做僅是某人的表達或看做是符應於某人的表達。在所是爲何（what is）、似何（what seems）、所說爲何（what is said），以及所確認爲何（what confirms）之間的往復運動，就鏤刻在人類語言的文法之中，像是在「我宣稱p」、「你說q」、「你所說的是對的（或錯的）」，以及語法的許多其他面向之中。

我們進入命題反思的能力讓我們得以對我們涉入其中的議題採取一個距離。在一場有關某事物的談話之中，甚至是在我們自己對某議題的思考之中，我們都能夠轉換到命題反思而將被呈現之物**僅僅**做爲一個呈現、一個命題或表意，而非事物的實情。轉換進入命題反思以及能夠進行確認或推翻的能力，讓我們成爲負責任的說話者，能夠自稱爲「我」的一個有能於宣稱這個或那個眞理的行動者。

不過，這個理性榮光的象徵，這個進入命題反思與確認眞理的能力，與進行哲學反思的能力並不相同。我們必須把兩者區分開來，才能對命題與哲學領域都會有

更好的瞭解。

當我進入命題反思，當我把這房子有五十年屋齡這件事當做只是你的命題，我**僅只是**對這個事態反思：這房子有五十年屋齡。其他的事物都還是在其原處，沒有進入反思：如你在這裏做爲我的對話者，我在這裏做爲你的對話者，我們發出的聲音，庭院的樹、草坪、天空、氣候、房子的白色、木造以及建築風格等。此外，做爲我所有確信之基礎的世界信念，也都在其原處，沒有被加以反思。當我進行命題化時，我對某一顯著的事
189 態，或甚至是數個事態，採取一個距離，但仍有更多，幾乎是無止境的其他事物、狀態與脈絡，完全在我的反思批判之外。它們做爲確信物的品質保持完整。它們以其自身做爲我反思一個命題化之事態的背景。

在另一方面，當我進行哲學反思，當我運作現象學還原，我對自然態度中的所有事物採取一個距離：不只是這房子有五十年屋齡這件事，還包括整個房子、庭院的樹、草坪、做爲對話者的你我、氣候、地球、天空，以及做爲所有事物基礎的世界及其相關聯的世界信念。這是一種全面的反思。沒有事物被遺漏。我們對所有事物採取距離，即使是對如此的世界與擁有世界的我們也都一樣。我們沒有保留某些信念來做爲我們獲得上昇槓桿的背景根據；我們沒有保留一個站立的基礎。我們的反思包括了所有的確信。即使是最根本的，沒有一個不被擱置起來而加以反思。這種全包式的反思即是哲學的反思；有限度的反思則是命題反思。

因此，哲學反思與命題反思的第一個差異點就是範

圍不同：哲學的反思是普遍的，命題的反思是有限的，是只針對這個或那個事態。

種類的不同

你可能會說：「好，但哲學反思與命題反思之間的差別眞的只在於前者是全包的而後者是有限的嗎？命題反思眞的只處理這個或那個事態，而哲學反思處理所有的事物？哲學反思眞的只是命題反思擴大到所有我們確信的事物？它們兩者僅是範圍不同的同一種反思嗎？」答案當然是否定的。哲學反思與命題反思不僅是範圍的不同。它們也是不同種類的反思。

進行命題反思是爲了要檢驗此命題所帶出的眞理，
讓我們能夠確認成爲問題的提議，這是命題反思的實用 190
面，我們運作它以發現事物的實情。如果我們發現這命題爲眞，我們再度接受它，且擁有此次確認所帶來的更新、更有力的明證；但如果我們發現它是假的，我們拒絕它，它變成一個被拋棄的、錯誤的判斷。命題反思的進行是爲了眞理的興趣、檢證的興趣。當我們進入命題反思時，我們不會對眞實與否毫不在意。

在另一方面，哲學反思的進行並不是爲了這個實用的理由。它不是爲了要確認或推翻一個宣稱而進行。它是更加純粹的思索，更純粹的保持距離。如果我們對包括世界信念在內的所有確信採取一個哲學的距離，如果我們對所有向我們意向性給出的事物，包括世界，採取一個哲學的距離，我們並不是像命題反思一般，將所有這些事物與確信置入引號之中，直到我們可以確認它們是否為眞。它們並不是像擱置命題一樣地被擱置起來。它們是被中立化、停效化，但卻是為了對之思，而不是對之檢證。

當我們命題化一個事態，當我們進入命題反思，我們質疑這個事態。我們不再支持它。我們改變了它的形式：它曾是一個確信，但現在我們使其成為可疑的，至少是有問題的。當我們進入哲學反思，我們沒有改變我們在自然態度中之確信的形式。我們對其採取距離，並因此對之思，也就在當時沒有享有它們，但我們卻沒有使其成為可疑的或有問題的，也沒有嘗試要確證或推翻它們。我們只是對之加以思考，並設法瞭解它們的意向結構與目的。當我們進入哲學時，我們讓所有的事物都保留在其自身。我們沒有要改變我們前哲學的意見、確認或明證。我們必須讓所有事物都保留在其自身，不然我們就會影響我們原本想要考察的事物。

不能被誤解的是，哲學對自然態度中的眞理或虛假
完全漠不關心。哲學思考眞理，但也思考自然態度中的
虛假、模糊、空洞意向與誤失，它並不會想去抹除這些
191 伴隨眞理活動而來的陰影。它承認它們是在追求眞理的
過程中不可避免的，並不想將它們取代或排除。它並沒
有要以自己更冷靜、更清晰的看法來取代自然態度的看
法。它不是帝國主義，也不認為它的眞理才是唯一的眞
理。

如果哲學反思被視為如同命題反思一般，那它就會變成帝國主義。它會想要擠進我們前哲學的提問與行動。它會想去取代它們，會想去糾正每一件事。它會想

要把自然態度中的不完全看法、模糊以及欺騙清理乾淨，並且想要讓我們活在純然的光亮中。它會想要入侵到人類的交談之中，它的聲音會掩蓋掉其他人類條件的聲音。如果哲學想要忠於自己的命運，它就要更加謙虛才是。它是人類理性的皇冠，但它必須將自己限制在自己的那一種眞理之中，在它純粹思考的目的指向中；它必須防止自己想要去取代自然態度的技巧與專長。若一個哲學家想要取代政治家、律師、科學家與工匠，他看起來會十分可笑。當然，若政治家或其他專家認爲他們所爲之事即是人類理性的頂峰，這也同樣地可笑。

到目前爲止，我們已經看到哲學反思與命題反思的兩點不同：範圍（前者是普遍的而後者是有限的）與種類（前者僅是思考，並未嘗試去檢證；後者則是爲了決定宣稱的正確無誤）。還有其他兩個不同，需要進一步討論。

所意與看法，放入括弧與放入引號之間的不同

在哲學與命題兩種反思中，我們都對意向的對象端連結有所修正。

當我們進入哲學反思，當我們執行超越還原，我們不只是關心我們的意向性，也思考此意向性的目標，即我們種種意向所對之事物（在我們的知覺、回憶、想 192
像、預期、判斷及其他種種意向樣態）。而從我們哲學的優位觀點看來，我們不是直接且素樸地聚焦於這些對象上；我們的焦點是放在「它們當做是我們自然態度意向性中所顯現或所意向之物」。我們不只把它們當做事

物，而是**被意向之事物**（things being intended）。也就是說，我們把它們當做所意，以所意的方式來思考它們。舉例來說，從哲學觀點所看到的知覺對象，做爲被知覺者，即知覺的對象端連結，正是知覺的所意。被宣稱的事態，從哲學觀點即是把它看做爲被宣稱者，做爲宣稱的對象端連結，即是宣稱的所意。現象學的任務即是在於探索所意及其相應的能意之間的連結。能意即是將所意構成的意向活動，它讓事物揭露而得以對我們顯現。

現象學還原將對象轉變爲所意（noema）。相反地，命題反思，將對象轉變爲看法（sense）。當我開始質疑一個事態並將之當成只是你的提議，我將此事態轉變成一個看法或宣稱，我視它爲僅是你所意涵的。然後我能夠檢驗它的正確性。做爲一個看法是不同於一個所意的。一個看法或命題有資格在確然之眞的活動中被加以檢證，但所意僅只是哲學分析的目標。當我們進入現象學反思時，世界及其中所有的事物都變成了所意，然而在命題反思中，卻不可能把世界及其中的所有事都變成看法或命題，變成有待檢驗的東西。

就如同我們在第七講所看到的，我們進行命題反思時，可以說是將我們所談論的事物以引號圍起來。你告訴我這房子有五十年的屋齡，而我，在我難以同意你和我的猶豫之中，將這房子有五十年屋齡這件事轉變成你的意見。相似於此的情況也發生在現象學的還原上；現象學中也有一個懸置，像是自然態度中的引號，但它們之間必須加以區分。

在現象學態度中，我們不只是聚焦於對象上；我們

是把它們當做是自然態度的目標來聚焦，當做是我們自 193
然態度之意向性所給出之物來聚焦。因此，當們進行哲學上的談論時，我們將自然態度**放入引號**中。我們將在自然態度中意向著事物的我們自己**放入引號**。但讓我們在此避免用**引用**（quotation）這個字，免得它將我們搞混。讓我們用現象學所公認的名詞，說當我們進行哲學反思時，我們是把世界及其中的所有事物**括弧起來**（bracket）。我們將世界及其中所有的事物放入括弧之中。括弧是哲學中所使用的引號（quotation marks）。它表示了在哲學中我們對事物所採取的距離（我們將之視爲對前哲學之明證所顯現者），就像引號表示了在命題反思中我們對事態所採取的距離。括弧指的是我們將被括弧起來的東西視爲所意，而引號指的是我們將被引號起來的東西視爲某種看法。

觀點的不同

哲學反思與命題反思之間還有一項不同。命題反思是在自然態度中進行。命題反思懸置對一個意向性及其對象的信念，但並未懸置我們的世界信念，後者是爲現象學反思所懸置。如果你告訴我這房子有五十年屋齡，而我對此產生命題反思，我仍然在自然態度之中。此事態（房子的五十年屋齡）被轉變成命題或看法，但這仍然是在自然態度之中。

看法或命題本身是某一特定意向性的對象端連結。它是命題反思的連結，就像被知覺對象是知覺的連結，被宣稱的事物是宣稱的連結一般。

現在，當我們轉而進入現象學態度時，我們將命題或看法設想爲一個命題反思的對象端連結。我們聚焦於做爲所意的命題或看法。此命題或看法就是一個所意，就像我們其他意向性的對象連結一樣。事實上，我們所
194 發展出的，建立整個有關命題領域、看法領域的描述正是從哲學反思而來。我們正是以現象學家的身分指出命題或看法是相應於命題反思。

因此，雖然現象學反思深刻地把世界信念也懸置起來，但它並不只是比命題反思更爲徹底而已；它的包容性也大，它聚焦於命題反思並描述後者的成就。現象學反思在命題反思之上並解釋命題反思的作爲；它解釋命題反思如何構成命題。然而，命題反思並無法解釋進入現象學的移動。進入現象學的移動是在命題反思所能思及的範圍之外。

在第四講我們提到所意不能被等同於看法。現在我們能夠解釋爲何它們是不同的兩者。把所意等同於看法即是把現象學反思與命題反思等同起來。這將把哲學只當做對意義或看法的批判反思；這將把哲學等同於語意分析。哲學思考的立足點，哲學分析的獨特本質也就無法彰顯。哲學將成爲只是自然態度中的一個活動。看法與意義之所以不同於所意，正是在於命題反思與哲學反思的有所不同。

對這兩種反思的一項圖解

我希望能夠爲澄清哲學與命題反思之間的互動而提供一個類比。我希望用連環圖畫做例子，來說明進入哲

學反思的視角，與我們對一個陳述命題化並檢驗其正確之眞時所擁有的視角之間的不同。

假設我們有一幅連環圖畫，其中有一位說話者A正在與另一個角色B說話。A對B談論有關樹的事情。A所說的呈現在他上方的泡泡之中（連環圖畫裏都是這麼做的）。假設A上方的泡泡中有著這樣的文字「下次強風一來，這些樹穩會被吹垮的」。連環圖畫中的B通常就是接受了A的話，並且以A所說的來想這些樹。但假 195
設B開始有點懷疑，他懷疑A是不是對的。他將A說的內容命題化了。當B這樣做的時候，他把他焦點從那些樹轉移到A上方泡泡中的「概念內容」，這個被提出的「概念內容」指的是這些樹已經搖搖欲墜。

不過，當B進行這個命題反思時，他仍然還是在連環圖畫的圖框之中。他仍然還是在自然態度之中。

哲學的反思又如何能夠出現在這個情況之中呢？哲學家不能被畫到這幅連環圖畫之內。哲學家比較像是正在閱讀這幅連環圖畫的人，而不是其中的一個角色。他站在自然態度的圖框「之外」，在連環圖畫之外。哲學家（在現象學態度之中）思考著圖畫中的種種（自然態度中的談話與活動）。圖畫中的人物A與B，進行各種的意向動作（知覺、想像、回憶），他們成就範疇對象，相互交談。他們也進行命題反思，把一個事態轉變成命題或看法並檢驗其眞實性。

圖畫中的人物不能做的一件事是爬出漫畫的框框之外並閱讀這個漫畫。這個行動在邏輯上與形上學上都是不可能的。他們無法從畫報中逃脫。以類比的角度而言，他們所不能做的即是採取現象學視角。同樣地，這幅連環圖畫的讀者所不能做的即是爬進這個漫畫之中，取代其中人物的意向與明證。在類比上言，哲學家不能介入自然態度。但實際上哲學對自然態度的介入正是笛卡兒想要對我們的知覺經驗所做的事，正是霍布斯想要對我們的政治生活所做的事。他們想要用哲學來取代我們的自然生活。然而這樣做的結果不但沒有解救人類生活，其中引介出的理性主義反而還想要消滅它。我們在最後一講會進一步說明。

196 但在離開這個連環圖畫的類比之前，我們必須對它加以限定並讓它複雜一點。就像所有的類比，它並不完全相合。哲學家是眞的不能被畫到連環圖畫之中，也不能像其中人物一樣介入漫畫故事之中。但是，他也不是完全地脫離這故事與其中的人物。他同樣也是生活在自然態度之中；當他進入現象學態度時，他並未像是讀者與漫畫的關係所暗示的一般，跨到世界之外。在這一點上，讀者與畫報之間的空間距離可能會引導我們誤認哲學與自然態度之間的關係。哲學家確實超越世界，但他在此超越活動中仍然是世界的一部分。現象學提供了我們一個內在的超越方式。哲學並不怎麼表現爲日常世界中的標準「生涯」之一，但它確實是有一種公眾的面貌，一種讓不怎麼哲學的人感到困惑的面貌。

這兩種反思的重要性

本講所討論的現象學與命題反思之間的區別，對掌握哲學思考的本質特別重要。如果我們遺漏了這個區別，如果我們只談論自然態度與現象學態度之間的對比，我們的探索將遭遇對現象學本質最一般的混淆與誤解。哲學經常沒有被徹底瞭解，只是被當成是對意義的反思與澄清；也就是說，它經常被當成是命題反思所做的事。

只有在命題反思出現之後哲學才得以出現。它是超越命題反思的一個理性步驟。在自然態度之中，我們以三階段運動通往眞理：第一，我們簡單地知覺與意向著事物；第二，我們範疇地勾劃談論著事物，把語法帶到我們的經驗中來；還有第三，我們命題式地反思我們所勾劃討論的事物，並且因之對其採取一個批判的態度。這三個階段都屬於自然態度。只有在我們通過這三個階段，特別是當我們抵達了命題反思，我們才能進入哲學 197
思考。如果我們要通往哲學這種更加有距離的思考，命題反思的批判思考，對命題之確然的檢證必須在之前產生。哲學中所表達的「我」，預設了在「我想情況就是這樣」或「我知道這是眞的」，這樣的句子中所表達的「我」。

哲學反思也不只是對命題反思的反思——它的範圍包括所有的意向性及其對象端連結——但它只能在命題反思及其所提供出來的眞理之後才可以被啓動。批判的命題推理是哲學推理可能性的條件之一。

因爲命題反思必須在現象學反思之先，要區別它們自然是困難的。我們發覺要能夠深深走入哲學所帶來的新領域是困難的。我們傾向於認爲，對意義的反思即是最高形式的反思分析。因爲這個理由，如果我們要清楚地瞭解哲學做爲眞理的科學到底是什麼，那我們對命題反思與現象學反思之間的明白區分，對看法與所意之間的區分，就非常重要了。

【第十四講】

當代脈絡下的現象學

現象學對經驗與意向性提供了一個比古代哲學更完全的分析，還有對哲學與前哲學之間的不同更清晰的考察。現象學既不是古代與中世紀的叛徒，也不是對現代性的拒絕，而是以一種合宜於我們哲學處境的方式，重新獲得眞正的哲學生活。

198 現在我們要從現象學如何呈現於當代哲學場景來進行對它的最後觀察。在第十三講的末尾，我們提到笛卡兒與霍布斯兩人都想要以哲學態度來取代自然態度。他們認爲哲學不但能夠澄清前哲學思考中的知識，而且還能夠取代它。這種對其他形式經驗的懷疑以及對哲學理性的信仰，正是現代性的一種典型。現象學對哲學的瞭解則是非常地不同，它相信前哲學智慧必須被完整保存，相信它有自己的優越與眞理，相信哲學對前哲學的思考不必要取代後者。因此，雖然現象學在現代哲學中應運而生，但它卻同時對其採取一個距離。爲了顯示它是如何做到的，讓我們以對現代性的詮釋來開始。

現代與後現代

現代哲學有兩個主要要素：政治哲學與知識論。現代哲學在它的初始以這兩個方面，視其自身爲對古代與中世紀思想的革命。在十六世紀初，馬基維利（Machiavelli）驕傲地宣稱自己開啓了政治生活的新模式與新秩序，在十七世紀初，法蘭西斯・培根（Francis Bacon）與笛卡兒宣稱他們提供了關於自然與人類心智新的思考方式，要求我們拋棄我們習慣與常識所相信的事，並以新的方法把我們的心智導向知識的追求。

馬基維利所開啓、在霍布斯那裏獲得系統化的新政治學，並不只是理論上的發明，它導致了實踐的結果，
199 即現代國家的建立。現代國家與先前的政治法則不同，
在所有的前現代形式中，社會的某一部分——不管是單一的一個人、富有的少數、貧窮的多數、中間階級、或

是較好的人——治理所有整體。治理者可能依共同的福祉或是其個人的利益做爲治理的原則，但不管如何，總是某些人治理其他人。即使在標榜法治的共和政體中，仍然是由人來形成整個建制，因爲那仍要有足夠具有政治涵養與智能的公民來使法治得以施行。

現代國家則是相當地不同。在現代國家中，一個新的實體被創造出來，那即是主權政體（sovereign）。主權政體不是政治領域中的一群人，主權政體是一個建構，而非一個自發的人類發展或是人類結社的自然形式。它是哲學家的發明，它被認爲是人類政治問題的最終解決方法。主權政體的引入被視爲是終結了人治中的漫漫掙扎，它的目的是在於理性化人類的政治生活，提議了一個非人的結構，不同於古代與中世紀城市中的人治形式。主權政體的引介，承諾會帶給市民和平，唯一的要求是它的屬民（他們現在是屬民而非市民了）放棄對公共行動與言論的意見。主權政體保障個人免受彼此的攻擊，並且讓人可以追求其私人的幸福與偏好，但所有的公共決策與言論必須讓主權政體來單獨處理。

由主權的概念所塑造的現代國家在過去五百年來的政治與智性歷史中一路走來。它先是具體化於十七、十八世紀的絕對獨裁統治，然後它放棄這些獨裁，而在法國大革命中把它的面貌顯示得更加清楚。然後一路顯現在十九世紀法國後革命時期，俾斯麥在德國的改造，以及美國內戰及其影響後果，現代國家也再一次活生生地出現在俄國革命及其後成立的蘇維埃國家。主權的概念仍然留存在我們當代的政治社會中，將權威集中在單一

200 的非人之權力源的傾向中，這個非人的權力源即是將所有其他的社會權威形式都瓦解的全能政府。

除了具體於上述的種種方面，現代國家也在馬基維利與霍布斯之後經歷了理論的細緻化。它最後來到黑格爾，其理論隨後由卡爾・馬克思所應用。從黑格爾之後，我們所面對的就是主權與現代國家之擁護者，與以古代與中世紀理論所描述的政治形式做爲主權以外選擇的政治思想家之間的對峙。像是托克維爾（Alexis de Toqueville）提醒我們早期的政治形式；史特勞斯（Leo Strauss）提出古代與現代政治對立的情形；以及歐克夏（Michael Oakeshott）嘗試修正古代與現代的政治概念，希望能將兩者都去蕪存菁。不過我們可以說，現代的政治哲學已經完成了它的工作，它在現代國家的概念與政治成就上已達到了它的結論，現代國家現在已被普遍地認爲是唯一合法的政府形式：現代國家不需要尋求合法化，所有人都同意每個地方都應該有現代國家的形式。

現代時期的知識論

現象學對現代性中的政治哲學沒有太多的發言。沙特與梅洛龐蒂的某些作品是與政治有些關聯，但它對社會主義理論只有微小的貢獻。阿弗烈・舒茲（Alfred Schutz）的作品的關懷重點是社會哲學而非政治哲學。現象學在政治哲學上的缺席的確叫人驚訝。不過，現象學對現代性中的另一個要素，即知識論與方法，卻有許多意見。

現代性不只包括了政治生活的新概念，它也有一個對心智的新想法。在現代哲學的經典著作中，人類理性被認爲是要成爲自己的擁有者。理性無法接受從過去與別人那裏得到的認識。別人所提供的意見，即使是感覺上明顯的眞理，都有可能是誤導。理性必須學習讓自己能夠以新的步驟來行動，新的方法能夠保證確定性與眞實性。所有的科學都必須在一個新的也更好的基礎上重建。理性甚至發展了一個方法可以讓我們檢測我們的感官知覺，讓我們能夠區別出我們感官印象的眞假。 201

如同現代性中的政治要素，知識論要素也有它的歷史：它經過了笛卡兒、史賓諾莎（Spinoza），以及萊布尼茲（Leibniz）的理性主義，經過了洛克、柏克萊（Berkeley）與休姆的經驗主義，經過了康德（Kant）及其後繼者的批判哲學，經過了費希特（Fichte）、謝林（Schelling）與黑格爾的觀念主義，還有經過了十九與二十世紀思潮中的實證主義與實用主義。不過不同的是，現代的知識論並未像政治哲學般地抵達了它的完成。即使有現代科學的偉大成就，即使有人工智慧與認知科學的努力，知識論並沒有獲致像現代國家這種結果來完全佔領它的領域。做爲一種知識理論與方法，現代性仍然尚未完成，而且正是在現代思潮的這個分枝上，現象學成就了它的貢獻。

心智是統治的力量

不過在我們進入現象學的考察之前，我們必須再討論現代性中政治與知識論這兩個要素的另一特點。現代政治哲學與現代知識論的共同點在於它們都堅持，心智必須被理解爲統治的力量。在政治哲學中，在馬基維利與霍布斯的想法中，心智生產了一個新的實體，主權政體國家，不同於歷史上所出現的其他自發的人類結社形式。從此以後，人類爭奪統治權的不確定性與緊張就被一個由哲學洞見所帶來的建構物所取代。一個新的東西，一個超乎人的東西，一個龐然大物（the Leviathan，大海獸），取代了以往相互衝突的權威，這個新的東西即是理性把自己當作是人之統治者的表達。

在人類知識中，理性同樣不把自己交給別人，以生產提問方法與執行對自己能力的批判方式，來統治它自己的經驗。心智統治它自己以及它自己知的力量。心智在此並不是被看做是爲了通向事物眞理而被組織起來的，而是管理它自己的活動並經由它的努力生產眞理。心智不再是接收者，而是造物者。它不接受自己是以通向眞理做爲目的，而是以批判的方法論來創造它自己，
202 建造它自己的眞理。因此，在政治與科學的兩種情況中，理性或心智被理解爲有統治力的或有自主性的。這就是現代哲學與古代中世紀哲學的不同，後者將理性理解爲在事物的顯現中，在客觀性與眞理的獲得中，完成其自身。在前現代哲學，即使是政治的卓越成就，都臣屬於對理論生活顯現的存在眞理。統治力臣屬於眞理。

在現代性影響的最初幾世紀，它呈現自己爲理性主義。這段歷史的名稱與思考風格叫做啓蒙運動。現代性承諾一個純然理性的政治社會，以及人類知識一個可靠的科學發展。然而在尼采最初的宣稱之後，晚近卻越來越清楚現代計畫的核心並非爲知識服務的理性的運作，

而是意志的運作、統治的意志、權力意志。當這個洞察越來越明顯時，現代性褪色而去，取而代之的是後現代。後現代並非對現代的拒絕，而是它最深刻脈動的開花結果。在目前的學術與文化生活中，自然科學仍然進行著現代性的古典計畫，但人文學方面早已完全交給了後現代。

現象學的回應

現象學又如何切入現代哲學的發展呢？它是現代性中理性潮流的延續嗎？胡塞爾的一些希望與論點會同意這一點。或者它是對後現代的一項貢獻，如同海德格的某些作品以及德希達（Jacques Derrida）的所有作品所指示出來的？

我認爲現象學從現代性中突出，讓賦予古代中世紀哲學生命的認識得以恢復。如同前現代哲學，現象學認爲理性是朝向眞理的，它認爲人類心智的作用在於朝向明證，朝向讓事物在其自身顯現。此外，它以令人信服的精細來描述心智達成眞理的活動，及其所必然伴隨的
限制與障礙，並以此證明對理性與心智的這個認識是有 203
效的。由於現象學對理性與心智的瞭解，讓我們得以重新接納古代與中世紀哲學。

這是不是就等於說現象學只是恢復古代對哲學的認識並拋棄了現代計畫？或者說它是不是僅以古代與現代做爲思考的兩個基本選擇而已？不是，它所做的更多。它對現代性中的議題有正面的回應，利用現代哲學並且恢復古代對理性的瞭解，現象學超越了古代與現代。舉

例來說，它處理現代知識論問題與數學科學在人類生活中的地位。它顯示了知覺如何不是我們與事物之間的障礙，以及事物如何能夠在種種的視角中呈現出來而還是保持它們的同一性；它考察我們經驗中顯現與不顯現的互動，還有它解開科學賴以構成的意向性。

不過在討論現代性中所關心的知識論同時，現象學也增進了古代哲學對科學的見解。它指出了自我所扮演的角色，顯示出人類知識不是一個與人類存在分開的智能工作者的產物，而是某一個有能力說「我」、也有能力對其所說的負責任之人的成就。因爲它承認超越自我是人類的一個面向，現象學有能力引介出人類知識中的歷史與詮釋面向；不過它並未把眞理埋沒在主體性與歷史環境之中。由於必須面對現代懷疑主義，現象學對經驗與意向性提供了一個比古代哲學更完全的分析，還有對哲學與前哲學之間的不同更清晰的考察。現象學既不是古代與中世紀的叛徒，也不是對現代性的拒絕，而是以一種合宜於我們哲學處境的方式，重新獲得眞正的哲學生活。

現象學雖然沒有發展政治哲學，但由於它對理性是通向認識眞理的，它可以對政治哲學做出貢獻。如果人類心智瞭解對事物的明證是其目標，政治法則就不是人
204 類最高的幸福。政治學必須臣屬於事物的眞理，也就是說，政治法則必須以合於人類本性的方式來執行。透明的統治無法提供終極的滿足，統治必須以合於人類重要能力的方式來運作，也必須承認在其上仍然有一個更高的生活。馬基維利所奠下的政治思想卻失落了這些眞

理。

如果我們承認人類是眞理的行使者，他們的政治連結就必須反映這個特性。一個像主權這樣的非人系統不能取代有能於責任的人類治理者與公民；從事公共事務的人的公民德行與智能德行不應被忽略；治理不只是一個自動的步驟與選舉的過程。近年來快速昇起的公民教育問題、家庭穩定問題以及社會秩序問題，在在顯示了即使在今日教導古代政治哲學都不是過時的事。如果人們不想成爲暴政底下的奴隸，以理性是通向眞理的瞭解做爲基礎，對人的責任感產生更適切的瞭解，這對公民與從政者的教育是非常需要的。

共和政體與主權政體

現代國家與法治的共和政體是不一樣的。主權政體是理性刻意的編造產物，而法律是一個社群的流傳慣例，其中有些成爲明示的成文法；它們是習慣法（the common laws），一個社群人民的生活方式。比成文法更基礎的當然是一個政治社會的構成大法——憲法——它決定政府與有資格掌管政府的人；也就是說，它決定誰爲公民。共和政體承認人出生與受教育於前政治的社會，即在家庭與部落之中。它們的連結（如友誼）是前政治的。主權政體較爲擴張，它宣稱它管理並取代所有其他的權威與連結。它宣稱它可以讓人更人性化。它的本質其實是極權主義。

共和政體與主權政體的另一項差別是，前者從許多政府形式中汲取要素：它的組成包括民主政治、寡頭政治、貴族政治與王室政治的元件。這種多樣性讓它有張力強度。相反地，主權政體則是一元的，只有被認爲代表所有臣民的個人或團體所形成的單一治理存在。因爲
205 它是一元的，主權政體無法適應環境。它即是所謂的普同的或同質的國家，到處都一樣的治理形式。它是純然地「理性」，現代性所賦予的理性意義：計算與方法的理性，而不是明證事物的理性。蘇聯解體後所留下來的道德與社會的破敗，顯示了主權政體如何有效地摧毀想要與之競爭的其他權威。

現代世界中最好的政治社會是共和政治，像是原始美國憲法所形構的。它是法治的，並且由許多政府形式中的要素組成：民主政治、寡頭政治、貴族政治與王室政治，它們與現代世界中所發展出來的集權思潮相反。只要它們是共和政治，它們就視其人民爲公民，而不是臣民，並且認爲以公民的方式而非臣民的方式來教育他們是重要的。以公民的方式來教育，即是讓其有能力進入人類的交談中，成爲一個負責任的眞理行使者。現象學可以加強或恢復這樣的公民自我認識；這是現象學對當代政治哲學與實踐可以做出的貢獻。

對人類意識與思考的探討有著知識論以外的價值。當我們現象學地描述人類理性，我們提供了一個人類的自我認識，而如此的自我認識與政治哲學有關。主權政體國家最有系統的圖像是由湯瑪士・霍布斯在《大海獸》（*Leviathan*）一書中所提供的，這本書是由一個知識的機械觀理論而開始的。政治與知識論的結合並非偶然。如果人類要成爲一個主權政體的順民，他們必須以一種

特定的方法來瞭解自己。既然他們不能在公共領域有所作爲（只有主權政體能執行公共行動），他們就不能認爲自己是有能力於道德或眞理的行使者。他們必須把自己的智能瞭解爲機械式的、非人的過程，而不是揭露事物的力量；他們不能瞭解自己是顯現的接收者。主權政體國家與現代主體主義是一路相伴的。「自我中心的困局」以及把心智化約爲大腦，對公共眞理的取消而相信私己的相對主義，不但是知識論的理論，而且還是政治傾向。如果我們被說服，我們並不進入眞理局戲，我們 206
會將自己認識爲只能在內在生活中作爲的孤獨行動者。沒有公共局戲只有私人的幻想；沒有足球或棒球，只有心理上的滴滴答答。把人類理性當成大腦裏的盒子的瞭解，也是服務於主權政體的瞭解，在我們的文化中廣泛流傳，不過還尚未成爲普遍。它的弱點是違反直觀以及在邏輯上自我消溶，如同後現代主義所顯示的。以柏拉圖的話來說，現在需要的是一個新的音樂風（musical trope）來讓我們更清楚地覺察到我們自己爲何，而哲學在政治上的角色就是幫助這個音樂成爲可能。

現象學與托馬斯哲學

即然我們嘗試以其如何切入現代哲學處境的方式來定義現象學，把它與士林哲學來比較，尤其是士林哲學中顯著的代表托馬斯哲學，是會有幫助的。托馬斯哲學如同現象學，是現代與後現代的另一個選擇，只不過這兩個選擇有所不同。托馬斯哲學是前現代或說非現代的思考形式，它奠基於古代與中世紀。在歷史上，它與現代思想的早期發展平行，像是表現在十六與十七世紀的作者如卡結丹（Cajetan，1468-1534）、蘇阿烈茲（Suarez，1548-1617）、聖托馬斯（John of St. Thomas，1589-1644）。托馬斯哲學在其後的兩個世紀沉寂了一段時間，但在教宗里奧十三世（Pope Leo XIII）的「教宗通諭」（*Aeterni Patris*，1879）中重新提出後，它在十九與二十世紀又獲得重視。雖然主要是以羅馬的天主教教育及知識圈爲主，但其範圍也不限於此。提倡它的有許多學者與評論家，也有獨立思想家如馬里旦（Jacques Maritain，1882-1973）、吉爾松（Etienne Gilson，1884-1978）以及西蒙（Yves R. Simon，1903-1961）。而在第二次的梵諦岡會議後它則有所減退。此外，新士林哲學的布然達諾（Franz Brentano）對胡塞爾有顯著的影響，因此托馬斯哲學與早期的現象學之間有著某種的連續。

托馬斯哲學與現象學同樣認爲人類理性是朝向眞
207 理，但有一點重要的不同。托馬斯哲學是在基督信仰與天啓中發展出來的，它是在聖安塞爾姆（Saint Anselm）所開啓的智識面向中成就。聖安塞爾姆對哲學的可能性提供了一種「理論演繹」，類似於康德對我們認知力量所提供的「先驗演繹」。中世紀哲學的第一步驟是要顯示理性有它自己的領域、自己的操作範圍，不爲信仰所吸納。聖安塞爾姆與士林學派從信仰中爲理性「爭取到了空間」。他們由古代中發現哲學，但他們對哲學的擁抱必須從天啓中開始。士林學派的重要成就之一即是區分了信仰與理性，恩典與自然。中世紀思想家，尤其是聖托馬斯．阿奎那（Thomas Aquinas），教導自然的明證有其正當，理性能夠透過它自己的力量獲致眞理。不過，這個教導必須從聖經信仰中獲得合法化。

在古代哲學中，不需要這種理論的合法化，因爲哲學並非從神聖的天啓而始，哲學是出現在希臘城邦的流傳意見。在那裏，哲學是人類思考的自然累積。人們對事物有所意見，他們能夠獲得一些科學知識，他們對何爲正確與正義之事有看法，他們對神祇有評論；在這些心智活動之外，他們開始思考存在整體與能夠顯示存在整體也同時做爲其中一部分的他們自己。不論是在蘇格拉底之前對自然的探討上，或是蘇格拉底對人與政治秩序的考察，他們都開始了哲學的運思。

現象學告訴我們哲學正是人類的自然成就，現象學並不嘗試由宗教信仰中獲得哲學，它將哲學視爲人類自然的卓越之處，是對前哲學理性運作的完成。現象學因此從一個不同於托馬斯哲學的方式來啓動哲學，不過是對托馬斯方法的補充而非對抗。托馬斯哲學提供了一個進入哲學的合法方式，但它不是唯一的方式。從信仰中來擁抱哲學並不會把哲學變形，但它的確給哲學一個獨特的外貌與感受，一個獨特的顯現。進入哲學的另一個 208
方式，一個較爲古老的方式，是從自然態度開始，並區分哲學態度與它的不同。的確，採取現象學的路徑對托馬斯學派是有益的，它幫助顯示托馬斯學派所預設的脈絡如何與我們稱做世界的那個自然整體有所區別。現象學可以幫助托馬斯哲學與神學瞭解它們的根源。

現象學與人類經驗

因爲現象學避免了現代性中明顯的理性主義，它也避免了後現代中的唯意志論。它比理性主義更謙遜，它承認前哲學經驗與思考的有效性，而沒有要去取代它們。但我之前說過的，現象學對自然態度中的眞實或虛假漠不關心，似乎還是有點過度。現象學眞的對先行於它的經驗完全沒有作用？難道它只是站在一旁反思，只爲了它自己的興趣？

現象學可以澄清自然態度中作用的意向性。舉例來說，它可以顯示邏輯如何與數學不同，此兩者又如何不同於自然科學；它可以顯示這些形式各自的意向性所追求的明證。現象學幫助前哲學經驗澄清其本身如何進行顯露，又如何與其他形式的明證結合起來。不過在這樣做的時候，現象學或哲學並不以新的方法取代已經存在的東西。它做的只是對已經建立其自身正當性的意向性加以更清晰的區別。它清除這些意向性中的混淆，消除表達它們的語言中的曖昧不明。

現象學也幫助前哲學思考，因爲後者不可避免地會超過它自己而做出一個關於整體的意見。每一個部分科學，如同人類的常識性瞭解，會表達出對整體的意見，但它的意見卻都是以自己的部分觀點所形成的。物理學家把整體設想爲物理性的整體，政治學家把整體設想爲政治性的整體，心理學家把整體設想爲心理性的整體；每一個部分觀點都伸出它哲學的僞足。對照之下，現象學，如同每一個眞正的哲學，看到整體之一個部分觀點
209 與一個合適於整體的觀點之間的不同。它避免了部分科學的實證性，不會盲目地往前衝，它知道對整體的思考

需要敏銳、謹慎、細緻、類比與隱喻。它比處理局部的科學做更多的區辨，它敏感於我們對較廣脈絡的談論所必然發生的用語轉變。

因此，現象學對局部科學與自然態度的幫助，在於澄清它們的局部性，帶出它們所沒有的，以及顯示它們所認定之事物可以從不同的方向有不同的看法。它沒有懷疑或拒絕，只是澄清與恢復。在澄清其他方式的局部性時，它形構出自己對整體的看法。在談到整體的同時它也記得自我，因此克服了現代科學的自我遺忘與後現代的自我否定。現象學幫助我們思考我們得以認識自己的最初與最終的議題。

{附錄一}

一百年來的現象學

胡塞爾：現象學運動的肇始

211 現象學運動的發展與二十世紀幾乎同時進行。胡塞爾的作品《邏輯研究》被認爲是現象學運動的肇始宣言。《邏輯研究》有兩個部分，分別於1900年與1901年出版。也就是說，現象學是發端於二十世紀的初始。此外，這個日期的確標示著一個新運動的開始，因爲胡塞爾是一個全然原創的哲學家。他沒辦法被看成是在他之前的任一傳統的延續；即使像海德格這樣強大的哲學家，只能在胡塞爾所開啓的傳統中得到瞭解，但胡塞爾沒有在前鋪路的先行者。他吸收了布然達諾以及心理學家史敦（Carl Stumpf）的作品，但大大超越了他們。舉例來說，他的意向性理論就比布然達諾的理論高明許多。雖然胡塞爾在1900前的作品（1891年出版的《算術哲學》〔*Philosophy of Arithmetic*〕以及之後的一些文章）預告了部分他後來的思想，但這些都被認爲是前現象學的，就像康德在他1770年就職論文之前的作品都被看做是前批判期一樣。因此，在進入二十一世紀初的今天，我們能夠看到一個始於1900年的哲學運動，並可以嘗試來對其做一番考察。

胡塞爾在哈勒大學（The university of Halle）擔任了十四年的研究員（Privatdozent）【譯註】之後，由於《邏輯研究》一書的成功，被邀請到哥廷根（Göttingen）

任教授職，從1901年一直到1916年。1916年他到弗萊堡（Freiburg）並於1928年在此退休。他在弗萊堡又繼續待了十年，直到1938年過世，享年七十九歲。胡塞爾生前僅出版過六本書：《算術哲學》、《邏輯研究》、 212
《觀念I》（*Idea I*，1913）、《內在時間意識講稿》（*Lectures on Internal Time-Consciousness*，1928）、《形式與超越邏輯》（*Formal and Transcendental Logic*，1929）以及以法文寫作的《笛卡兒的沉思》（*Cartesian Meditations*，1931）。不過，他留下了為數眾多的手稿：課程演講、哲學速記與沉思、評論、可能出版的文稿；他以寫作來進行哲思。所有的材料都收集在胡塞爾檔案（the Husserl Archives）中，而在他死後出版了許多《胡塞爾全集》（*Husserliana*），目前已出版到第二十九冊，預計總共要出版四十冊。

史托克（Elisabeth Ströker）（私人交談）觀察到，即使在胡塞爾轉向哲學之後，他都還或多或少是一位自然科學家；他最早的研究與博士論文是關於數學，在他進入哲學之前他也研究過天文學與心理學。史托克認為，如同一位科學家，胡塞爾傾向實驗而非論述，他的許多哲學作品像是實徵的研究或是實驗。他的大部頭書比較像是小研究的合集，而不像是結構完善的組合。

經由他的教學與寫作，胡塞爾在他生前激發了數個現象學分支的發展。他的影響力的另一個傳達路徑是經由他所主編，從1913年開始發行的《哲學與現象學研究年報》（*Jahrbuch für Philosophie und Phänomenologische Forschung*）。許多重要的德文專著都在這個年報上發表，包括了海德格的《存有與時間》、胡塞爾自己的《觀念I》與《形式與超越邏輯》、馬克斯・謝勒（Max Scheler）的《倫理的形式主義》（*Formalism in Ethics*）等人的作品。

在胡塞爾的教學生涯中有兩個哲學團體深受他的影響，一個在哥廷根，一個在慕尼黑。慕尼黑的團體是由閱讀《邏輯研究》而自發形成。在慕尼黑大學裏，立普
213 斯（Theodor Lipps）的學生於世紀之初組成了一個哲學團體。這個團體受胡塞爾作品的影響，但後來逐漸成爲一個獨立的現象學中心。其成員經常與胡塞爾在哥廷根見面，他們也邀請胡塞爾到慕尼黑演講，有的甚至轉到哥廷根去追隨胡塞爾。慕尼黑的哲學家們感興趣的是胡塞爾克服了心理主義（psychologism），他也在哲學中恢復了實在論（realism）。不過，他們不喜歡他後來的超越現象學發展，認爲這是觀念論的復辟，他們認爲自己的工作是沒有這樣的還原的現象學。接著，另一個團體在哥廷根成立，茵加爾頓（Roman Ingarden）與愛迪・斯泰因（Edith Stein）此時加入這個團體，後來並追隨胡塞爾到弗萊堡去。

當胡塞爾於1916年轉到弗萊堡大學時，那裏並沒有已經成立的現象學研究團體，但有許多傑出的哲學家與他一起工作：斯泰因、茵加爾頓，還有海德格。

第二階段：胡塞爾、海德格與謝勒

在1920年代，胡塞爾的哲學運動像是一個文化現象，卻因爲海德格的出現而有點脫離它原本的軌道。海

德格在德國哲學界激起了深刻的印象，似乎快要掩蓋了
胡塞爾。胡塞爾與海德格兩人形成了哲學史上一對偉大
的思想家，要瞭解他們之間的關係，讓我們回到1907
年，當時海德格讀了布然達諾對亞里斯多德之存在意涵
進行討論的書。兩年後海德格是弗萊堡的一位學生，閱
讀了胡塞爾的《邏輯研究》。1913年，他在新康德學派
學者海因里希・李克爾（Heinrich Rickert）的指導下完
成博士論文，1915年完成他的教授資格論文，即開始
在弗萊堡大學教書，大約就是胡塞爾到那裏的時間。做 214
爲一個年輕教授，海德格教的是希臘哲學家、現象學與
宗教哲學。1923年時，他受邀到馬堡教書，因此離開
弗萊堡。在1923到1924的冬天，他完成了《存有與時
間》的第一次草稿，他於1924年開始於馬堡任教。
《存有與時間》一書於1927年出版。1928年，海德格受
邀再度回到弗萊堡繼承胡塞爾退休所遺留下來的講座。
海德格在馬堡四年，從1924到1928，但他在此與之前
在弗萊堡的講課已經讓他聲名大噪，也顯露了他自己獨
立的哲學地位。

海德格在十七歲時讀有關亞里斯多德的書，十九歲時讀胡塞爾的《邏輯研究》。這兩者是形塑他哲學思考的兩個根源。在《存有與時間》的第七節中，海德格宣稱他的分析方法是現象學的，他也提供了一個現象學意涵的詳細說明，但即使受到胡塞爾這樣多的影響，這兩位哲學家之間仍有許多明顯的不同。

背景、風格、信仰的不同

首先，海德格在他的作品中使用許多古典的語詞，顯示他對哲學史的豐富知識。胡塞爾是一位數學家轉變成哲學家，但海德格一開始的訓練就是哲學。《存有與時間》引用了亞里斯多德、奧古斯丁、聖托馬斯、蘇阿烈茲（Suarez）、笛卡兒、康德，以及其他的哲學家與神學家，還有創世紀、卡爾文（Calvin）、茨魏格尼（Zwingli）以及伊索（Aesop）等人的書。此外，這本書的目標放在對存在議題的恢復。海德格把胡塞爾所獲致的成果應用在古典的哲學問題上。他對古典字彙的使用也比胡塞爾來得好。

其次，胡塞爾的風格以及作品表現出他比較像是一個理性主義者，而海德格的風格與作品會關切讀者，把存在問題放到讀者身上去。這有好也有壞。好的是它明白顯示哲學並非毫無關心的純然思考，對於進行哲思的人來說反而是一種生活方式，一種很大的益處。但是，壞的是當海德格進行他的哲學計畫時，他沒有適當區分
215 理論與實踐的生活，沒有區分哲學與審愼；他也沒有區分理論生活與宗教生活。他想當一個思想家，也想當先知與道德的領導者，而在這兩個形式之間的搖擺混亂了他的作品，也混淆了那些受他影響的人的思考。海德格對朝死而生（being-toward-death）、焦慮（anxiety）或本眞性（authenticity）的分析，其目的並非在於提供給我們對生活憂心或眞誠的基礎，也不是要我們去投票；他把這些現象當做是通向存在議題之路。它們的功能在於分析，而不是勸誡。它們是爲了顯示存在問題不只在形上學的思索中，也在人類存在的種種活動中。然而，

即使在海德格自己的寫作中，這樣的分析性目的卻與宗教及道德的勸誡混在一起。他有一種先知者的部分。一個人可以是哲學家，也可以是先知，等待神的降臨；但想要同時做這兩種人卻會是一種誤導。

另一個方式來表達胡塞爾與海德格的不同是，胡塞爾從一個科學家與數學家的衝動開始，然後把它轉變進入哲學，而海德格是從宗教的衝動開始，然後把它與哲學的衝動混在一起。理性主義者胡塞爾認爲自己是一個自由、無教派、無教條的基督徒，但他在他的作品中很少用到宗教的範疇。他設想哲學是一個嚴格科學。他尊重宗教，但對之有點距離。相反地，海德格似乎把他的哲學顯現爲宗教問題的一個解答。胡塞爾的一些追隨者進入天主教或新教的信仰；這並不是因爲胡塞爾鼓勵這樣做（他反而對此有點尷尬），而是因爲他的工作使得各個方面的經驗都受到尊重，人們因此得以沒有障礙地培養他們自己的宗教發展。但是這種進入信仰在海德格的追隨者中並不常見，我會認爲是在海德格哲學所提供出來的脈絡中，與進入信仰相反的方向反而容易發生。人們會傾向以哲學而非宗教信仰來做爲他們處理宗教衝動的方式。種種問題像是道德、本眞性、欺騙、人類存在的詮釋以及時間性與永恆等，將被以哲學分析與勸誡的方式來處理，而不是由傳統中的宗教貢獻來處理。哲
學的處理甚至會被認爲是比其他兩者更爲本眞。沒有人 216
會用胡塞爾的範疇來詮釋新約，但布特曼（Rudolf Bultmann）卻試著以海德格的範疇來這樣做，也有其他人對天主教信仰做同樣的事。

意向性打破了自我以為的封閉

胡塞爾對海德格影響最大的是什麼？我認爲是胡塞爾解決了笛卡兒主義或現代知識論問題。意識是孤獨的，自我封閉的，只覺察得到它自己與自己的感受與思考，這個想法被胡塞爾的意向性所推翻。知識論問題在《存有與時間》的第十三節中被批評。我們經驗並知覺到事物，而不只是事物的表象或是衝擊或是印象。事物由多重樣態中對我們顯現。胡塞爾提出這個實在論，不只是因爲他指出笛卡兒主義與洛克主義中的自我矛盾，最主要的還是他對種種不同形式意向性的詳細描述，這樣的分析藉由它的精確來證明它自己。我們不證明實在論；我們怎麼有辦法做到呢？我們展示它。

更詳細地來說，意向性學說的突破也表現在胡塞爾自己的另兩個學說之中：他對範疇勾劃的分析，以及他堅持我們的確對不顯現的事物有所意向。這兩個學說都影響早期的海德格。在胡塞爾的範疇學說中，他顯示了當我們勾劃事物，當我們判斷、關連、組合或架構事物，我們不只是在我們內在的概念、觀念或印象中做一些安排，我們的確是勾劃著在世界上的事物。我們把部分由整體中帶出來。舉例來說，我們的判斷並不是我們努力想要去符合某種「外在」世界的內在的創作；在它們最根本的形式中，它們是我們所經驗事物的勾劃；我們勾劃顯現的事物，勾劃它們對我們呈現的樣子。因此，胡塞爾的意向性學說不只是關於知覺。它更重要的是關於由知覺建立起來的範疇勾劃。胡塞爾的範疇顯現
217 學說，出現在《邏輯研究》的第六部分，是海德格形構

存在問題的關鍵之處。

藉由意向性的學說，胡塞爾也能夠宣稱我們眞的能夠意向著不在場的事物。我們並不只處理即刻顯現的事物；並不是說當我們提及不在場的事物時，我們就是談論著那個事物的影像或概念。人類的思考超越顯現的東西，也意向著不顯現者；不顯現者，也就是不在現場，正是以其不在場的方式給予我們。此外，不顯現也有好幾種不同的方式，相應著我們不同種的空虛意向：我們知覺物體的背面、由文字所指稱之事物的不顯現、回憶中事物的不顯現、只在描述中呈現之事物的不顯現、屬於在遙遠地方的朋友的不顯現不同於已過世朋友的不顯現、屬於過去與未來的不顯現、屬於神祇的不顯現。另一種胡塞爾所描述的不顯現是模糊：事物對我們呈現，但卻是沒有清楚區分的，需要進一步的勾劃與把握。我相信，這個主題對海德格的解蔽眞理觀有所貢獻。

海德格看到胡塞爾的意向性學說在哲學上的可能性，並且徹底地使用它。其他的哲學家深受胡塞爾所開啓的方向的影響。舉例來說，在哥廷根與慕尼黑的學者進入了胡塞爾所使之成爲可能的「實在論」。但他們之中沒有一個人有像海德格一樣的深度、原創力以及哲學能量，也沒有他具有宗教意味的誘導魅力。

胡塞爾思考議題多樣，海德格著作內容豐富

我想再提出一個海德格與胡塞爾之間的差異。胡塞爾很少使用哲學史，他有時會考察一下歷史，他使用了笛卡兒、伽利略、洛克、休姆與康德，但他的使用也透

露出了他對這些作者的瞭解極為有限。他對他們有極為
犀利的評論，通常是直抵他們哲學的核心議題，但他對
他們作品的瞭解卻是極為簡單，像是來自課本上的瞭
解。在另一方面，胡塞爾提供給哲學分析的內容卻是十
分豐富且範圍廣泛。他開啓的議題包括語言、知覺、種
218 種形式的時間、回憶、預期、生物、數學、數字、因果
關係等等。他建議了許多存在領域來做為分析的題材。
因此，胡塞爾對作者方面過度簡化，但對思考的題材卻
是非常豐富。

海德格卻正與此相反。他似乎只關心一個議題，存在問題及其所孕藏的意涵。在《存有與時間》中他的確引進了可以被稱之為「局部性」（regional）議題，像是工具性、話語及死亡，但所有的這些都從屬於存有問題。他並未為我們撐開種種局部性的議題，種種分析的範圍；他是哲學上的偏執狂，總是在通往第一原則的路上，而胡塞爾既通向第一原則，又離開它而把它具體化在我們經驗的種種事物之中。以內容來說，胡塞爾似乎是多樣的而海德格卻是過度簡單的。

但在作者方面，海德格是非常豐富的。他詳盡且精緻地詮釋討論了前蘇格拉底的哲學家、柏拉圖、亞里斯多德、中世紀思想家、來布尼茲、康德、黑格爾、齊克果與尼采，還有詩人像是賀德林（Hölderin）、里爾克（Rilke），還有宗教作家像是西勒修斯（Angelus Silesius）與路德（Luther）。不過，對這些作者的考察都在於存有問題如何在其之中昇起。我也想要提出，在過去一百年來對前蘇格拉底的哲學家，柏拉圖、亞里斯多德等希

臘哲學的新研究上，特別是在德國與法國，海德格都有重要的影響。

在結束這段現象學的德國階段考察之前，我必須提到馬克斯・謝勒。在現象學運動裏，謝勒不像胡塞爾或海德格那樣鮮明；他是一個獨立的思想家，有時對現象學的主題進行一些評論，有時他批判現象學也對之維持一段距離。他看起來像現象學家的地方在於他關注特定具體的人類議題，像是宗教、同情心、愛情、恨、情緒以及道德價值等，他對這些都進行詳細的分析。他的邊緣地位對這個運動的大眾化有所幫助，但他也不受約束地在其之外活動。經歷了戲劇化且狂野的一生，謝勒死 219
於1928年，享年五十四歲。

如果只說在一九三〇年代政治與歷史事件對現象學運動造成侵害，這會是一個太過保守的陳述。當時德國國家社會黨興起，海德格在1933年任弗萊堡大學的校長，因之與這個黨有所牽連並出現了相關的言行。而胡塞爾卻與之相反，他在1938年過世之前，受到了許多的屈辱與危險。在歐洲國家之間發生的事件導致了德國與歐陸哲學以及英國與美洲世界之間的區分。

就在大戰爆發前夕，比利時藉神父范・貝瑞達（Franciscan Herman Leo Van Breda of Louvain）到弗萊堡研究現象學，看到了當時的情況，便進行拯救胡塞爾稿件與藏書的工作，於1938年秋天將它們送到魯汶大學，時為胡塞爾死後六個月。他也保護了胡塞爾的遺孀，讓她於戰爭期間留在魯汶的一個修道院。范・貝瑞達神父的這個舉動使得戰後魯汶大學的胡塞爾檔案得以成立。這個檔案成了編輯與出版胡塞爾作品以及研究他思想的重要國際中心，附屬檔案後來在科隆、弗萊堡、巴黎還有紐約都有成立。

現象學在法國

繼德國之後，在法國的分支對現象學運動有重要的影響。列維納斯（Emmanuel Levinas）於二〇年代追隨胡塞爾與海德格學習，寫了一篇關於胡塞爾思想中直觀概念的論文，發表於1930年，他隨後在1931年共同翻譯了《笛卡兒沈思》。

沙特（Jean-Paul Sartre，1905-1980）在德國花了兩年時間（1933-35），待在柏林與弗萊堡。他的早期作品受胡塞爾強烈的影響，但後來轉變成存在人文主義。事實上，沙特的許多早期作品是針對胡塞爾所發展之主題所作的優秀現象學分析。我特別要提到《想像力》（*The Imagination*，1936）、《自我的超越》（*The Transcendence of the Ego*，1936）、《情緒理論草擬》（*Sketch of a Theory of the Emotions*，1939）、《想像的事物》（*The Imaginary*，
220 1940）以及《存在與虛無》（*Being and Nothingness*，1943）。閱讀這些作品會讓人驚訝於沙特對意向性及其哲學潛能的掌握，還有他如何有效地把不顯現應用爲一個哲學主題，呈現在他所描述的種種人類經驗之中，還有他對自我的分析上。沙特對胡塞爾的敬重讓戰後大眾能夠接觸到胡塞爾的思想並對其感到興趣。

比較特別的地方是，沙特對我們如何經驗或知覺「虛無」，即事物的不在，有獨到的描述；「否定」並非

只是判斷的一個部分，它反而是先於判斷就對我們給出的直觀經驗。沙特對種種情緒的轉化力量以及想像的鮮活運作與投射的描述，卻也正補足了胡塞爾的分析。舉例來說，沙特認為想像是**知覺的復活**（perception renaissante），並且對前反思意識有詳細的描述。他也強調主動的自我，區分了抽象的可能性與呈現在一作為者之前，「屬於他的」可能性，之間的不同，後者的出現必是來自那主動作為者置身於某一處境中。他描述了事實性與超越性的不同，並且瞭解到決定論其實正是為了逃避自由所帶來的焦慮。他的風格既流暢又引人入勝。

不過，沙特有意地將現象學主題併入他的存在人文主義哲學計畫中，後者的來源包括了笛卡兒、黑格爾與馬克思。在《存在與虛無》一書中，他甚至批評胡塞爾有一種哲學的膽怯，說胡塞爾把自己限制在中立的分析而逃避存在與存有上的承諾（「他有所懼怕地留在功能描述的層次中」）。當沙特宣稱所意就像斯多噶的lekton【審閱者註】，以及胡塞爾只是一個現象主義者而非現象學家，他總是在康德主義觀念論的邊緣搖擺而行。我認為沙特誤解了胡塞爾對所意以及表象本質的概念。

沙特在「在己」（in itself）與「為己」（for itself）之間的根本對比忽略了應該被注意到的中間部分區分，如動物所擁有的覺察。特別是當他談到虛無的現象（*le* 221
néant）是奠基在人類意識之中，他太強調不同與異質以致於忽略了永遠與否定一起到來的同一性。他描述「什麼也不是」（le rien）讓自我得以在意識中與自己離異，預告了德希達引介的「差異」（différance）與「痕

跡」，但這兩位法國的思想家似乎都忽視了胡塞爾會承認在這些現象中所相映的相同與同一。沙特在一個不僅是分析性而還是勸誡式的哲學中應用現象學，那是一種戲劇性的人文主義，在這種修辭寫作中，人們常會因爲強調某些面向以致於忽略了其他面向。

梅洛龐蒂的發展晚沙特幾年。梅洛龐蒂從未在德國唸書，但他經由顧維茲（Aron Gurwitsch）在三〇年代早期獲得對現象學與完形心理學的認識。顧維茲從德國逃出後，在巴黎教了一陣子書，後來到了美國，任教於「社會研究新學院」（the New School for Social Research），成爲六〇與七〇年代美國重要的現象學代表人物。梅洛龐蒂最初的作品，可能也是影響力最持久的，是《行爲的結構》（*The Structure of Behavior*，1942）與《知覺現象學》（*Phenomenology of Perception*，1945），兩者都是對實證心理學的批判。梅洛龐蒂強調前反思的、前述詞的、知覺的、時間的、生活的身體以及生活世界。他的描述所具有的豐富性與複雜性與沙特不遑多讓，也是重要的現象學成就。梅洛龐蒂大部分藉助於胡塞爾後期的作品，應用胡塞爾檔案中許多未被整理的資料。也許因爲他對實證科學的批判，當然也因爲他的作品的卓越之處，使他於五〇與六〇年代對美國學界有重大影響。許多人覺得他的作品比胡塞爾那嚴格且甚至像是數學的作品容易親近許多。

在現象學運動的法國分支成員中，我也應該提及呂格爾（Paul Ricoeur，1913-）。他翻譯了胡塞爾的《觀念I》，也對胡塞爾有深刻的評論。他並對人類自由、

宗教、象徵主義、神話與心理分析進行獨立的哲學分
析。有趣的是，他對人類自由的研究書籍《意志與無意 222
志》(*The voluntary and the Involuntary*)，深受慕尼黑現
象學家之一的Alexander Pfander影響。

其他國家的現象學

德國的根與法國的分支的確是現象學運動的主要部分，但在其他國家也有重要的部分出現。在美國，霍金(William Ernest Hocking)曾於1902年受教於胡塞爾一個學期，凱因斯(Dorion Cairns)在二〇年代末期與三〇年代早期也追隨過胡塞爾。凱因斯於1933年寫過一篇關於胡塞爾的哈佛論文，並成為一個優秀的胡塞爾作品翻譯者。法伯(Marvin Farber)於1928在水牛城寫了一篇有關胡塞爾的博士論文，後來著書闡述他的思想，並成立了一本期刊《哲學與現象學研究》(*Philosophy and Phenomenology Research*)，但他自己卻比較像是自然主義哲學家而非現象學家。現象學對美國的主要影響發生在五〇與六〇年代，即使被一些較為素樸與英國式的形式所遮掩，當時它也已在美國成為一個主要的哲學學派。在北美的哲學世界中，與種種形式的分析哲學比較起來，現象學一直持續但卻也規模不大。許多大學都有重要的現象學中心，也出現了一些學會與刊物。最早的中心於五〇年代在「社會研究新學院」研究生部產生，在此任教的有凱因斯、顧維茲與舒茲。

現象學從未在英國獲得顯著地位。梅思(Wolfe Mays)以及他的學生史密斯(Barry Smith)、馬利根

（Kevin Mulligan）與賽門（Peter Simons）於二十年前在曼徹斯特建立了一些學者團體，目的在探討早期的現象學著作並顯示其與分析哲學的根源，主要是指二十世紀初期的弗雷格（Gottlob Frege）及其他在奧地利的思想家之間的關係。

在英國的這個發展卻在美國出現一個以弗雷格與分析哲學爲靈感來詮釋胡塞爾的對應團體。這部分主要發生在加州，代表的學者包括德雷弗斯（Hubert
223 Dreyfus）、胡達富（David Woodruff）等人。他們主要根據胡塞爾的早期作品。這個「西岸」團體也有一個與之反題的「東岸」學派，指的是波士頓到華盛頓之間的學術走廊，以胡塞爾晚期與邏輯作品爲主要關注點，並不以弗雷格及分析哲學爲起點。它以胡塞爾來讀弗雷格，而不是反過來。本書即是在此精神下寫成。這兩個「學派」的不同點主要在於對所意、看法與現象學還原的理解不同，而其理論差異在於，西岸團體把看法與所意等同起來，並把它們當做是心智與世界的中介。而東岸團體區分看法與所意爲兩種對意向對象不同的反思結果；它也不認爲它們中介了心智與世界之間的意向關係。馬和提（J.N. Mohanty）發展了對胡塞爾與弗雷格的獨立詮釋，並將現象學與古印度哲學關連起來。

在西班牙，奧德嘉・嘉塞（José Ortega y Gasset）代表著胡塞爾與海德格，但也對此兩者加以批判；哈維亞（Xavier Zubiri）也是一位與現象學有關的哲學家。在義大利，於兩次世界大戰之間現象學與存在主義在米蘭由Antonio Banfi所發展，而第二次世界大戰後的代表人物

則是佩奇（Enzo Paci）。Sofia Vanni Rovighi是一位將胡
塞爾思想與亞里斯多德及阿奎那連繫在一起的哲學家。
Nicola Abbagnano的存在主義也不能被忽略。在波蘭，
曾於1912-18年追隨胡塞爾研究並一直與他保持聯繫到
晚期的茵加爾頓開創了一個現象學運動的分支，也寫了
一系列關於美學，倫理，與形上學的重要現象學著作。
三〇年代他任教於Lwów，戰後則到了Cracow。這個傳
統後來影響了Karol Wojtyla以及托馬斯哲學的Lublin學
派。在捷克，Jan Patočka，胡塞爾的亦徒亦友，是布拉
格中現象學的代表人物，也是一位勇敢的公民自由護衛
者。他於1977年一次遭受警察的拷問後過世。在革命
前的俄國，現象學有相當的影響力。1909年《邏輯研 224
究》被翻譯爲俄文，另外透過Roman Jakobson的著作，
間接也影響了文學理論中的結構主義與形式主義。
Roman Jakobson經常引用胡塞爾部分與整體的理論，並
視爲重要的學說。Gustav Shpet是當時俄國的現象學代
表人物。但第一次世界大戰與共產革命阻礙了現象學在
俄國的進一步發展。目前已出現了將胡塞爾作品譯介爲
俄文的努力。

詮釋學與解構論

經過了現象學主要發展時期之後的地理分布考察，我將提一下兩個在現象學邊緣的變異形式——詮釋學與解構論。

詮釋學起先是一個在德國的思潮，代表人物爲史萊馬赫（Friedrich Schleiermacher，1768-1834）與狄爾泰

（Wilhelm Dilthey，1833-1911），後者與胡塞爾同時代但比他年長。詮釋學原本研究的是過去文本的閱讀與詮釋結構，並表現爲一種聖經與文學詮釋的哲學以及歷史研究的哲學。海德格把詮釋學的意涵從文本與記錄的研究，擴充爲人類存在的自我詮釋。與詮釋學相關連的人物必然要提到伽德瑪（Hans-Georg Gadamer），他不但是海德格的學生，也是柏拉圖、亞里斯多德與詩學文本的專家。他曾經也是現象學運動的活見證，他以現象學重要人物與事件的友人與目擊者身分，在其他國家對年輕的一代引介現象學，而他生動活潑的演講，讓他在全世界都建立了學術接觸。伽德瑪在馬堡受教於海德格，也深受其影響，雖然他也在弗萊堡跟過胡塞爾一陣子，但胡塞爾對其影響並不明顯。胡塞爾的某些概念對詮釋學有幫助，像是意義、積澱和語言，但這些在伽德瑪的思想中並未有重要地位。遺憾的是詮釋學經常被認爲是通向相對主義，這是伽德瑪一定會加以駁斥的。一個文
225 本可以有多種詮釋的事實並未取消此文本的同一性，它也不排拒錯誤的或完全不合適的瞭解，即使這些會破壞這個文本。

在考察現象學運動時，應該要提及解構論，不過這有一點尷尬，像是一個家庭不想提及但卻被迫談起一個無厘頭的家族成員般。德希達最早的著作是翻譯與詮釋（當然是非常有問題的詮釋）胡塞爾的短篇作品，但他隨即放棄胡塞爾，跑到更廣的哲學領域去。解構論主要受黑格爾、海德格、沙特與拉崗的影響，而在較爲深刻的意涵上也有尼采與佛洛依德的影響。我認爲，胡塞爾

對不顯現與差異的處理，比德希達所認爲的更加細緻，他承認這些現象，但並不落入像解構論那樣的極端。我所聽過的對解構論最適當的評論來自蘇格蘭文學理論家 Alastair Fowler，他的觀察是，淺嚐一口解構論，可以修正一下太過整潔與理性的傳統文學理論，但在美國它卻被大口吸入政治理論之中，而超過了它應有的平衡。

最後的評論

做爲一個哲學的主要傳統之一，現象學仍以一種比較沒有那麼壯觀的方式持續著。它的主要著作仍會被做爲經典加以閱讀，時間會告訴我們這顆星將會上昇到多高的天空。在二十世紀上半時期出現的思想家當然會在人類思想史上佔一席之地，他們也會啓發出如同過去一樣出色的作品。做爲一個運動，現象學的力量見證在這樣的事實上，除了主要的思想家之外，還有範圍廣大的許多次要哲學家，他們補充了現象學哲學裏的各個角落。

此外，仍有許多學術作品持續在這個傳統中完成，
像是文本的編纂（魯汶與科隆是兩大中心），對主要作 226
品與思想家的評論，以及對種種名詞與概念的爭議。雖然對胡塞爾遺作的編輯已經到了有些人覺得太多的地步，但是仍有一些重要的資料仍然等待出版，像是他晚期對內在時間意識的手稿。海德格演講稿的整理對瞭解他的思路發展有很大的幫助，也提供了我們極有哲學價值的文獻。

現象學運動中的一大遺憾是缺乏政治哲學。這顯然

是一個應該要有所補充的領域。的確，缺乏政治的敏銳並不只是一個推測上的問題，它可以像發生在海德格身上的例子，成了一個實際上的災難。舒茲任教於「社會研究新學院」並對胡塞爾思想有部分的評論，主要受到韋伯與謝勒的影響，在社會哲學與人文社會學上有重要貢獻，但他並未發展一個眞正的政治哲學。

我也認爲現象學的專有名詞是現象學運動的一大障礙，像是「能意」、「所意」、「還原」、「生活世界」與「超越自我」等，都有變成化石的傾向，製造出假的問題。它們把原本是屬於存在面向及屬於哲學活動的部分實質化了。「現象學」這個名稱本身就容易誤導，也有點笨拙。這些名詞的英文翻譯並不理想也有點浮誇；現象學的英文作者應該去向麥可·歐克秀（Michael Oakeshott）等人學習。

現象學中還有重要的理論資源還未被開發，就像豐富的礦藏還等待開採一般。胡塞爾在現代思潮中造成了一個重大的突破，他顯示我們是有可能避免笛卡兒主義與洛克主義把意識看做爲一個封閉地帶；他恢復了對心智之公共性的認識，也瞭解心智是通向事物的。他開啓了通往哲學實在論與存有學的道路，而取代了知識論的優先性。胡塞爾思想中許多的正向可能性尚未被充分瞭解，因爲笛卡兒還緊抓著許多的哲學家與學者。常見的
227 是胡塞爾被以他所拒絕的位置來加以詮釋。意識是孤立的觀念還俘虜著許多人，而一旦它生了根，一旦它被用到一組特定的問題上，用到一個特定的推論方式中，它就很難被移除。但是現象學還有許多東西要提供給想要

它的人。現象學運動，在二十世紀初由胡塞爾開創出來，並在一百年來有著豐富的歷史，爲眞誠的哲學生活造就了許多的資源。

【譯註】有點類似博士後研究的工作。

【審閱者註】斯多噶學派認爲一個命題或陳述的意涵有其具體對應者，稱之爲lekton。

{附錄二}

中文索引

編按：附錄二、三所標示之數字為原文書之頁碼，請對照貼近內文左右之原文頁碼。

一至五劃

六至八劃

九至十劃

十一至十三劃

十四至十六劃

十七劃以上

{附錄三}

英文索引

編按：附錄二、三所標示之數字爲原文書之頁碼，請對照貼近內文左右之原文頁碼。

{附錄四}

參考書目

Bernet, Rudolf, Iso Kern, and Eduard Marbach. *An Introduction to Husserlian Phenomenology.* Evanston, IL: Northwestern University Press, 1993. The authors are prominent Swiss scholars who studied at the University of Louvain during the 1960s. They have each edited texts of Husserl and have written many works in phenomenology. Rudolf Bernet is currently director of the Husserl Archives at Leuven.

Brough, John Barnett. "Translator's Introduction." In Edmund Husserl, *On the Phenomenology of the Consciousness of Internal Time (1893–1917),* trans. John Barnett Brough. Dordrecht: Kluwer, 1991, pp. xi–lvii. In this introduction and in other essays, Brough provides the clearest English treatment of the phenomenological doctrine of temporality.

Cobb-Stevens, Richard. *Husserl and Analytic Philosophy.* Dordrecht: Kluwer, 1984. There are a number of books, by various authors, that compare phenomenology and analytic thought, and this is one of the most successful. It studies primarily the differences between Husserl and Frege but also shows how Husserl resolves problems that have dominated philosophy since Descartes. The role of categorial intuition is emphasized.

Dillon, Martin C. *Merleau-Ponty's Ontology.* Bloomington: Indiana University Press, 1988.

Dreyfus, Hubert L., ed. *Husserl, Intentionality, and Cognitive Science.* Cambridge, MA: MIT, 1982. This collection contains several important essays by Dagfinn Føllesdal as well as papers by authors such as Dreyfus, J. N. Mohanty, John Searle, and David Woodruff Smith, dealing with intentionality and cognitive science.

Drummond, John J. *Husserlian Intentionality and Non-Foundational Realism: Noema and Object.* Dordrecht: Kluwer, 1990. This volume is a thorough and systematic evaluation of the Fregean interpretation of Husserl. It presents the "East Coast" critique of the "West Coast" form of phenomenology, dealing especially with the themes of noema, sense, and reduction.

Elveton, R.O., ed. and trans. *The Phenomenology of Husserl: Selected Critical Readings.* Chicago: Quadrangle, 1970. Six classical essays, written between 1930 and 1962. Of special importance are the essays by Eugen Fink, "The Phenomenological Philosophy of Edmund Husserl and Contemporary Criticism," pp. 73–147, and by Walter Biemel, "The Decisive Phases in the Development of Husserl's Philosophy," pp. 148–73.

Embree, Lester et al., eds. *Encyclopedia of Phenomenology*. Boston: Kluwer, 1997. Articles in this encyclopedia treat the major concepts in phenomenology, developments in various countries, major authors, and important new areas of controversy, such as language, artificial intelligence, cognitive science, and ecology. It is very well organized, and the articles are written by recognized scholars. This work will probably remain the most authoritative reference work on phenomenology for many years.

Gadamer, Hans-Georg. "The Phenomenological Movement." In his *Philosophical Hermeneutics*, ed. and trans. David E. Linge. Berkeley: University of California Press, 1976, pp. 130–81. A personal review of the main themes in the history of phenomenology.

Guignon, Charles, ed. *The Cambridge Companion to Heidegger*. Cambridge: Cambridge University Press, 1993. Books in the "Cambridge Companion" series are collections of about ten newly written essays on a given philosopher. Each volume has an introductory essay by the editor that gives an overview of the philosopher's thought, and an extensive bibliography is provided.

Hammond, Michael, Jane Howorth, and Russell Keat. *Understanding Phenomenology*. Oxford: Blackwell Publisher, 1991.

Howells, Christina, ed. *The Cambridge Companion to Sartre*. Cambridge: Cambridge University Press, 1992.

Kisiel, Theodore. *The Genesis of Heidegger's "Being and Time."* Berkeley: University of California Press, 1993. Spells out in detail the historical circumstances, personal interests, and intellectual developments that helped shape Heidegger's first major publication as well as his entire philosophy.

Kockelmans, Joseph J. *Edmund Husserl's Phenomenology*. West Lafayette, IN: Purdue University Press, 1994.

Langiulli, Nino, ed. *European Existentialism*. New Brunswick, NJ: Transaction, 1997. This is the third edition of a book that appeared in 1971 under the title, *The Existentialist Tradition*. It contains selections from authors ranging from Kierkegaard to Camus. Besides the major authors in this tradition, the book contains writings from Ortega y Gasset, Abbagnano, Buber, and Marcel. The selections are valuable and unusual, and the introductions, written by various scholars, are very helpful.

MacQuarrie, John. *Existentialism*. Baltimore: Penguin, 1962.

Madison, Gary Brent. *The Phenomenology of Merleau-Ponty*. Athens: Ohio University Press, 1973.

Manser, Anthony. *Sartre: A Philosophical Study*. Oxford: Oxford University Press, 1966.

McIntyre, Ronald, and David Woodruff Smith. *Husserl and Intentionality: A Study of Mind, Meaning, and Language*. Boston: Reidel, 1982. This is the most comprehensive study of Husserl's philosophy from the Fregean and analytic point of view.

McKenna, William R., and J. Claude Evans, eds. *Derrida and Phenomenology.* Dordrecht: Kluwer, 1995. A review of the relationship between phenomenology and deconstruction.

Mohanty, J. N. *Transcendental Phenomenology: An Analytic Account.* New York: Blackwell Publisher, 1989. Mohanty is the author of many works in phenomenology, philosophy of language, and Indian thought. This book describes the nature of transcendental phenomenology, using categories and issues familiar to analytic philosophers.

Mohanty, J. N., and Richard McKenna, eds. *Husserl's Phenomenology: A Textbook.* Lanham, MD: University Press of America, 1989. Essays that introduce various aspects of Husserl's thought.

Natanson, Maurice. *Edmund Husserl: Philosopher of Infinite Tasks.* Evanston, IL: Northwestern University Press, 1974. This volume won an American Book Award in 1974. It is a clear and colorful exposition of Husserl's thought.

Ott, Hugo. *Martin Heidegger: A Political Life*, trans. Allan Blunden. New York: Basic Books, 1993. The author of this biography is professor of history at the University of Freiburg. The book is an accurate and dispassionate biography of Heidegger. It addresses the political controversies in which Heidegger was involved.

Pöggeler, Otto. *Martin Heidegger's Path of Thinking*, trans. Daniel Magurshak and Sigmund Barner. Atlantic Highlands, NJ: Humanities, 1987. An introduction to Heidegger by one of his most authoritative interpreters.

Sepp, Hans Reiner, ed. *Edmund Husserl und die phänomenologische Bewegung. Zeugnisse in Text und Bild.* Freiburg: Karl Alber, 1988. This work was composed as a catalogue to accompany an exhibit that commemorated the fiftieth anniversary of the Husserl Archives. The book contains many pictures of people and places, as well as images of documents related not only to Husserl and his life but to other people and developments in phenomenology. It includes reminiscences by Hans-Georg Gadamer, Emmanuel Levinas, Herbert Spiegelberg, and others, five essays about the phenomenological movement, biographical sketches for almost ninety persons associated with the movement, a historical time line for the period 1858–1928 (giving events parallel to events in phenomenology), bibliographies of major works in phenomenology and their translations, and a bibliography of selected secondary sources.

Smith, Barry, and David Woodruff Smith, eds. *The Cambridge Companion to Husserl.* Cambridge: Cambridge University Press, 1995. This "Cambridge Companion" volume contains essays by important British and American commentators on Husserl. The introduction surveys Husserl's philosophy and sketches various interpretations of his thought. Essays cover the development of Husserl's philosophy, the phenomenological perspective, language, knowledge, perception, idealism, mind and body, common sense, mathematics, and part–whole logic.

Sokolowski, Robert. *Husserlian Meditations: How Words Present Things.* Evanston, IL: Northwestern University Press, 1974. A study of major concepts in Husserl's thought, with reference to authors like Strawson and Austin.

Sokolowski, Robert. *Pictures, Quotations, and Distinctions: Fourteen Essays in Phenomenology.* Notre Dame, IN: University of Notre Dame Press, 1992. A collection of essays describing phenomena such as picturing, quoting, making distinctions, measurement, reference, temporality, and moral action. The essays attempt to clarify philosophically things that are part and parcel of the human condition.

Spiegelberg, Herbert. *The Phenomenological Movement.* Third, revised and enlarged, edition, with Karl Schuhman. The Hague: Nijhoff, 1982. This is the classical history of phenomenology. The first two editions (which comprised two volumes) were written by Herbert Spiegelberg; the third (in one volume) was written with the assistance of Karl Schuhman. The book goes into great detail in treating developments in various countries, with ample coverage of even the minor figures.

Ströker, Elisabeth. *Husserl's Transcendental Phenomenology*, trans. Lee Hardy. Stanford: Stanford University Press, 1993. The author was director of the Husserl Archives at Cologne for many years. She specializes not only in phenomenology, but also in the philosophy of science.

Warnke, Georgia. *Gadamer: Hermeneutics, Tradition, and Reason.* Stanford: Stanford University Press, 1987.

Willard, Dallas. *Logic and the Objectivity of Knowledge.* Athens: University of Ohio Press, 1984. A clear and exact exposition of Husserl's early work, with a thorough study of major themes in *Logical Investigations.*

{附錄五}
延伸閱讀

- 《生死無盡》(2004),余德慧,心靈工坊。
- 《生命史學》(2003),余德慧,心靈工坊。
- 《空間詩學》(2003),加斯東·巴謝拉(Gaston Bachelard),張老師文化。
- 《生死學十四講》(2003),余德慧,心靈工坊。
- 《從現象學到後現代》(2001),蔡錚雲,五南。
- 《醫護倫理與現象學》(2001),哲學雜誌編委會編/著,業強。
- 《胡塞爾現象學解析》(2001),吳汝鈞,台灣商務。
- 《現象學與科學哲學》(2001),汪文聖,五南。
- 《詮釋現象心理學》(2001),余德慧,心靈工坊。
- 《邏輯研究第二卷(上、下)—現象學與認識論研究第一部分》(2000),埃德蒙特·胡塞爾(Edmund Husserl),時報。
- 《存在與虛無》(2000),尙—保羅·沙特(Jean-Paul Sartre),貓頭鷹。
- 《他者的單語主義》(2000),德希達(Jacques Derrida),桂冠。
- 《海德格爾——被逐出神學的人》(2000),李平,牧村。
- 《路標》(1998),馬丁·海德格(Martin Heidegger),時報。
- 《胡塞爾與海德格》(1995),汪文聖,遠流。
- 《純粹現象學通論》(1994),埃德蒙特·胡塞爾(Edmund Husserl),桂冠。
- 《走向語言之途》(1993),馬丁·海德格(Martin

Heidegger），時報。

- 《歐洲科學危機和超越現象學》（1992），埃德蒙特・胡塞爾（Edmund Husserl），桂冠。
- 《社會世界的現象學》（1991），舒茲（Alfred Schutz），桂冠。
- 《存在與時間》（1990），馬丁・海德格（Martin Heidegger），久大。

對於人類心理現象的描述與詮釋
有著源遠流長的古典主張，有著速簡華麗的現代議題
構築一座探究心靈活動的殿堂，
我們在文字與閱讀中，尋找那奠基的源頭

Master

故事・知識・權力

【敘事治療的力量】

作者－麥克・懷特、大衛・艾普斯頓
審閱－吳熙琄　譯者－廖世德
定價－300元

本書針對敘事治療提出多種實例，邀請並鼓勵讀者以反省的立場，在敘述和重說自己的故事當中，寫作與重寫自己的經驗與關係。

詮釋現象心理學

作者－余德慧　定價－250元

本書探詢語言是何等神聖，詮釋又是怎麼一回事，希望在心理學的基設上做更多的思考，孕育心理學更豐富的知識。

災難與重建

【心理衛生實務手冊】

作者－戴安・梅爾斯　審閱－魯中興
策劃－中華心理衛生協會
譯者－陳錦宏等十人　定價－300元

災後重建，除了理論依據，還需實際的方法與步驟。本書希望藉由美國的災難經驗及災後重建的實務運作，提供國內實際工作的參考。

母性精神分析

【女性精神分析大師的生命故事】

作者－珍妮特・榭爾絲　譯者－劉慧卿
定價－450元

作者企圖標示出不同於佛洛伊德的古典精神分析之路（注意焦點和研究主題的不同），用極端的二分法「母性和父系」，讓讀者注意到這種焦點的改變。

意義的呼喚

【意義治療大師法蘭可自傳】

作者－維克多・法蘭可　審閱－李天慈
譯者－鄭納無　定價－220元

法蘭可是從納粹集中營裡生還的心理治療師，更是意義治療學派的創始人。在九十歲的高齡，他自述其跨越一世紀的精采人生，向世人展現他追尋意義的心靈旅程。

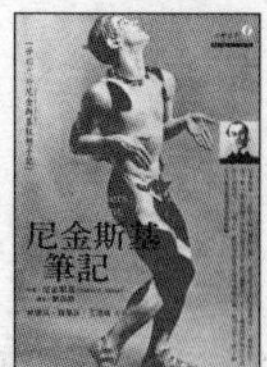

尼金斯基筆記

作者－尼金斯基　譯者－劉森堯
定價－320元

舞神尼金斯基在被送入療養院治療精神疾病前寫下的筆記，見證這位藝術家對人類的愛、精神和宗教的追尋。這些文字來自一個崩潰的靈魂的吶喊，為了達到舞蹈極限，他跳向一個無人能及的地方－「上帝的心中」。

崔玖跨世紀

口述－崔玖　執筆－林少雯、龔善美
定價－300元

從國際知名的婦產科權威，到中西醫的整合研究，到花精治療及生物能醫學的倡導，台灣的「另類醫學之父」崔玖七十餘年的人生，不斷突破傳統，開創新局，是一則永遠走在時代尖端的傳奇！

生死學十四講

作者－余德慧、石佳儀　整理－陳冠秀
定價－280元

本書從現代人獨特的生存與死亡處境出發，以海德格、齊克果的哲學精神為經緯，結合作者多年累積的學養與體驗，引領你我一起探索關於生命與死亡的智慧。

超越自我之道

作者－羅傑・渥許、法蘭西絲・方恩
譯者－易之新、胡因夢　定價－450元

本書呈現的是超個人學派發展的大趨勢。且看超個人運動能不能引領我們化解全球迫切的危機、使人類徹底覺醒。

心理治療入門

作者－安東尼・貝特曼、丹尼斯・布朗
　　強納森・佩德
譯者－陳登義　定價－450元

本書是心理治療的經典入門作品，詳盡地介紹精神動力的原理與實務概要，對於不同型式心理治療的歷史、理論、實務等方面的脈絡加以討論，是學習正統心理治療最佳的媒介。

愛的功課

【治療師、病人及家屬的故事】

作者－蘇珊・麥克丹尼爾、潔芮・赫渥斯
　　威廉・竇赫提
譯者－楊淑智、魯宓　定價－600元

一群家族治療師勇敢打破傳統心理專業人士與病人、家屬之間的階級與藩籬，分享自己生病的經驗。讓治療的過程更富人性，醫病關係也更眞誠。

學習家族治療

作者－薩爾瓦多・米紐慶、李維榕
　　喬治・賽門
譯者－劉瓊瑛、黃漢耀　定價－420元

米紐慶在家族治療領域有深遠的影響力，他的典型面談甚至成為治療師評斷自己工作優劣的標準。本書提供了初學者與執業者少有的機會，在大師的帶領下，學習家族治療的藝術與技術。

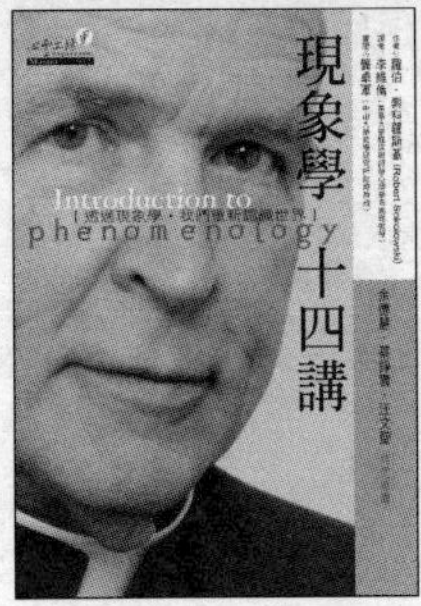

現象學十四講

作者─羅伯・索科羅斯基
譯者─李維倫　定價─380元

這本認識現象學的入門書，將現象學的核心議題、基本要素、語彙、概念等做了詳盡的解釋，並也以日常生活爲例，讓讀者從以往的習以爲常，進入從現象學角度思考的哲學生活。

迷惘與清明的纏綿糾葛，讓人渴盼
清靈的暮鼓晨鐘，心靈的虔誠祈禱，智慧的凝練經句
或是淡淡點撥，或是重重棒喝
內在靈性已然洗滌清澈，超越自我

Hamony

與無常共處

【108篇生活的智慧】
作者─佩瑪・丘卓
譯者─胡因夢　定價─320元

本書結集佩瑪・丘卓數本著作中的一百零八篇教誨，幫助我們在日常的挑戰中培養慈悲心和覺察力，深入探索友愛、禪定、正念、當下、放下，以及如何面對恐懼和各種痛苦的情緒。

生命的哲思

作者─葛瑞林
譯者─李淑珺　定價─250元

本書是英國著名哲人葛瑞林對人類日常生活的深思與反省。透過一篇篇短小精湛的文章，作者想傳達給我們的是，追求生命的意義與生命蘊含的寶藏，會使人獲得深刻的啓發與提升。

生命史學

作者─余德慧　定價─280元

時間賦予我們奇妙的感覺，使我們的生命產生某種氛圍，像薄薄的光暈籠罩著現在，也因此有了生命的厚重感。

生死無盡

作者─余德慧　定價─250元

承接「把死亡當作生命的立足點」的觀念，余德慧教授在本書中思考的是現實中與生共俱的死亡。在剝除重重障蔽的過程中，他提出「瀕臨」的想法：「在任何活著的時刻，都能準確地捕捉到生死的同時存在。」呈現出一個「生死相通」的自在世界。

敲醒心靈的良醫

【迅速平衡情緒的思維場療法】

作者—羅傑・卡拉漢、理查・特魯波
譯者—林國光　定價—320元

在全世界，思維場療法已經證明對75%至80%的病人的身心產生恆久的療效，這個成功率是傳統心理治療方法的許多倍。透過本書，希望有更多讀者也能迅速改善情緒，過著更平衡的人生。

顛倒的生命，窒息的心願，沈淪的夢想
爲在暗夜進出的靈魂，
守住窗前最後的一盞燭光
直到晨星在天邊發亮

SelfHelp

不要叫我瘋子

【還給精神障礙者人權】

作者—派屈克・柯瑞根、羅伯特・朗丁
譯者—張葦　定價—320元

本書兩位作者都有過精神障礙的問題，由於他們的寶貴經驗，更提高本書的價值。汙名化不僅只影響精障朋友，而會擴及社會。所以找出消除汙名化的方法應是大眾的責任。

他不知道他病了

【協助精神障礙者接受治療】

作者—哈維亞・阿瑪多＆安娜麗莎・強那森
譯者—魏嘉瑩　定價—250元

如果你正爲有精神障礙的家人該不該接受治療而掙扎，本書是你不可或缺的。作者提供了深刻、同理且實用的原則，足以化解我們在面對生病的人時，產生的挫折與罪惡感。

愛，上了癮

【撫平因愛受傷的心靈】

作者—伊東明　譯者—廣梅芳　定價—280元

日本知名性別心理學專家伊東明，透過十三位男女的眞實故事，探討何謂「愛情上癮症」。他將愛情上癮症分爲四種：共依存型、逃避幸福型、性上癮型，以及浪漫上癮型。

孩子，別怕

【關心目睹家暴兒童】

作者—貝慈・葛羅思
譯者—劉小菁　定價—240元

本書讓我們看到目睹家暴的孩子如何理解、回應並且深受暴力的影響。作者基於十多年的實務經驗，與父母、老師、警察及其他助人工作者分享如何從輔導、法令與政策各方面著手，眞正幫助到目睹家暴的兒童。

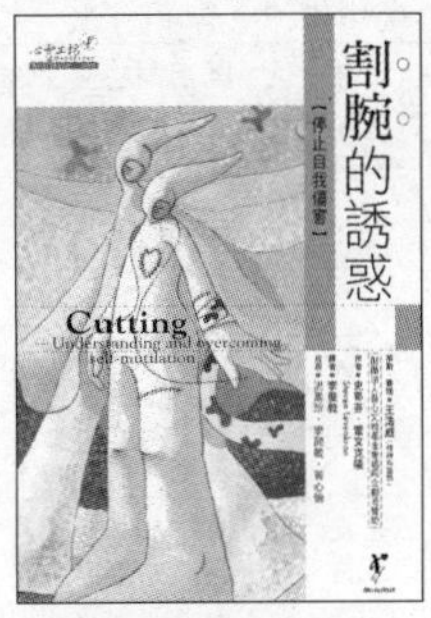

割腕的誘惑

【停止自我傷害】

作者—史蒂芬・雷文克隆
譯者—李俊毅　定價—300元

本書作者深入探究自傷者形成自我傷害性格的成因，如基因遺傳、家庭經驗、童年創傷及雙親的行爲等，同時也爲自傷者、他們的父母以及治療師提出療癒的方法。

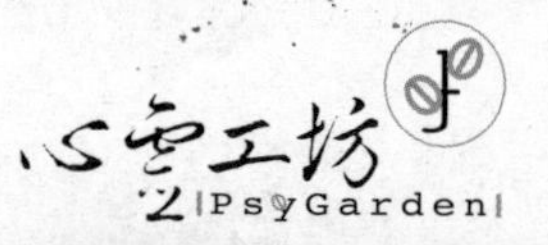

生命長河，如夢如風，
猶如一段逆向的歷程
一個掙扎的故事，一種反差的存在，
留下探索的紀錄與軌跡

Caring

眼戲
【失去視力，獲得識見的故事】
作者—亨利．格倫沃
譯者—于而彥、楊淑智　定價—180元

慣於掌握全球動脈的資深新聞人，卻發現自己再也無法看清世界樣貌……這突如其來的人生戲碼，徹底改變他對世界的「看」法。

空間就是權力
作者—畢恆達　定價—320元

空間是身體的延伸、自我認同的象徵，更是社會文化與政治權力的角力場。

希望陪妳長大
【一個愛滋爸爸的心願】
作者—鄭鴻　定價—180元

這是一位愛滋爸爸，因爲擔心無法陪伴女兒長大，而寫給女兒的書…

難以承受的告別
【自殺者親友的哀傷旅程】
作者—克里斯多福．路加斯、亨利．賽登
譯者—楊淑智　定價—280元

自殺的人走了，留下的親友則歷經各種煎熬：悔恨、遺憾、憤怒、自責、怨懟……漫漫長路，活著的人該如何走出這片哀傷濃霧？

晚安，憂鬱
【我在藍色風暴中】(增訂版)
作者—許佑生　定價—250元

正面迎擊憂鬱症，
不如側面跟它做朋友。
跟憂鬱症做朋友，
其實就是跟自己做朋友，

醫院裡的哲學家
作者—李察．詹納　譯者—譚家瑜
定價—260元

作者不僅在書中爲哲學、倫理學、醫學做了最佳詮釋，還帶領讀者親臨醫療現場，實地目睹多位病患必須痛苦面對的醫療難題。

與愛對話
作者—伊芙．可索夫斯基．賽菊寇
譯者—陳佳伶　定價—320元

作者以特異的寫作風格——結合對話、詩和治療師的筆記——探索對致命疾病的反應、與男同志友人的親密情誼、性幻想的冒險場域，以及她投入佛教思想的恩典。

愛他，也要愛自己
【女人必備的七種愛情智慧】
作者—貝芙莉．英格爾　譯者—楊淑智
定價—320元

本書探討女性與異性交往時，如何犧牲自己的主體性，錯失追求成長的機會。作者累積多年從事女性和家庭諮商的經驗，多角度探討問題的根源。

瘋狂天才
【藝術家的躁鬱之心】
作者—凱．傑米森
譯者—易之新、王雅茵　定價—320元

本書從多位詩人、文學家、畫家，談從憂鬱、躁鬱氣質逐漸到病症的過程，深刻反省現代醫學對躁鬱症和其他疾病所需考量的倫理觀點。

快樂是我的奢侈品
作者—蔡香蘋、李文瑄　定價—250元

本書藉由眞實的個案，輔以專業醫學知識，從人性關懷的角度探討憂鬱症患者的心路歷程，以同理心去感受病友的喜怒哀樂，爲所有關懷生命、或身受憂鬱症之苦的朋友開啓了一扇希望之窗。

聽天使唱歌
作者—許佑生　定價—250元

我深信唯有親自走過這條泥濘路的人，才眞正了解那種微細的心理糾纏、顛覆、拉扯，也才會在絕境中用肉身又爬又滾，找到一條獨特的出路…。

揚起彩虹旗
【我的同志運動經驗 1990-2001】
主編—莊慧秋　作者—張娟芬、許佑生 等
定價—320元

本書邀請近三十位長期關心、參與同志運動的人士，一起回看曾經努力走過的足跡。這是非常珍貴的一段回憶，也是給下一個十年的同志運動，一份不可不看的備忘錄。

終於學會愛自己

【一位婚姻專家的離婚手記】

作者—王瑞琪　定價—250元

知名的婚姻諮商專家王瑞琪，藉由忠實記錄自己的失婚經驗，讓有同樣經歷的讀者，能藉由她的故事，得到經驗的分享與共鳴。

以畫療傷

【一位藝術家的憂鬱之旅】

作者—盛正德　定價—300元

……此刻我把繪畫當成一條救贖之道、一段自我的療程，藉著塗抹的過程，畫出眞實或想像的心裡傷痕，所有壓抑也靠著畫筆渲洩出來。我藉由繪畫來延續隨時會斷裂的生命與靈魂、來找到活下去的理由。……

學飛的男人

【體驗恐懼、信任與放手的樂趣】

作者—山姆．金恩　譯者—魯宓

定價—280元

爲了一圓孩提時的學飛夢想，山姆以六十二歲之齡加入馬戲團學校，學習空中飛人。藉由細緻的述說，學飛成爲一則關於冒險、轉化、克服自我設限、狂喜隱喻的性靈旅程。

太太的歷史

作者—瑪莉蓮．亞隆　譯者—何穎怡

定價—480元

這本西方女性與婚姻的概論史淋漓盡致呈現平凡女性的聲音，作者瑪莉蓮．亞隆博覽古今，記錄婚姻的演化史，讓我們了解其歷經的集體變遷，以及妻子角色的轉變過程，是本旁徵博引但可口易讀的書。

跟自己調情

【身體意象與性愛成長】

作者—許佑生　定價—280元

身體是如何被眾多的禁忌所捆綁？要如何打破迷思，讓屬於身體的一切都更健康自然？本書帶領讀者以新的角度欣賞自己的身體，讓人人都可以擺脫傳統限制，讓身體更輕鬆而自在！

貧窮的富裕

作者—以馬內利修女　譯者—華宇

定價—250元

現年95歲的以馬內利修女，是法國最受敬重的女性宗教領袖。她花了一生的時間服務窮人，跟不公義的世界對抗。本書是她從個人親身經驗出發的思考，文字簡單動人卻充滿智慧和力量，澆灌著現代人最深層的心靈。

染色的青春

【十個色情工作少女的故事】

編著—婦女救援基金會、纓花

定價—200元

本書呈現十位色情工作少女的眞實故事，仔細聆聽，你會發現她們未被呵護的傷痛，對愛濃烈的渴望與需求，透過她們，我們能進一步思索家庭、學校、社會的總總危機與改善之道。

親愛的爸媽，我是同志

編著—台灣同志諮詢熱線協會

定價—260元

本書讓父母及子女能有一個機會，看見其他家庭面對同性戀這個課題的生命經驗。或許在出櫃這件事上，每一位子女或父母當下仍承受著痛苦與不解，但在閱讀這本書的同時，我們希望彼此都能有多一點體諒與同理心。

在奔馳的想像中尋找情感的歸屬
在迷離的經驗中仰望生命的出口
在波動的人性中釐定掙扎的路徑
在卑微的靈魂中趨近深處的起落

Story

幸福

作者—威爾．弗格森　譯者—韓良憶

定價—280元

在陽光和幸福撒滿大地，人人微笑而滿足的時刻，由慾望架構起來的城市，卻像骨牌一般紛紛崩解。艾德溫決定了，這是最後的對抗，他必須去殺掉心靈大師，將世界從幸福中解救出來，讓痛苦、災難和髒話重回人間。……

現象學十四講

Introduction to Phenomenology

作者－羅伯・索科羅斯基（Robert Sokolowski）

譯者－李維倫

出版者－心靈工坊文化事業股份有限公司
董事長・發行人－王浩威　諮詢顧問召集人－余德慧
總編輯－王桂花　執行編輯－祁雅媚　美編－謝宜欣
通訊地址－106台北市信義路四段53巷8號2樓
郵政劃撥－19546215　戶名－心靈工坊文化事業股份有限公司
電話－02）2702-9186　傳真－02）2702-9286
Email－service@psygarden.com.tw　網址－www.psygarden.com.tw

製版・印刷－彩峰造藝印像股份有限公司
總經銷－大和書報圖書股份有限公司
電話－02）8990-2588　傳真－02）2990-1658
通訊地址－248台北縣五股工業區五工五路2號
初版一刷－2004年3月 初版八刷－2009年1月
ISBN－986-7574-07-9　定價－380元

國家圖書館出版品預行編目資料

現象學十四講／羅伯・索科羅斯基（Robert Sokolowski）著；李維倫譯
--初版，--台北市：心靈工坊文化，2004〔民93〕　面：公分（Master：13）
譯自：Introduction to Phenomenology
ISBN 986-7574-07-9（平裝）
1. 現象學
143.67
93001587

永華書局
全國最便宜的書店